全国水文勘测技能培训系列教材

水文水资源分析计算

水利部水文局　组织编写
朱春龙　主　编
刘正祥　马　倩　李　里　副主编
林祚顶　主　审

中国水利水电出版社
www.waterpub.com.cn
·北京·

内 容 提 要

本书是"全国水文勘测技术技能培训系列教材"分册之一。针对水文系统业务要求与水文从业人员的现状，介绍水文从业人员从事暴雨洪水分析、建设项目防洪影响评价、水资源专项分析、水资源调查评价、建设项目水资源论证、入河排放口论证等需要的水文分析计算与水资源分析计算的基础知识与基本方法。全书共9章。第1章绪论；第2章暴雨分析计算；第3章洪水分析计算；第4章暴雨洪水分析计算应用；第5章地表水资源量分析计算；第6章地下水资源量分析计算；第7章用水量分析计算；第8章可供水量分析计算；第9章河流水质分析计算。每章均有小结、练习题。

本书力求体现职业培训特点，原理简明，注重实用，图文并茂，示例丰富。本书可作为水文职工技术技能培训用教材，也可供从事水利工作的技术人员及大中专学校相关专业师生参考。

图书在版编目（CIP）数据

水文水资源分析计算 / 朱春龙主编. -- 北京：中国水利水电出版社，2018.7(2020.8重印)
 全国水文勘测技能培训系列教材
 ISBN 978-7-5170-6710-8

Ⅰ.①水… Ⅱ.①朱… Ⅲ.①水文分析－技术培训－教材②水文计算－技术培训－教材③水资源－资源调查－技术培训－教材④水资源－资源评价－技术培训－教材 Ⅳ.①P333②TV211.1

中国版本图书馆CIP数据核字(2018)第175318号

书　　名	全国水文勘测技能培训系列教材 **水文水资源分析计算** SHUIWEN SHUIZIYUAN FENXI JISUAN 水利部水文局　组织编写
作　　者	主　编　朱春龙 副主编　刘正祥　马倩　李里 主　审　林祚顶
出版发行	中国水利水电出版社 （北京市海淀区玉渊潭南路1号D座　100038） 网址：www.waterpub.com.cn E-mail：sales@waterpub.com.cn 电话：(010) 68367658（营销中心）
经　　售	北京科水图书销售中心（零售） 电话：(010) 88383994、63202643、68545874 全国各地新华书店和相关出版物销售网点
排　　版	中国水利水电出版社微机排版中心
印　　刷	清淞永业（天津）印刷有限公司
规　　格	184mm×260mm　16开本　11.25印张　267千字
版　　次	2018年7月第1版　2020年8月第2次印刷
印　　数	3001—6000册
定　　价	**25.00元**

凡购买我社图书，如有缺页、倒页、脱页的，本社营销中心负责调换

版权所有·侵权必究

编委会

主　　任	林祚顶	杨诚芳			
副 主 任	张建新	周济人			
委　　员	周国树	熊亚南	罗国平	黄红虎	朱春龙
	周建康	王晓平	李　里	陈松生	宋政峰
	马　倩	李正最	阴法章		
办公室	张海翎	李　帆	董秀颖	李　静	李　薇

主编单位

水利部水文局
扬州大学

致 谢 单 位

长江水利委员会水文局
黄河水利委员会水文局
淮河水利委员会水文局
珠江水利委员会水文局
太湖流域管理局水文局
天津市水文水资源勘测管理中心
辽宁省水文局
黑龙江省水文局
吉林省水文水资源局
上海市水文总站
江苏省水文水资源勘测局
浙江省水文局
安徽省水文局
河南省水文水资源局
湖北省水文水资源局
湖南省水文水资源勘测局
广西壮族自治区水文水资源局
贵州省水文局
陕西省水文局
甘肃省水文局
青海省水文局
水利部南京水利水文自动化研究所

序

为满足我国经济社会发展对水文的新要求，近年来水文服务范围不断扩大，水文现代化建设突飞猛进，水文监测能力不断提升，水文的基础作用和支撑能力明显增强，我国的水文事业取得了跨越式的发展。

水利部一直以来高度重视水文人才队伍建设，持续不断地开展人才培养和培训工作，不断提升水文队伍素质。近年来，随着水文事业不断发展，水文先进技术和仪器设备不断得以应用，在新形势、新需求下，水文人才培养尤为重要。为适应新时期水文事业的发展需求，2014年伊始，在水利部人事司的指导下，水利部水文局主持并启动了水文勘测技能培训系列教材的编撰工作。

为使该系列教材更有针对性，更具实用性，水利部水文局联合扬州大学在全国水文系统进行了广泛调研，又邀请了数十位专家、教授和技术能手，对水文勘测工作和任务进行了深入地分析和研究，参考借鉴了国际上流行的能力本位教育模式（Competency Based Education，简称CBE），按照我国人力资源和社会保障部组织制定的国家职业技能标准《水文勘测工》的有关要求，结合近年来水利部人事司、水利部水文局在扬州大学联合主办的水文职业技能培训情况和我国水文职工队伍现状，特别是根据新时期水文勘测工作所承担的职责和具体任务，编写了水文勘测技能培训教学的课程体系框架，以及各门课程教材的编写大纲。在此基础上，按计划编撰出版各门课程的教材。

这套培训教材体系完整，在阐述应知的理论知识基础上，突出实践与应用，突出新技术、新方法、新设备、新仪器的应用，针对性强，并具有一定的前瞻性，宜教宜学，紧密贴合水文勘测岗位情况，能满足新技术发展的要求，适用于水文行业职业教育和在职职工培训，也适用于大专院校相关专业师生学习参考，并可作为全国水文勘测技能竞赛培训教材。

希望这套培训教材的面世，能为全国水文职工培训和自学创造更好的条件，促进我国水文行业优秀人才不断涌现，推动我国水文事业不断发展。

编委会
2016年3月

前　言

《水文水资源分析计算》是"全国水文勘测技能培训系列教材"的分册之一。本系列教材的编撰，以提高技术、技能为主旨，力图反映最新科技的发展，贯彻使用新的规范（标准），突出新技术、新方法、新设备、新仪器的应用；理论以必需、够用为度，突出实践与应用，适当拓展，具有一定的前瞻性；循序渐进，图文并茂，示例丰富，宜教宜学。

本分册具有以下特色：突破了一般工程水文、水文水利计算教材的内容及组织形式，从工作任务入手，明确水文水资源分析计算的内容、知识点；将由暴雨资料推求设计洪水中的设计暴雨推求与小流域设计暴雨计算的内容集中于一章；将由流量资料推求设计洪水、由设计暴雨推求设计洪水及小流域设计流量推求的内容集中于一章；改变传统的为工程设计的水利计算内容组织模式，从实测暴雨洪水分析、建设项目防洪影响评价的工作需要出发，通过实例介绍水文分析计算方法及《水文学概论》中的水量平衡原理的具体应用；为满足水资源专项分析、水资源调查评价、水资源论证等工作的基本知识需求，将体系庞杂的地表水资源、地下水资源知识进行提炼介绍，淡化"为什么"，侧重"做什么"和"怎么做"。

本分册共分9章。第1章绪论；第2章暴雨分析计算；第3章洪水分析计算；第4章暴雨洪水分析计算应用；第5章地表水资源量分析计算；第6章地下水资源量分析计算；第7章用水量分析计算；第8章可供水量分析计算；第9章河流水质分析计算。每章均有小结、思考题与练习题。

本分册由朱春龙任主编，刘正祥、马倩、李里任副主编。尹景伟、李薇、叶亚玲参与编写。林祚顶担任主审。

本分册的编写得到多方指导、支持与帮助。水利部水文局和扬州大学水利与能源动力工程学院予以精心组织；水利部水文局林祚顶副局长、张建新处长、王晓平教高，长江水利委员会水文局陈松生总工，淮河水利委员会水文局徐时进总工，湖北省水文水资源勘测局余平佬副处长，上海市水文总站宋政峰副总工，辽宁省水文水资源勘测局周永德处长，江苏省水文水资源勘测局扬州分局王永东局长等，对教材的编写给予了详细指导和建议；上海、江苏、安徽、陕西、贵州、甘肃、青海等省水文局（水文总站）及长江水利委员会水文局提出了许多宝贵建议并提供第一手资料；扬州大学杨诚芳教授在教材编写的各个环节均给予了具体指导；中国水利水电出版社李亮分社长、刘佳宜编辑对分册的编辑和出版给予了大力支持。在此，一并表示诚挚感谢。

在编写中，本分册的编撰参考和引用了一些专著、教材和技术文献，在书中参考文献中都尽量注明出处，但难免有遗漏，在此谨向所有原作者表示谢意。

由于编者水平所限，书中难免存在不妥之处，挚请专家和广大读者批评指正。

编　者

2017 年 7 月

目 录

序
前言

第1章 绪论 ··· 1
  1.1 主要任务 ··· 1
  1.2 主要研究方法 ··· 2
  1.3 主要内容 ··· 3
  本章小结 ··· 4
  思考与练习 ··· 4

第2章 暴雨分析计算 ··· 5
  2.1 概述 ·· 5
  2.2 暴雨资料审查与处理 ··· 6
  2.3 暴雨量频率分析 ··· 9
  2.4 典型暴雨过程放大 ··· 15
  本章小结 ·· 17
  思考与练习 ·· 17

第3章 洪水分析计算 ·· 19
  3.1 概述 ··· 19
  3.2 由流量资料分析计算洪水 ······································ 21
  3.3 由暴雨资料分析计算洪水 ······································ 35
  3.4 小汇水面积洪水分析计算 ······································ 44
  本章小结 ·· 54
  思考与练习 ·· 54

第4章 暴雨洪水分析计算应用 ······································· 57
  4.1 概述 ··· 57
  4.2 水库防洪分析计算 ··· 58
  4.3 小汇水面积洪水计算 ·· 67
  4.4 防洪影响分析 ··· 68
  本章小结 ·· 75
  思考与练习 ·· 75

第5章 地表水资源量分析计算 ... 76
5.1 概述 ... 76
5.2 径流资料充分情况下的分析计算 ... 80
5.3 径流资料不足情况下的分析计算 ... 84
5.4 径流资料缺乏情况下的分析计算 ... 88
本章小结 ... 94
思考与练习 ... 94

第6章 地下水资源量分析计算 ... 97
6.1 概述 ... 97
6.2 山丘区地下水资源量计算 ... 99
6.3 平原区地下水资源量计算 ... 100
本章小结 ... 104
思考与练习 ... 105

第7章 用水量分析计算 ... 106
7.1 概述 ... 106
7.2 城市综合用水量分析计算 ... 109
7.3 工业用水量分析计算 ... 112
7.4 灌溉用水量分析计算 ... 118
本章小结 ... 126
思考与练习 ... 126

第8章 可供水量分析计算 ... 128
8.1 概述 ... 128
8.2 蓄水工程可供水量计算 ... 130
8.3 引水工程可供水量分析计算 ... 135
本章小结 ... 139
思考与练习 ... 139

第9章 河流水质分析计算 ... 141
9.1 概述 ... 141
9.2 河流水质评价 ... 143
9.3 河流水质模型 ... 148
9.4 应用 ... 153
本章小结 ... 155
思考与练习 ... 155

附表 ... 156

参考文献 ... 168

第1章 绪 论

1.1 主 要 任 务

水是人类社会生存发展必不可少的物质基础，是不可替代的自然资源。当今世界多数国家出现的可利用水资源不足、城镇供水紧张、能源短缺、生态环境恶化等重大问题，都与水有密切联系，洪水、干旱、水污染是威胁人类社会生存的自然灾害。水灾防治、水资源的开发利用、水环境保护成为当代社会经济发展的重大课题。我国的水资源供不应求、洪水灾害及水环境问题十分突出，已成为制约局部地区社会经济进一步发展的主要因素，尤其是水资源紧缺可能引起的粮食安全问题，成为心腹之患。所以，科学防治水旱灾害，以水资源可持续利用支撑社会经济的可持续发展，系统解决水环境问题，已成为我国全社会的共识，并正在采取积极的行动。在全球气候变化日趋明显、经济社会发展日新月异、水资源条件深刻变化的历史背景下，水文的基础地位更加重要，支撑作用更加突出，发展前景更加广阔。

水文是水利工作的重要基础和技术支撑，是国民经济和社会发展不可缺少的基础性公益事业。水文工作通过水文站网对江河、湖泊、渠道、水库的水位、流量、水质、水温、泥沙、冰情、水下地形和地下水资源，以及降水量、蒸发量、墒情、风暴潮等水文要素的监测进行分析和计算；对水资源的量、质及其时空变化规律的研究，以及对洪水和旱情的监测与预报，为国民经济建设、防洪、水资源的利用和水环境保护提供基本信息和科学依据。

随着经济社会的发展，水文工作已从过去主要为防汛抗旱和水利工程建设服务，发展到为水资源开发利用和节约保护及各项水利业务工作提供全面服务。水文的社会功能包括为防洪提供重要支撑和保障、为水资源管理提供科学依据、为水环境保护提供重要支持。

（1）为防洪提供重要支撑和保障。近年来，受全球气候变化影响，我国极端洪水灾害事件呈频率加快、强度加大、危害加深的态势。各级水文部门根据防洪工作的新形势、新要求，不断加强水情、雨情等方面的监测、预测预报工作，着力为防洪指挥调度提供准确、及时的信息服务，为评价防洪工程的作用、科学避免洪水灾害、合理减少建设项目对防洪的不利影响等提供技术支撑。

（2）为水资源管理提供科学依据。水文部门通过大量的水资源调查评价和论证工作，为编制全国水资源综合规划、优化配置水资源提供决策依据，为建立国家水权制度奠定坚实基础。水文部门积极开展河道水位流量监测、地下水动态监测、土壤墒情监测、水功能区监测、水源地水质监测、水量水质综合评价等，为水资源合理利用做出重要贡献。水文部门通过开展水平衡测试、制定用水定额等工作为节水型社会建设提供重要支撑。

（3）为水环境保护提供重要支持。水文部门充分利用自身水文站网和人员优势，积极开展水质、藻类监测和分析评价，为保护水环境和修复水生态系统，保障生态安全做基础性工作。水文部门与水土保持部门密切配合，积极开展水土保持监测和研究，为水土保持提供良好服务。

水文既是一项传统的专业性工作，又是一项与经济社会发展密切相关的基础性工作。水文部门在努力进行现代化建设，提高水情信息采集、传输的质量和时效，加强水资源的保护与开发利用的同时，还以大水文的理念积极主动拓宽服务领域，例如通过充实和调整水质监测站网，加强设施和人员素质建设，开展工业用水和城市生活用水定额、入河排污口调查，定期测报省界水体水环境质量，监测重要城市供水水源地，开展水资源旬报工作，系统掌握河流的水质基本状况，为水资源管理和保护工作中发挥了积极作用；通过开展泥石流、滑坡等山洪灾害的预测预报，旱情的监测、分析和预测预报，以更好地服务于防汛抗旱，服务于社会；同时，认真做好洪水影响评价和水利建设项目环境影响评价，开展重点建设项目水资源和防洪论证工作，为防洪、城市规划和国民经济建设开展多方位的优质服务。

为实现水文的社会功能，水文工作者需要掌握相应的知识，如水文测验、水文资料整编、水力学基础、实用水文统计、水文学概论、水文测量、水文情报预报、水文水资源分析计算等方面的知识。其中，水文水资源分析计算的任务总体上包括暴雨洪水分析计算及其成果的应用、水资源分析计算及其成果应用、河流水质分析计算等3方面。

暴雨洪水分析计算及其成果的应用的主要任务是根据实测与调查的暴雨洪水资料，应用数理统计法与成因分析法，分析水文要素变化规律，对未来长期或超长期的暴雨洪水情势作出概率性预估，为洪水灾害风险分析，水利水电、交通运输、城市建设等方面的防洪工程的规划设计提供科学数据。水资源分析计算及其成果应用的主要任务是利用实测雨量及径流资料，根据水量平衡原理，应用数理统计法与成因分析法，分析估算区域地表水资源、地下水资源，预测工业、农业等部门用水，估算供水工程供水能力，为进行水资源论证、水资源规划等提供水资源评价基础成果。河流水质分析计算的主要任务是利用河流水质资料与水文资料，根据水流连续性原理、能量守恒原理、物质转化与平衡原理，分析计算人类活动影响下河流水质变化的定量规律，为分析取水对水功能区纳污能力的影响与排水对河流水质的影响等提供水质变化的定量数据。

1.2 主要研究方法

《水文学概论》一书中介绍了水文现象的特点，即周期性与随机性、相似性与特殊性并存。

根据水文现象特点与水文水资源分析计算任务要求，水文水资源分析计算以实际观测资料为依据，对水文现象进行分析研究，主要研究方法可归纳为：成因分析法、数理统计法、地理综合法。

（1）成因分析法。水的运动和变化规律遵循连续性方程、能量方程、动量方程和物质迁移转化基本方程，使得水文现象在某个时刻或时段由于其确定的客观原因而表现出确定性的特征。例如，径流与降雨的对应关系，下游水位流量与上游水位流量的相应关系，水位与流量的对应关系，蓄、引、提水工程对水文现象的改变等。因此可采用成因分析法，成因分析方法是考虑到水文现象的产生是一种必然事件，从形成水文过程的机理研究水文事件，通过水文实验与实际观测，研究降雨径流之间的定量关系，分析影响因素的作用；根据水量平衡原理，分析计算目前难以观测的一些水文因子；根据物质转化与平衡原理分析河流水质变化规律。

（2）数理统计法。水文现象受到各种复杂因素的影响，而各因素不断变化、因素之间相互作用也异常复杂，其中降水是最重要最活跃的要素，具有很强的随机性，也由此导致水文现象具有随机变化的特性。因此水文现象表现出随机性的特征。例如，某河流断面下一个年份的最大流量、最高水位及最小流量、最低水位等数值及其发生时刻是不能够完全确定的，具有一定的随机性。水文特征的随机性，无疑增大了水文水资源分析计算的难度和复杂性。数理统计法将水文事件作为随机事件，设定水文变量变化规律服从概率分布律，采用概率论和数理统计方法对未来水文情势进行"概率预估"。与水文学中的确定性预报（如短期降雨径流预报）不同，水文频率分析提供的是对某事件未来出现可能性（概率）大小的估计，并认为该事件的具体发生时间是不确定的。因此可以采用水文频率分析方法对暴雨、洪水和径流事件进行概率预估。水文频率分析方法是对暴雨、洪水和径流事件进行概率预估的主要技术手段，除此而外，回归分析也应用得非常广泛。以上两种方法的基本原理和应用方法等，在《实用水文统计》均已作详细介绍。

（3）地理综合法。由于气象因素和地理因素具有区域性变化规律，因此，受其影响的水文现象在一定程度上也具有区域性的特征。若自然地理因素相近似，则水文现象的变化规律具有近似性。例如，同一自然地理区的两个流域，只要流域面积相差不悬殊，则其水文现象在时空分布上的变化规律较为近似，表现为水文现象变化的区域性。地理综合法的基本出发点是考虑水文现象的区域性特点，其主要内容是按照水文现象的地带性规律与非地带性的区域差异，运用地理比拟和地理综合的方法，以建立经验公式或绘制等值线图的形式来揭示水文特征值的区域分布特征。具体内容参考《水文学概论》。

水文水资源分析计算还包括涉及水资源的消耗及开发利用等方面的内容，主要研究人为活动对自然界水资源的干扰，例如各种用水的方式、数量、时程分配等，其基本原理仍然是水循环和水量平衡，但是具体的调查、分析计算方法与上述有所不同，将在有关章节中另行介绍。水质也是水资源的重要性质，其分析计算和研究方法，除了上述内容以外，还更多地需要其他学科和技术支撑。

1.3 主 要 内 容

水文水资源分析计算的主要内容包括暴雨分析计算、洪水分析计算、地表水资源量分析计算、地下水资源量分析计算、用水量分析计算、可供水量分析计算、河流水质分析计算等内容。

（1）暴雨分析计算。主要包括暴雨资料的搜集审查、统计选样、插补延长，特大暴雨调查和处理，通过点雨量与面雨量频率分析，推求不同时段暴雨量的统计参数和不同频率暴雨量及其时程分配。

由于有些地区的局地暴雨历时很短，例如只有几十分钟，而强度却非常大，能利用自记雨量计测记到短历时甚至特短历时雨量资料的监测站点比较少，则需要对代表性测站短历时暴雨量进行频率分析，在此基础上建立短历时暴雨强度的经验公式，以满足这些地区或者小汇水面积的防洪减灾规划和建设之需。

（2）洪水分析计算。根据不同资料条件与计算要求，采用不同方法推求不同频率的洪水过程或者洪水主要特征值，主要包括由流量资料推求不同频率的洪水过程、由不同频率暴雨推求不同频率的洪水过程、小汇水面积的洪水分析计算。

（3）地表水资源量分析计算。根据不同的资料条件采用不同的方法推求不同频率的径流过程，主要内容包括径流资料充分情况下、径流资料不足情况下和径流资料缺乏情况下如何推求不同频率的径流过程或者不同频率特定时段的径流量。

（4）地下水资源量分析计算。平原区与山丘区地下水资源量计算的要求与方法不同，主要内容包括山丘区排泄量计算、平原区补给量计算、平原区排泄量计算、平原区水均衡分析等。

（5）用水量分析计算。不同行业用水量分析计算的要求与方法是不一样的，内容很多，仅选择部分内容介绍，主要包括用水的分类，综合用水量分析计算的基本方法，工业用水量分析计算，灌溉用水量分析计算。

（6）可供水量分析计算。不同的水资源开发利用工程，可供水量分析计算的要求与方法不同，主要内容包括蓄水工程可供水量分析计算与引水工程可供水量分析计算等。

（7）河流水质分析计算。河流水质分析计算内容很丰富，主要包括水环境基本概念，水质指标，河流水质评价标准、评价方法，水功能区划分和水功能区水质目标，河流水质迁移转化基本方程及其解析解，应用河流水质模型分析取水对水功能区纳污能力的影响、退水对河流水质影响等。

本 章 小 结

本章从水文现象的特性出发，阐述了水文水资源分析计算的主要任务以及研究的主要途径和常用方法。为了全面深入地学好本门课程，建议读者紧密联系其他课程的有关内容，特别是《实用水文统计》中的频率计算、统计推断和回归分析等内容，相互对照。由于受篇幅之限，用水量和可供水量分析计算、河流水质分析计算等内容介绍得比较简略，需要读者更多地参考其他有关文献。

思 考 与 练 习

1.1 水文现象的随机性主要表现在哪些方面？试举例说明。

1.2 水文分析计算和水资源分析计算之间有什么联系？试找出它们之间的交集。

1.3 为什么说数理统计法是水文水资源分析计算的主要技术方法？

第 2 章 暴雨分析计算

2.1 概 述

2.1.1 主要任务

大部分径流是由降雨形成的，雨水是重要的自然资源，但是，暴雨也容易引起灾害。暴雨时可能造成积水、洪涝等现象，导致水浸、交通中断等事件的发生，严重时也会威胁人民生命财产安全。连续的暴雨过程造成水浸、山体滑坡等灾害的可能性更大。尤其是连续的暴雨到大暴雨甚至特大暴雨过程，往往造成严重的洪涝灾害，并出现次生的地质灾害，如山泥倾泻、山体滑坡等。

暴雨大小差别很大，最猛烈的实测暴雨世界记录为 1970 年 11 月 26 日，加勒比海瓜德罗普岛的巴尔斯特，1min 降雨量达 38.1mm；国内记录为 1971 年 7 月 1 日，山西太原地区古交市梅洞沟，5min 降雨量达 53.1mm。最大 24h 实测降雨量世界记录为 1952 年 3 月 15 日，南印度洋留尼汪岛的塞路斯，24h 降雨量达 1869.9mm；国内记录为 1996 年 7 月 31 日，受 9608 号台风影响，台湾嘉义县阿里山 24h 降雨量 1748.5mm；内地记录为 1975 年 8 月 7 日，受 7503 号台风影响，河南中南部出现特大暴雨，驻马店泌阳县林庄 24h 降雨量达 1060.3mm，南阳方城县郭林 24h 降雨量达 1054.7mm，2004 年 8 月 12 日，受云娜台风影响，浙江温州地区乐清市砩头 24h 降雨量达 874.7mm。2007 年 8 月 9 日至 11 日，受当年第 7 号热带风暴"帕布"、第 8 号热带风暴"蝴蝶"和热带辐合带的共同影响，雷州半岛持续降大到特大暴雨，雷州市唐家、龙门、北和、英利等镇一带出现了历史罕见的特大暴雨，暴雨中心幸福农场雨量站最大 24h 降雨量达到 1188.2mm，为目前中国大陆最大 24h 降雨量实测记录最大值。

为采取有效措施，科学预防暴雨引起的灾害，需要了解未来暴雨的特性。降雨是随机事件，未来暴雨的大小与发生时间不确定，暴雨分析计算的主要任务是根据实测暴雨资料，分析暴雨随机分布特征，预测未来发生的不同频率的暴雨过程。

2.1.2 主要方法

根据暴雨事件特性与暴雨分析计算的主要任务，暴雨分析计算工作主要有 3 部分，一是通过频率计算对各种历时暴雨量的统计参数进行估计；二是利用地理综合法描述统计参数的地理分布规律；三是利用典型暴雨放大法给出几种主要频率暴雨的时程分配。在实测资料不够充分的情况下，还需要利用相关分析技术扩大样本容量。

（1）频率计算。暴雨分析计算将暴雨事件作为随机事件，一般假定不同历时暴雨变化规律服从 P-Ⅲ型概率分布律，所以采用频率分析法，根据暴雨样本，确定不同历时暴雨的统计参数，对未来暴雨发生的可能性进行"概率预估"。暴雨分析计算提供的是对暴雨事件未来出现可能性（概率）大小的估计，并认为该事件在未来的任何时刻都是可能发生的，而且发生的可能性是相同的。

（2）地理综合法。按照暴雨现象的地带性规律与非地带性的区域差异，通过绘制暴雨统计参数的等值线图来揭示暴雨特征值的区域分布特征。在缺乏暴雨资料地区，可以根据暴雨统计参数的等值线图推求所求地点的暴雨统计参数特征值。根据地理综合法，可以进行对暴雨、特别是特大暴雨分析的移用。

（3）相关分析法。暴雨分析计算成果可靠性依赖于暴雨样本多少，为了增加暴雨资料的系列长度，提高系列的代表性，当暴雨样本较少时，需要利用其他资料来插补展延，一般采用相关分析法。相关分析是研究现象之间是否存在某种依存关系，并对具体有依存关系的现象探讨其相关方向以及相关程度，是研究变量之间的相关关系的一种统计方法。

（4）典型暴雨放大法。暴雨分析计算需要推求不同频率的暴雨过程，虽然有实测暴雨过程资料，但是目前只能对暴雨过程的某些时段雨量进行频率计算，求出不同频率不同时段的雨量，目前，根据不同频率不同时段的雨量推求不同频率的暴雨过程，一般采用典型放大法。典型放大法是从实测暴雨资料中选择合适的典型暴雨过程，采用同频率或者同倍比法进行放大。

2.1.3 主要内容

由实测暴雨资料样本推求统计参数，并进一步推求出不同频率的暴雨过程，需要经过资料审查与处理、暴雨量频率分析计算、典型暴雨过程放大等几个环节。

（1）暴雨资料的审查与处理。主要内容有对暴雨资料的可靠性、代表性和一致性进行审查，并选择样本，插补展延短系列暴雨资料，调查特大暴雨并确定其重现期等。

（2）暴雨量频率分析计算。这一个环节的主要内容有点雨量样本经验频率计算，暴雨频率曲线线型选择，暴雨频率曲线参数确定，点暴雨频率分析成果合理性检查；各种时段年最大面雨量的统计，面雨量资料的检查和插补展延，面雨量的频率计算，利用定点定面关系或动点动面关系由点雨量推求面雨量，面暴雨频率分析成果合理性检查；根据短历时（一般不超过24h）暴雨频率分析成果，推求综合反映不同历时、不同频率雨强的暴雨强度公式的方法，利用暴雨强度公式进行不同历时暴雨强度转换的方法。

（3）典型暴雨过程放大。主要内容有典型暴雨的选取原则，选择典型暴雨的方法，典型暴雨同倍比放大法和同频率放大法。

2.2 暴雨资料审查与处理

2.2.1 资料的审查

水文分析计算需要预估未来水文情势，具体说是根据以往观测或调查的水文资料推测未来可能出现的水文状况，所以水文计算中必须重视基本水文资料的分析和处理。譬如，水文频率分析的基础是数理统计理论，当采用历史水文资料（样本）进行统计分析时，必须满足数理统计方法对样本的要求,即样本是独立、随机地抽自同一个总体分布。所以,进行暴雨分析计算时,必须首先对暴雨资料进行可靠性、一致性和代表性分析,以尽可能满足分析计算的前提假设,提高估计精度。

暴雨资料主要通过水文、气象部门刊印的《水文年鉴》、气象月报和主管部门的网站查阅收集;也可收集特大暴雨图集和特大暴雨的调查资料。对收集的暴雨资料需要进行审查,主要是审查可靠性与代表性。人类活动影响气候变化,会导致暴雨资料的一致性存在问题,很复杂,此处不做介绍。

暴雨资料的可靠性审查,主要审查特大或特小雨量观测记录是否真实,有无错记或漏测情况,必要时可结合实际调查,予以纠正。检查自记雨量资料有无仪器故障的影响,并与相应定时段雨量观测记录比较,尽可能审定其准确性。

审查暴雨资料要注意分析其代表性,即审查是否有足够数量的测站用来计算面雨量;站网分布情况能否反映地理、气象、水文分区的特性;还要注意分析暴雨的特性。对不同类型的暴雨(如梅雨和台风雨)有时需要按类型分别取样,其成果与不分类型选样频率计算成果不一样。因此需要根据不同的任务因地制宜,合理选定选样方法。

2.2.2 统计选样

采用纯随机模型进行暴雨频率分析计算,需要对暴雨资料进行选样。关于暴雨的统计时段,水文分析计算习惯上以1d为分界。暴雨历时超过1d的雨量称为长历时暴雨,暴雨历时小于1d的称为短历时暴雨。长历时一般取1d、3d、7d、15d、30d(暴雨选样的天表示连续24h,不要求0点至24点,也不要求8点至次日8点),短历时一般取1h、3h、6h、12h、24h,特短历时则根据具体情况而定。在一次暴雨过程中,虽然暴雨核心部分(短历时)才是形成洪峰流量的主要要素,但是核心暴雨前后的降水也会对形成的洪水有一定影响,因此,还需要有加长的暴雨统计时段。如果雨量资料仅为人工观测,缺乏自记资料系列,则因为其1d雨量是固定时段8点至次日8点,虽然时间长度是24h,但是固定时段的年最大1d雨量总是小于等于年最大24h雨量,根据年最大24h雨量样本推求年最大24h设计雨量可靠性比较高,需要将固定时段的年最大1d雨量乘以大于1的系数得到年最大24h雨量,这个系数一般都在1.1~1.2之间,常取1.15。

暴雨选样方法有以下4种。

(1)年最大值法。对于每一个时段雨量,每年都选取一个最大值,n 年资料可选出 n 项年极值,例如根据需要选定1d、3d、5d为分析时段,则就有3个样本容量为 n 的年最大暴雨量系列。需要注意的是同一年内,各种时段的雨量可以在不同暴雨过程中选取,以保证"最大"选样原则。这是目前水利部门水文分析计算中所采用的方法。

(2)年多次法。每一个时段在每年都选取从最大依次向下的 k 项,则由 n 年资料可选出 nk 项样本系列。k 对各年取固定值,如3次、5次等,可根据当地暴雨特性确定。

(3)超定量法。各年出现大暴雨的次数是不同的,根据当地暴雨特性,各个时段分别选定暴雨量的阈值,超过该阈值的暴雨均选作为样本。这样,某些年的暴雨可能没被选取,而有些年有多次暴雨入选。

(4)超大值法。把 n 年资料看作一连续过程,各个时段都选取从最大依次向下的 n

项。此法相当于以第 n 项暴雨作为超定量选样的阈值。

采取哪种选样方法，主要取决于水文计算所关注的暴雨洪水特性的差别。对于大多数水利水电工程，发生超过设计标准的暴雨洪水所引起的洪灾损失往往是一次性的，在一年之内很难立即恢复正常工作，暴雨洪水年极值分布可以说明当地出现这类洪水灾害的概率，因此，以年最大值法选样为宜。对于城市雨洪排水和工矿排洪工程，超标准洪水所造成的洪水损失一般能迅速得到恢复，若年内发生多次超标准暴雨洪水将造成多次损失，因此年多次法或超定量法较为适用。

2.2.3 样本系列的插补延长

为了增加暴雨资料的系列长度，减小抽样误差，提高系列的代表性，在可能的条件下，应尽量设法插补展延，例如利用邻近测站的雨量监测资料，利用暴雨调查资料、洪水资料等。

（1）与邻站距离很近时，可直接借用邻站某些年份的资料。

（2）与相邻测站建立雨量相关关系。

（3）一般年份，当相邻站雨量相差不大时，可移用邻近各站的平均值。

（4）出现大暴雨的年份，当邻近地区测站较多时，可绘制该次暴雨或该年最大值等值线图进行插补。

（5）个别大雨年份缺测，用其他方法插补较困难，而邻近地区观测到特大暴雨。由气象条件分析，说明该暴雨有可能发生在本地附近时，可移用该特大暴雨资料。移用时应注意相邻地区气候、地形等条件的差别。若相邻两地平行观测的暴雨资料的分布有一定差别时，应作必要的订正。

（6）若与洪水的峰（量）关系较好，可建立暴雨和洪水峰或量的相关关系，利用实测或调查洪水资料插补缺测的暴雨资料，但应根据有关点据分布的情况，估计其可能包含的误差范围。

2.2.4 特大暴雨的调查和处理

根据本系列《实用水文统计》中的知识，水文变量的分布一般采用 P-Ⅲ型概率分布律。频率分析的成果，与系列中是否包含特大值有直接关系。一般年份的暴雨变幅不会很大，若样本中没有特大暴雨资料，分析计算得出的参数 $\bar{x}$、C_v 往往偏小。但若在短期资料系列中一旦出现一次罕见的特大暴雨，就会使原频率计算成果完全改变。特大值对统计参数 $\bar{x}$、C_v 值影响很大，适线时如果处理得当，可以提高系列代表性，起到展延系列的作用。

当实测系列中有个别年份暴雨特大，考虑作为特大值处理时，应多方面分析甄别后再进行处理。判定一个暴雨数据是否为特大值主要可从下列几方面考虑，例如该经验点据偏离频率曲线的程度、均值倍比 K_p 值的大小（如 $K_p>2$）、该雨量记录是否明显高于邻近地区、其重现期是否大大超过系列年数等。在对一个暴雨数据是否为特大值作出初步判断后，但必须从以下各方面进一步分析。

（1）在当地，特大值的重现期可通过小河洪水调查，并结合历史文献资料的订正，从所形成洪水的重现期近似地作出估计。由于暴雨的分布在面上是不均匀的，暴雨中心点雨量的重现期比相应洪水的重现期应更为稀遇，一般可将相应洪水的重现期作为流域各站雨量的平均值（或中值）的重现期。此外，长短历时暴雨与相应洪水的峰量未必是同频率的，因此短历时和长历时暴雨的重现期，应根据洪水的峰和量分别作出估计。

（2）在面上，可点绘特大值分布图，对本站特大值稀遇的程度作出估计。对一个地区来说，随着面积扩大，统计的雨量测站数目的增加，观测到大暴雨记录的次数增加，其雨量也增大。应该注意，大暴雨在点上和面上出现的频率也是不同的，因此特大暴雨重现期的考证应点面结合。

正确处理特大值的关键在于确定其重现期，由于无法直接考证历史暴雨的数量，造成暴雨资料排序的困难，会使估计的重现期有很大的误差，一般只能通过洪水调查结合当地历史文献中灾情资料论证暴雨的排序。

根据目前的技术，对特大暴雨资料的处理是很粗略的，其误差比较大，因此对暴雨资料特大值的处理必须十分慎重。若重现期确定不当，将增加分析计算的误差；不能单纯由雨量数值较大就判断为特大值，否则误将一般大暴雨（如20年或30年一遇暴雨）作为特大暴雨处理，会造成频率计算成果偏低，影响防洪排涝工程安全。若没有充分的把握，就不宜作特大值处理，以策工程安全。

2.3 暴雨量频率分析

2.3.1 点暴雨量频率分析

暴雨量频率分析是暴雨分析计算的中心内容。在暴雨量频率计算中，分为点暴雨量频率计算和面暴雨量频率计算两种。前者是对一个雨量站的资料系列作统计计算，后者则是对一个流域或排水区的面平均雨量资料作统计计算。两者的频率分析计算方法和原则基本上是一致的，成果之间也有一定的联系。

1. 经验频率公式

将暴雨样本从大到小依次排队，利用数学期望公式（Weibull）进行经验频率计算。

$$p = \frac{m}{n+1} \tag{2.1}$$

式中　n——样本数；

　　　m——某暴雨样本在从大到小依次排队中的序号；

　　　p——暴雨样本在从大到小依次排队中的序号为m的样本的经验频率。

用于暴雨量频率分析的样本系列的组成一般包括两种情况，一是系列中没有特大暴雨值，即没有通过历史调查考证或系列中没有提取特大值做单独处理，系列中各项数值直接按从大到小次序统一排位，各项之间没有空位，由大到小的秩次是相连的，这样的样本系列称为连序系列。二是系列中有特大暴雨值，特大暴雨与其他暴雨值之间有空位，整个样本的排序是不连序的，这样的样本系列称为不连序系列。由于不连序系列不可能完整地将暴雨样本从大到小依次排队，因此无法直接用Weibull公式计算，需要进行处理，具体可以参考《实用水文统计》或者第3章的有特大值的洪水频率计算的相关内容。

2. 线型

我国暴雨的频率计算一般采用P-Ⅲ型曲线作为暴雨频率曲线线型，经过论证，也可以采用其他线型。

3. 参数估计方法

样本统计参数估计采用适线法。需要注意对适线成果进行验证，可以根据资料与计算机适线成果点图，验证结果的正确性，避免因为软件问题带来计算错误。我国暴雨量统计参数 C_S/C_V 经验数值见表2.1，可供适线时参考。

表2.1　　　　　　我国暴雨 1d、3d 日雨量的 C_S/C_V 经验数值表

地区	一般地区	C_V>0.6 地区	C_V<0.45 地区
C_S/C_V	3.5	3.0	4.0

4. 成果的合理性检查

暴雨量频率计算成果应从下列几方面进行合理性检查。

（1）将各种时段（1d、3d、7d 等）的暴雨量频率曲线和统计参数综合进行比较。一般情况下，随着统计时段的增长，C_V 有减小的趋势，变化有一定的规律。如发现频率曲线在实用范围内有交叉现象时，应对其中突出的曲线和参数进行复核和调整。

（2）应与本地气候、地形条件相似的邻近地区长系列测站的统计参数进行比较，以符合一般规律为宜。

（3）由频率曲线计算的各种时段频率较小暴雨量应与附近地区的特大暴雨记录进行比较，是否出现很大的差距。

2.3.2　面暴雨量频率分析

洪水取决于流域平均面雨量过程，而不是点雨量过程。当流域面积较大时，不能简单地以点暴雨量代替面暴雨量。根据国内部分地区径流实验站雨量站群的观测资料分析表明，小汇水面积（$F=0.1\sim10\text{km}^2$）的中心点雨量和流域面平均雨量的相关关系线为接近45°直线，尽管约有2%～20%的点据离差，但由点或面雨量资料系列经过频率计算求得的两组统计参数（$\bar{x}$，C_V，C_S）是相近的，因此可以点代面进行暴雨量的频率分析计算。但是，当流域面积稍大，点雨量与面雨量之间的差异就明显增大。

根据资料条件和流域面积大小，面暴雨量的频率计算方法有直接计算与间接计算两种。

直接计算法适用于流域内长期站分布较密、资料充分的情况，即直接利用流域内各年的最大面暴雨量系列进行频率分析计算，得出统计参数，并据以计算出各种频率的面暴雨量。

在因资料短缺而无法获得足够的面暴雨量系列的中小流域，或者因流域面积较大，雨量站的代表性较差等原因，其点暴雨量对面暴雨量没有良好代表性的情况，只能利用间接计算法。一般而言，如果流域面积很小，暴雨历时又不太短，用点暴雨量的统计特征代表

面暴雨量的统计特征误差不大,因此,可以将点雨量频率计算得到的统计参数当作流域面雨量的统计参数。

1. 面暴雨量的直接分析计算法

(1) 统计各种时段的年最大面雨量。根据当地雨量站的分布情况,选用合适的方法每一年逐日计算面雨量,然后按独立选样方法,获得各年的各种时段年最大面雨量,同一年内各时段未必是在同一场暴雨中选取,以该时段雨量在年内最大为原则。

需要注意的是,在统计计算各个时段的面雨量过程后,用滑动的办法选取年最大值,其工作量很大,因此,尽可能利用电子计算机采用加权平均法计算。当流域内测站较少,加权平均法和等雨深线法计算的面雨量出入较大时,可利用一次暴雨总量的改正系数来修正各分段的面雨量。也可先简单滑动计算确定时段最大面雨量的起讫时间,然后再用等雨深线法推求该选定时段的面雨量。

(2) 面雨量资料的检查和插补展延。在生产实践中,面雨量样本系列的一致性也要引起足够的重视。在一个流域内,雨量站的设立时间有所先后,各个时期的雨量站数不一定相同,而且它们的观测精度也不一致,所以,面雨量系列往往由具有不同计算精度的资料组成。早期资料精度差,中期长历时面雨量估算精度有所提高,但短历时面雨量的精度仍嫌不足,后期资料质量较好。

为检查早期面雨量计算的精度,可根据近期密站网的雨量资料建立近期密站网(全部测站)计算的面雨量与早期稀站网(删去后期增加测站)计算的面雨量之间的相关关系。如具有一定程度相关,则将早期稀站网计算的各年年最大面雨量改正为近期密站网相应的面雨量,使整个面雨量系列具有较为一致的基础。对于早中期自记程度低、分段观测粗的资料,也可利用后期较好质量的资料作对比相关分析,并利用建立相关关系的方法改正早中期面雨量。

(3) 面雨量的频率计算。计算原则、方法、步骤和点雨量频率计算是相同的,不再重复。在分析中还要注意下列问题。

1) 面雨量系列一般短于点雨量系列,根据点雨量系列对照检查面雨量系列中是否遗漏早期的特大暴雨年份的资料。

2) 注意收集邻近地区的特大暴雨资料,试着将地理气候条件相似地区的特大暴雨面雨量移到本流域参与频率分析,可作为合理性检查的一种手段。

3) 将流域的面暴雨量计算成果与本流域内的代表站点雨量计算成果进行比较。一般来说,面雨量的均值小于点雨量,面雨量的变差系数也略小于点雨量,同频率的面暴雨量小于点暴雨量。

4) 对各历时面雨量计算成果进行检查。分析均值、C_V 和几种小频率计算暴雨量随历时的变化趋势与周围地区的是否一致,各历时面雨量频率曲线有无相交现象。

5) 检查由面暴雨量推算的相应洪水(特别是洪量)与本流域用流量资料直接频率分析的成果有无明显出入,与调查洪水成果是否协调。

2. 点面关系及其应用

在生产实践中,暴雨量的统计特性分析计算,是为了防洪工程的规划设计,需要根据面暴雨量的统计参数,计算某个设计标准的面暴雨量,简称设计暴雨量。显然,如果流域内雨量资料系列太短,或各站系列虽长但互不同期,或站数过少,分布不均,不能控制全流域面积时,都无法获得面雨量的长期系列,也就不能通过直接进行频率计算设计面雨量。在这种情况下,往往是先求出流域中心处指定频率的设计点雨量,再通过点雨量与面雨量之间的关系,将设计点雨量转化成所要求的设计面雨量,关于设计点雨量的计算前已说明,现着重说明暴雨点面关系的建立及使用。

(1) 定点定面关系。定点定面关系为一个地区内不同面积的多个流域或具有固定边界小区的面平均雨深(包括面积为零的点雨量)的统计参数与流域或小区面积的关系。由于点和面(流域或小区)的边界是固定不变的,故称定点定面关系。它符合设计要求,在间接推求面设计暴雨量时应优先使用。

若流域内具有短期面雨量资料系列,可以绘制中心点雨量 x_0 与流域面平均雨量 x_f 的相关图,作为相互折算的基础。为弥补资料不足,可采用一年多次法选样。若由于点据散乱造成定线困难,可以作"同频率关系",即 x_0、x_f 分别按递增或递减次序排列,由同序号雨量建立相关线,或求得 x_f/x_0 平均比值,用于折算。

上述点面关系需要当地具有相当数量的资料,否则是无法建立起来的。若当地无资料就只好移用邻近流域的点面关系。为此,可以选一资料充分地区,建立不同面积上面雨量与中心点雨量的定点定面同频率雨量关系。

分析定点定面关系时,一般先划定一个暴雨特征比较一致的地区。在区内选择若干个面积大小不等(应包括 $100\sim1000\text{km}^2$ 或变幅更大一些)的实际流域,或位置预先确定的概化几何形状的小区作为定面,在定面内分别统计和分析各站点与定面雨量的最大值系列,以及统计参数、频率曲线。既可建立定点雨量和定面雨量的均值比(或 C_V 比)随面积变化的关系,也可作出各频率雨量的比值,并绘成点面关系曲线或数字表,以便查用。

(2) 动点动面关系。动点动面关系沿用已久。该关系反映的是暴雨中心地点的点雨量,与以暴雨中心周围各条闭合等雨深线包围面积内的平均面雨量之间的点面关系,亦称暴雨中心点面关系或暴雨图点面关系。该法可利用站网较密的近期资料,每年还可选取多次暴雨作分析,因此可利用的暴雨资料次数比定点定面法大为增多。

本法描述一次暴雨的雨深由暴雨中心向四周递减的自然规律,物理概念明确。但由于流域的点雨量大多并非暴雨中心雨量,流域边界与等雨深线也不一致,所以将动点动面关系应用于设计面暴雨计算具有假定性质,在使用中应注意该关系与设计计算固定流域雨量的目标在概念和数量上的差异。

3. 合理性检查

面暴雨量分析计算成果和合理性检查的主要内容如下。

(1) 分析本流域及邻近流域面雨量频率参数 $\bar{x}$、C_V,以及相同频率暴雨量的计算值与流域面积 F 的关系。一般情况下,它们都应随 F 的增加而减小,点面折算系数也随 F 的增加而减小。

(2) 分析计算各种历时 D 的面雨量的点面系数 η,绘制 η-D-A 图。历时越短,η 值一般应越小。短历时暴雨的 η 值不允许搬用长历时暴雨分析的 η 值。

(3) 在用于工程设计时,如有条件,宜同时利用直接法和间接法计算设计面雨量,并进行相互比较。当面暴雨系列较长,系列代表性较好,已包括代表性大暴雨年份时,面雨量直接频率分析成果较为可靠。当面雨量系列只限于近期密站网资料，系列代表性较差时，应着重分析间接法。在使用间接法计算面设计暴雨时，应检查地区内有无较可靠的定点定面关系。如尚未建立，还需分析邻近地区面积相近流域动点动面点面系数与定点定面点面系数是否接近，有无系统偏差。动点动面关系地域变化较大，要了解动点动面关系综合所依据的暴雨中心的出现地点，检查该关系对设计流域的代表性。

（4）收集邻近地区特大暴雨时面深资料，建立最大时面深记录，将稀遇频率面雨量和本地区最大时面深记录进行对比检查。中国最大暴雨雨量记录也可用作暴雨高值区工程设计合理性检查的参考。

2.3.3 短历时暴雨强度公式

1. 短历时暴雨强度公式的形式

以上所述的暴雨量频率分析计算，仅限于特定历时（24h、6h、1h等），实践中，洪峰流量并不一定是这一些时段的暴雨所形成，因此在工程实践中，需要给出任一历时的设计暴雨量。对于小的汇水面积，防洪工程的规模主要取决于洪峰流量，以前在很长时期内，具有短历时尤其是特短历时的暴雨量自记仪器的测站很少，在许多地区难以直接利用上述方法对任意长时段的暴雨量进行频率计算，于是诞生了短历时暴雨强度公式，用于解决上述问题。因此，暴雨强度公式，即暴雨的频率-强度-历时关系，它的作用是计算指定频率、任意短历时的暴雨量，即所谓的设计暴雨量。

市政部门常用的暴雨公式为

$$a_{t,P} = \frac{A(1+C\lg T)}{(t+B)^n} \quad (2.2)$$

$$T = \frac{1}{P}$$

式中　$a_{t,P}$——频率为 P 的 t 时段内平均暴雨强度，mm/h；

　　　T——重现期，a；

A、B、C、n——暴雨强度公式的参数。

也有用以下形式的

$$a_{t,P} = \frac{A(1+C\lg T)}{t^n + B} \quad (2.3)$$

《水文学概论》中介绍的暴雨强度公式如式（2.4）所示，它被水利部门一直采用

$$a_{t,P} = \frac{S_P}{t^n} \quad (2.4)$$

或

$$x_{t,P} = S_P \cdot t^{1-n} \quad (2.5)$$

上二式中　S_P——雨力，某频率为 P 的 1h 的平均雨强，mm/h；

　　　n——暴雨衰减指数，$0<n<1$；

　　　$x_{t,P}$——历时为 t、频率为 P 的暴雨量，mm。

通过比较可知，式（2.4）是式（2.2）的一个特例（$B=0$）。根据习惯，市政部门一般用 i 表示历时为 t、频率为 P 的平均暴雨强度。

需要特别强调的是，式（2.4）中的暴雨强度，是指在一次暴雨过程中从雨峰开始依次加长历时摘录的最大平均强度，详见《水文学概论》第 4 章第 2 节中的介绍。

2. 图解分析法确定二参数暴雨强度公式参数

暴雨强度公式的参数可通过图解分析法来确定。具体方法如下：对式（2.4）等号两边取对数，在对数格纸上，$\lg a_{t,P}$ 与 $\lg t$ 为直线关系，即 $\lg a_{t,P} = \lg S_P - n\lg t$，参数 n 为此直线的斜率，$t=1$h 的纵坐标读数就是 S_P，如图 2.3 所示。由图可见，在 $t=1$h 处出现明显的转折点。当 $t \leqslant 1$h 时，取 $n = n_1$；$t > 1$h 时，则 $n = n_2$。还可根据实测暴雨频率分析计算结果来确定二参数暴雨强度公式参数，具体方法可参考相关文献。

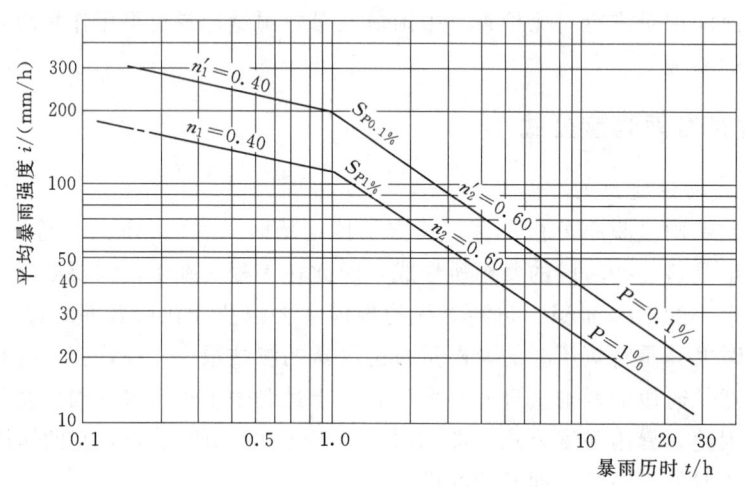

图 2.1　暴雨强度-历时-频率曲线

图 2.1 中的点据是根据分区内有暴雨系列的雨量站监测资料经分析计算而得。首先，计算不同历时暴雨系列的频率曲线，读取不同历时频率的 $x_{t,P}$，将其除以历时 t，得到 $a_{t,P}$；然后，以 $a_{t,P}$ 为纵坐标、t 为横坐标，点绘出以频率 P 为参数的 $\lg a_{t,P} - P - \lg t$ 关系线。

3. 暴雨强度公式的应用

上述暴雨强度公式的应用极为广泛，只要有当地的公式参数雨力和暴雨衰减指数，即可方便地计算出所需时段的暴雨平均强度，并可进一步计算出时段暴雨量。

（1）确定暴雨衰减指数 n。由式（2.4）可见，暴雨衰减指数 n 对计算成果的影响较大，因此，要尽量利用本地的实测暴雨资料进行分析确定。但是，实际上许多小汇水面积大多缺乏实测暴雨资料，因此，各地水文部门为了便于应用，一般都会对本地区一些具有短历时暴雨监测设施测站的实测资料进行分析，得出一系列的 $n(n_1, n_2)$ 值，然后进行地区综合，绘制 n 值分区图，编入省（自治区、直辖市）水文手册或其他文献中，供无资料流域使用，但在选用时也要结合实际情况确定。

（2）确定雨力。一般而言，雨力 S_P 值随频率 P 变化，不宜直接提供经验数据，需要通过其他途径推算，最常用的方法是利用《水文手册》上年最大 24h 暴雨量统计参数等值线图先查得指定流域的 $\bar{x}_{24}$、C_V、C_S/C_V，计算出 $x_{24,P}$，然后代入式（2.5），反算推求 S_P。当然，如果有实测资料，也可以根据最大 24h 暴雨量频率分析计算成果反算，即先由最大 24h 暴雨量实测系列经频率分析方法推求频率为 P 的最大 24h 暴雨量 $x_{24,P}$，再反算得到。

（3）暴雨量的时段转换。S_P 及 n 值确定之后，即可用暴雨强度公式进行不同历时暴雨间的转换。如需将 24h 雨量 $x_{24,P}$ 转换为任意 t 历时的雨量 $x_{t,P}$，则可以先求 S_P，再由 S_P 转换为 t 历时雨量。

因

$$x_{24,P}=a_{24,P}\times 24=S_P\times 24^{(1-n_2)} \tag{2.6}$$

则

$$S_P=x_{24,P}24^{(n_2-1)} \tag{2.7}$$

由求得的 S_P 转求 t 历时雨量 $x_{t,P}$ 如下：

当 $1h\leqslant t\leqslant 24h$ 时

$$x_{t,P}=S_P\cdot t^{(1-n_2)}=x_{24,P}\times 24^{(n_2-1)}\times t^{(1-n_2)} \tag{2.8}$$

当 $t<1h$ 时

$$x_{t,P}=S_P\cdot t^{(1-n_1)}=x_{24,P}\times 24^{(n_2-1)}\times t^{(1-n_1)} \tag{2.9}$$

上述以 1h 处分为两段直线是概括大部分地区 $x_{t,P}$ 与 t 之间的经验关系，未必与各地的暴雨资料拟合很好。如有些地区采用多段折线，也可以分段给出各自不同的转换公式，不必限于上述形式。

2.4 典型暴雨过程放大

2.4.1 典型暴雨选择

求得各种时段指定频率的面雨量后，确定设计暴雨的时空分布的方法是先选定典型分配过程，再进行同倍比或同频率分时段控制缩放方法。

1. 选择典型暴雨的原则

典型暴雨的选取原则，首先要考虑所选典型暴雨的时程分配过程应是设计条件下比较容易发生的；其次，作为工程的规划设计，从安全方面着想，还要选择对工程不利的情况。所谓比较容易发生，首先是从量上来考虑，应使典型暴雨的雨量接近设计暴雨的雨量；其次是要使所选典型的雨峰个数、主雨峰位置和实际降雨历时是大暴雨中常见的情况，即这种雨型在大暴雨中出现的次数较多。所谓对工程不利，主要是指两个方面：一是指雨量比较集中，例如七日暴雨特别集中在三日，三日暴雨特别集中在一日等；二是指主雨峰比较靠后。这样的降雨分配过程所形成的洪水洪峰较大且出现较迟，对防洪工程安全将是不利的。为了简便，有时选择单站雨量过程作典型。例如淮河上游于 1975 年 8 月在河南发生的一场特大暴雨，即"75·8"暴雨，历时五日，板桥站总雨量 1451.0mm，其中三日为 1422.4mm，雨量大而集中，且主峰在后，曾引起两座大中型水库和不少小型水库失事。因此，该地区进行设计暴雨计算时，常选作暴雨典型。

暴雨中心位置和移动路径，也会对工程的安全有一定的影响，因此，在选择时也要适当考虑。

2. 选择典型暴雨的方法

(1) 从设计流域年最大暴雨量过程中选择。

(2) 资料不足时，可选用流域内或附近的点暴雨量过程。

(3) 无资料时，可查水文手册或各省暴雨洪水图集或有关的暴雨径流查算图表，选用地区综合概化的典型暴雨过程。

2.4.2 典型暴雨放大

1. 同倍比和同频率放大法的基本概念

所选典型暴雨出现的频率，很难恰好符合指定的设计频率，而且往往其频率大于设计频率，因此需要将典型暴雨过程放大至符合设计频率。放大的方法有两种：即同倍比放大法和同频率放大法，一般采用同频率放大法。同频率放大法的基本出发点是经过放大后的雨量过程每一个控制时段的雨量都符合设计值，因此，不同控制时段都有各自的放大倍比。同倍比放大法，则是以设计时段暴雨量与典型暴雨的暴雨量的倍比值将整个典型暴雨过程进行放大，此法的优点是能保持典型暴雨过程的形态，但是不能保证每一个控制时段暴雨量符合设计频率。

2. 同频率放大法

现以设计历时为 7d，其中控制时段为 1d 与 3d 的情况为例，说明各时段的放大倍比系数计算方法。

最大 1d 的放大倍比系数

$$K_1 = \frac{x_{P,1d}}{x_{典,1d}} \tag{2.10}$$

最大 3d 中其余 2d 的放大倍比系数

$$K_{3-1} = \frac{x_{P,3d} - x_{P,1d}}{x_{典,3d} - x_{典,1d}} \tag{2.11}$$

最大 7d 中其余 4d 的放大倍比系数

$$K_{7-3} = \frac{x_{P,7d} - x_{P,3d}}{x_{典,7d} - x_{典,3d}} \tag{2.12}$$

上三式中　$x_{P,1d}$、$x_{P,3d}$、$x_{P,7d}$——最大 1d、3d、7d 频率 P 的雨量，mm；

$x_{典,1d}$、$x_{典,3d}$、$x_{典,7d}$——最大 1d、3d、7d 典型雨量，mm。

【例 2.1】 已求得某流域百年一遇 1d、3d、7d 设计暴雨量分别为 108mm、182mm、270mm。经对流域内各次大暴雨资料分析比较后，选定暴雨核心部分出现较迟的 1993 年的一次大暴雨作为典型，其暴雨过程见表 2.2。按同频率控制放大法推求设计暴雨过程。

表 2.2　　　　　　　　　1993 年的一次暴雨过程

时段/d	1	2	3	4	5	6	7	合计
雨量 x/mm	13.8	6.1	20.0	0.2	0.9	63.5	44.1	148.6

解：(1) 计算典型暴雨各历时雨量。由表中可见，最大 1d 雨量出现在第 6d，最大 3d 雨量出现在第 5、第 6 和第 7d，故可计算得 $x_{典,1d} = 63.5$mm；$x_{典,3d} = 108.5$mm；$x_{典,7d} = 148.6$mm。

(2) 统计计算各时段放大倍比系数。最大 1d 的放大倍比系数

$$K_1 = \frac{x_{P,1d}}{x_{典,1d}} = \frac{108}{63.5} = 1.701$$

最大 3d 的其余 2d 的放大倍比系数

$$K_{1-3}=\frac{x_{P,3d}-x_{P,1d}}{x_{典,3d}-x_{典,1d}}=\frac{182-108}{108.5-63.5}=1.644$$

最大7d的其余4d的放大倍比系数

$$K_{3-7}=\frac{x_{P,7d}-x_{P,3d}}{x_{典,7d}-x_{典,3d}}=\frac{270-182}{148.6-108.5}=2.195$$

(3) 对典型暴雨放大的设计暴雨过程。对3个控制时段分别用上述放大倍比系数进行放大后的暴雨过程，见表2.3。

表 2.3　　　　　　　　设 计 暴 雨 过 程

时段/d	1	2	3	4	5	6	7	合计
雨量 x/mm	13.8	6.1	20.0	0.2	0.9	63.5	44.1	148.6
放大倍比 K	2.195	2.195	2.195	2.195	1.644	1.701	1.644	
设计暴雨/mm	30.3	13.4	43.9	0.4	1.5	108.0	72.5	270

本 章 小 结

为推求不同频率暴雨过程，首先审查暴雨资料可靠性与代表性，然后统计选样，暴雨样本系列长则直接进行频率分析，暴雨样本系列短的进行插补延长，为了增加分析计算成果可靠性，还需要调查与判别特大暴雨并进行处理，通过雨量频率分析确定暴雨频率曲线的统计参数。需要特别注意点雨量系列和面雨量系列统计特性的差别，从理论上讲，必须直接用面暴雨量系列进行频率分析计算，计算设计面暴雨量后才能推求相应频率的设计洪水，为了解决工程设计资料缺乏的困难，允许在集水面积较小的情况下，利用点雨量的统计参数先推求设计点暴雨量，再利用点面关系转换为设计面暴雨量。点、面暴雨频率分析成果的合理性检查非常重要。对于大量小汇水面积的防洪工程而言，影响工程规模的主要因素是短历时暴雨量，为此，提出了暴雨强度公式，要注意由实测资料推求公式参数的方法，以及如何利用地区综合的经验公式进行设计计算。要掌握同频率放大法得到各种频率暴雨过程的具体方法。

思 考 与 练 习

2.1 暴雨资料审查的主要内容有哪些？为什么要进行这些审查？

2.2 试比较各种暴雨资料选样方法的优缺点。

2.3 如何判断大暴雨资料是否属于特大值？

2.4 如何检查暴雨量分析计算成果的合理性？

2.5 选择典型暴雨的原则是什么？

2.6 写出典型暴雨同频率放大法推求设计暴雨过程的放大公式。

2.7 已知某流域年最大72h暴雨频率曲线参数：$\bar{x}_{72}=210\text{mm}$，$C_V=0.45$，$C_S=3.5C_V$，试求该流域百年一遇设计暴雨。

2.8 已求得某流域百年一遇的 1d、3d、7d 面暴雨量分别为 336mm、560mm 和 690mm，并选定典型暴雨过程见表 1，试用同频率控制放大法推求该流域百年一遇的暴雨过程。

表 1　　　　　　　　　　某流域典型暴雨资料

时段（$\Delta t=12h$）	1	2	3	4	5	6	7
雨量/mm	15	13	20	10	0	50	80
时段（$\Delta t=12h$）	8	9	10	11	12	13	14
雨量/mm	60	100	0	30	0	12	5

2.9 已知某站频率 $P=10\%$ 的不同历时 t 的平均暴雨强度 $a_{t,P}$ 见表 2，试求所给暴雨公式 $a_{t,P}=\dfrac{S_P}{t^n}$ 中的雨力 S_P(mm/h) 和衰减系数 n。

表 2　　　　　　　某站频率 $P=10\%$ 的不同历时的最大暴雨强度 i_T

时段 t/h	1	2	3	4	5
$a_{t,P}/(mm/h)$	62.0	38.0	28.5	23.5	20.0

2.10 已知暴雨公式 $a_{t,P}=\dfrac{S_P}{t^n}$，其中 $a_{t,P}$ 表示历时 t 内的平均降雨强度，单位为 mm/h；雨力 $S_P=100$mm/h；暴雨衰减指数 $n=0.6$，试求相应频率为 P，历时为 6h、12h、24h 的暴雨量？

第3章 洪水分析计算

3.1 概　　述

3.1.1 主要任务

洪水是由暴雨、急骤融冰化雪、风暴潮等自然因素引起的江河湖海水量迅速增加或水位迅猛上涨的水流现象。洪水可能成灾，导致水库垮坝、江河横溢、房屋被冲塌、农田被淹没、交通和电信中断，会给国民经济和人民的生命财产带来严重危害，造成严重的经济损失。狭义地说，洪水形成的灾害可按成因分为洪灾、涝灾、渍灾。

洪灾一般是指河流上游的降雨量或降雨强度过大、急骤融冰化雪或水库垮坝等导致的河流突然水位上涨和径流量增大，超过河道正常行水能力，在短时间内排泄不畅，或暴雨引起山洪暴发、河流暴涨漫溢或堤防溃决，形成洪水泛滥造成的灾害。防洪对策措施主要依靠防洪工程措施（包括水库、堤防和蓄滞洪区等）和非工程措施（包括洪水预报、洪水调度、洪水风险防范等）。

涝灾一般是指本地降雨过多，河道排水能力不够；或受大江大河洪水、潮水顶托，排水动力不足不能及时向外排泄，造成地表积水而形成的灾害，多表现为地面受淹。我国城市化发展很快，许多城市扩张区地势比较低，加上排水标准偏低，使产汇流条件发生变化，加剧了城市涝灾，农业区涝灾一般只影响农作物，造成农作物的减产，城区涝灾已经严重影响到经济的发展与居民生活。治涝对策措施主要通过加强排水管网建设、开挖排水河道并增加动力设备排除地面积水。

渍灾主要是指当地地表积水排出后，因地下水位过高，造成土壤含水量过多，土壤长时间空气不畅而形成的灾害，多表现为地下水位过高，土壤水长时间处于饱和状态，导致作物根系活动层水分过多，不利于作物生长，使农作物减收。实际上涝灾和渍灾在大多数地区是相互共存的，如水网圩区、沼泽地带、平原洼地等既易涝又易渍。山区谷地以渍为主，平原坡地则易涝，因此不易把它们截然分清，一般把易涝易渍形成的灾害统称涝渍灾害。

比较常见的、危害比较大的是洪灾与涝灾，简称为洪涝灾害，采取有效措施科学治理洪涝灾害、建设项目的防洪影响评价、防洪排涝工程的效益分析等都需要知道不同频率的洪水过程或者其特征值，洪水分析计算的主要任务是根据各种资料条件推求不同频率的洪水过程。

水利工程规划设计中经常用到设计洪水，所谓设计洪水，实质上是指具有规定功能的一场特定洪水，其具备的功能是：以频率等于设计标准进行洪水频率分析计算，求得相应设计洪水，以此为据而规划设计出的工程，其防洪安全事故的风险率应恰好等于指定的设计标准。例如，某一河道堤防工程的设计标准是 50 年一遇，就是指采用 50 年一遇的河道洪水位作为堤防设计洪水位，在未来堤防工程长期运行中，每年河道水位超过该设计水位的概率为 2%。

根据指定设计标准计算的设计洪水，其功能是通过将其输入到流域防洪工程措施系统后得到体现的。经过系统作用（如水库调洪演算），不仅输出设计洪水位、防洪库容等工程设计参数，同时也输出其防洪后果，得到该系统的防洪安全事故风险率，该风险率恰好等于设计标准。显然，为了满足这种对应关系，理论上这个系统必须是确定性的，而且输出与输入之间是单值函数关系，这样才能保证根据某一设计标准（频率）的设计洪水输入，得到相同频率大小防洪安全事故风险率对应的输出结果。

从以上分析中可知设计洪水具有如下一些基本性质。

（1）设计洪水具有实际洪水的样式，是在时间上、空间上的一个连续过程，可以输入到流域防洪工程措施系统，经过系统模型运算得到防洪工程设计参数，如水库最大下泄流量、设计水位值等。

（2）设计洪水又区别于实际洪水。它总是与一定的出现概率相联系的，而且是其防洪后果的出现概率，即风险率。如百年一遇的设计洪水，就是会造成百年一遇概率防洪后果的洪水过程。

3.1.2 主要方法

根据洪水事件特性、洪水形成的原理与洪水分析计算的主要任务，洪水分析计算综合利用频率分析法、成因分析法、地理综合法等推求不同频率的洪水过程。推求不同频率的洪水过程方法的选择依据是否有实测流量资料和对计算成果的要求。

（1）在有实测流量资料的情况下，先进行洪水资料的选样，对洪水资料进行可靠性、代表性、一致性审查，如果审查结果不满足要求，需要进行处理，如还原计算、插补展延等；为了增加洪水分析计算成果可靠性，还需要调查与判别特大洪水并进行处理，采用考虑历史资料的洪水频率计算方法进行计算，对洪水频率计算成果进行合理性分析；根据不同频率的洪水特征值，用同倍比放大法或同频率放大法对典型洪水放大，可以得到不同频率的洪水过程。

（2）没有实测流量资料时，根据不同频率的暴雨过程，用径流系数法、次降雨径流经验相关法和初损后损法等产流计算方法可以推求出不同频率的净雨过程；进一步，用时段单位线法、瞬时单位线法等汇流计算方法可推求出地表流量过程，用线性水库模拟计算得到地下流量过程，将地表流量过程与地下流量过程叠加得到总流量过程。需要注意对应用产流方案和汇流方案时的外延及移用等相关问题进行分析。

（3）对于小汇水面积洪水分析计算，往往只需要计算洪峰流量，根据小汇水面积洪水特点采用基于利用暴雨强度公式的推理公式法可以计算得到洪峰流量，也可以采用地区经验公式法计算得到洪峰流量，通过三角形概化或者其他简易方法可以得到概化流量过程线。

3.1.3 主要内容

根据资料条件及推求不同频率洪水的方法，洪水分析计算的主要内容包括由流量资料分析计算洪水，由暴雨资料分析计算洪水，小汇水面积洪水分析计算。

(1) 由流量资料分析计算洪水。介绍洪水资料的选样，洪水资料的可靠性、一致性和代表性审查，洪水特征值资料的插补展延，历史洪水的调查和考证，有特大值的不连序样本系列的经验频率计算，洪水特征值频率计算成果的合理性分析，典型洪水的选取原则，选择典型洪水的方法，典型洪水同倍比放大法和同频率放大法。

(2) 由暴雨资料分析计算洪水。介绍根据不同频率暴雨，用径流系数法、次降雨径流经验相关法和初损后损法推求净雨过程，用时段单位线法、瞬时单位线法推求地表汇流过程，用线性水库模拟计算地下汇流过程，对产流方案和汇流方案应用的相关问题进行分析。

(3) 小汇水面积洪水分析计算。分析小汇水面积洪水分析计算特点，介绍基于利用暴雨强度公式的推理公式法计算洪峰流量的原理与方法；地区经验公式法基本原理，地区经验公式的类型，建立和应用地区经验公式需注意的问题；概化流量过程线的推求方法。

3.2 由流量资料分析计算洪水

3.2.1 洪水资料的分析处理

1. 洪水资料的选样

采用纯随机模型进行洪水频率分析计算，是将连续的流量过程以年为时段划分开来，使时间坐标离散化，把每年作为一次实验。根据需要选取一些描述洪水的数字特征，从不同的角度来反映逐年洪水的特性。假定这些洪水特征为相互独立的随机变量，具有共同的总体概率分布函数，从历年实测洪水资料中所求得的洪水特征系列，作为该随机变量从其总体分布中独立随机抽取的一组样本。

一般是取洪峰流量和指定时段内洪水总量作为描述一次洪水过程的数学特征。不管对单峰型还是多峰型洪水，洪峰流量 Q_m 可从流量过程线上直接摘录得到。对洪量，在我国通常取固定时段的最大洪量 W_t，例如时段取 1d、3d、7d、15d、30d 的洪量等。洪量统计时段的长度，可根据洪水过程的实际历时及蓄水工程调节能力确定：对较大流域，实际洪水汇流历时较长，要求拟建工程的蓄洪能力大，可取较长时段统计洪量，否则，可以取较短时段，对一次洪水过程，取某一时段，前后滑动，求得最大洪量，作为时段洪量。

由于我国河流多属雨洪型，每年汛期要发生多次洪水，因此也与暴雨一样，其选样也有最大值法、年多次法、超定量法、超大值法。

2. 洪水资料的审查和分析

洪水资料是进行频率计算的基础，是决定成果精度的关键，必须充分重视洪水资料的审查和分析工作。分析内容包括资料的可靠性、一致性和代表性审查（也称"三性"审查）。同时，对资料进行审查和分析，也是为了满足统计上对样本独立同分布的要求，保证频率分析的前提成立。

（1）洪水资料的可靠性审查。审查内容主要包括以下各项：

1）检查和协调水位观测资料，了解河道有无冲淤，水尺零点高程有无变迁，或水尺被冲、水位观测中断以及施测断面有无变动等情况。

2）检查流量测验情况。包括测站水力特性及断面布设情况，测验方法、仪器及人员等情况。

3）检查用来推求最大流量的水位流量关系，特别是高水延长部分的合理性。

4）检查上下游河道整治、溃堤、分洪、改道、堵口等情况，并了解流域内人类活动的情况。

5）检查历年流量资料整编工作成果，误差的分析评定及平差情况。

审查的方法可参照水文资料整编方法和要求进行。一般可作历年水位流量关系曲线的对照检查（特别是高水外延部分），审查点据离差情况及定线的合理性；通过上下游、干支流各断面的水量平衡及洪水流量、水位过程线的对照，流域的暴雨过程和洪水过程的对照等，进行合理性检查，从中发现问题。

（2）洪水资料的一致性审查（资料的还原或修正）。洪水资料一致性审查的目的是为了满足计算样本在统计上的"同分布"前提。在洪水资料的观测期内，如因流域上修建了蓄水、引水、分洪、滞洪等工程或发生决口、溃坝、改道等事件，会使流域的洪水形成条件发生改变，因而洪水的概率分布规律也会改变。不同时期观测的洪水资料可能代表着不同的流域自然条件和下垫面条件，将这样一些洪水资料混杂在一起作为一个样本进行洪水频率分析，就会破坏资料的"一致性"或"同分布性"。国外有不少文献建议通过假设检验方法，来检查洪水资料系列各分段的一致性。不过这类统计检验方法的合理性并不充分，也不能说明造成不一致的原因和给出还原改正的方法。国内各生产部门多强调从实际出发，直接作流域情况调查，结合当地实测暴雨洪水资料进行产流汇流分析，并和一些典型流域或实验流域的观测资料对比，把资料一致性检查与资料还原结合在一起。

所谓资料还原或修正是指将资料修正到同一基础上，力求使样本系列具有同一总体分布。例如流域已建有大型水库，对洪水具有调节作用，可以把建库前的洪水资料经过水库调洪计算，统一修正成为已建库情况下的洪水（即向后还原），也可以把建库后的实测资料经过反调节计算，求得未建库情况下的洪水（即向前还原）。还原或修正到什么基础上，应视资料情况和计算要求而定。

（3）洪水资料的代表性审查。样本的代表性是指样本特征接近总体特征的程度。按照洪水频率分析计算的假定，每年观测的洪水，是独立随机地从客观存在但未知的总体中抽取的，对于年最大值法抽样，观测了n年，则组成了容量为n的样本。可以设想，总体中存在着无数组这样的样本，实际观测到的样本只是这其中的一组。由于抽样的随机性和样本数量的有限性，使得由实测样本的特征估计总体特征时，不可避免地存在着误差，这个误差称为抽样误差。有关抽样误差的概念，可参考《实用水文统计》第7章，此处不再赘述。

设计站点（断面）洪水资料的代表性，一般是无法由其样本系列自身来评判的，需要根据本河流上下游站或邻近河流测站（统称为参证站）与进行分析计算的测站（以下简称

"本站")洪水有成因联系的长期水文气象资料来检查。如参证站的洪水与本站洪水具有同步性，且参证站又具有长期的实测洪水资料，则可用与本站资料同期的洪水资料，以它对其长期资料的代表性来评定本站的代表性。如果参证系列这段时期代表性较好（即短期资料和长期资料的统计参数 $\overline{Q}$、C_V、C_S 或频率曲线基本一致），则可以判断本站同期资料也具有较好的代表性，反之亦然。

3. 洪水资料的插补展延

在满足独立、随机、一致的抽样原则下，样本容量越大，包含总体分布的信息就越多，即样本的代表性就越高。水文资料插补展延的目的是为了扩大样本容量，提高其代表性。若设计站点或断面的洪水资料较少，就需要参考本站其他资料，或上下游、干支流其他测站资料或流域中的暴雨资料，对洪水样本资料进行插补和展延，以便扩大样本的容量。

(1) 根据上下游测站的洪水特征相关关系进行插补延长。点绘同次洪水相应洪峰或洪量（一年可取一次或几次）的相关图，就可以根据参证站的洪水数据，通过相关图推算出本站的洪水数据。

如果本站的洪水是由其上游的几个干支流测站的洪水组成，则应将上游干支流测站的同次洪水错开传播时间叠加后，再与本站的洪水点绘相关关系。

由于上下游站相应洪水之间的关系会受到洪水展开和区间来水的影响，因而洪水特征值的相关关系未必密切，此时可考虑加入一些能反映上述影响因素的参数，如比降、下游同时水位、区间雨量等，以改进相关关系的精度。

若本站的资料很短，甚至完全没有实测资料，则无法建立与参证站的洪水要素相关关系。如果参证站与本站相距很近，可以考虑直接移用，必要时可作适当的修正。具体方法如下。

1) 如果设计断面上游或下游不远处有较长资料系列的流量站，两者集水面积相差不超过3%，且中间未进行天然和人为的分洪滞洪时，则可以将上游或下游站的洪水流量资料直接移用至本站。

2) 如果本站与参证站的集水面积相差超过3%，但不大于10%~20%，且暴雨分布较均匀时，则参证站的资料可按下式作流域面积改正后，移用至本站

$$Q_s = \left(\frac{F_s}{F_0}\right)^n Q_0 \tag{3.1}$$

式中　Q_s、Q_0——本站及参证站的洪峰流量或洪水总量；
　　　F_s、F_0——本站和参证站的集水面积；
　　　n——指数，对于洪水总量可取 $n=1$，对于洪峰流量则根据本流域上下游已有的实测数据分析确定，一般小于 1.0。

3) 如果在本站的上下游不远处各有一参证站，并且都具有实测资料，一般可假定洪峰及洪量随集水面积呈线性变化，用下式进行内插

$$Q_s = Q_u + (Q_d - Q_u)\frac{F_s - F_u}{F_d - F_u} \tag{3.2}$$

式中　Q_u——上游站和下游站的洪峰流量或洪水总量；

F_u、F_d——上游站和下游站的集水面积。

对于洪峰流量，也可假定符合幂函数型曲线关系，即

$$Q_d/Q_u = (F_d/F_u)^n \tag{3.3}$$

则

$$Q_s = Q_d (F_s/F_d)^{\frac{\ln Q_u - \ln Q_d}{\ln F_u - \ln F_d}} \tag{3.4}$$

(2) 利用本站峰量关系进行插补延长。通常根据调查到的历史洪峰或由相关法求得缺测年份的洪峰流量，利用峰量关系可以推求相应的洪水总量。也可以先由流域暴雨径流关系推求出洪量，再插补其相应的洪峰。

对于面积较小的流域，暴雨分布较均匀，汇流时间也较短，峰量关系常呈单一关系。但对于面积较大的流域，峰量关系一般要受到降雨历时、暴雨分布和峰型影响，峰量之间的关系不够密切，这时可视具体情况，引进适当的参数，以改善其相关关系。常用的参数有峰形（单峰或复峰）、暴雨中心位置、降雨历时等。

(3) 利用暴雨径流关系插补延长。最好的办法是通过扣损汇流计算，推求出相应于一次暴雨过程的洪水过程线，进而计算其洪峰和洪量。简化的办法是建立某一定时段的流域平均暴雨量与洪峰洪量的相关关系，然后由暴雨资料直接插补洪水资料。

(4) 根据相邻河流测站的洪水特征值插补延长。若有与本流域自然地理特征相似、暴雨洪水成因一致的邻近流域，且资料表明该流域同次洪水的各特征值，与本流域的洪水特征之间确实存在良好的相关关系，也可用来进行插补延长。

以上插补延长洪水资料的各种方法，都是基于各水文要素之间存在着成因联系。因此分析形成本站的洪水的来源和影响因素会有助于选定恰当的参证变量，或者引用恰当的参数来改善相关关系。通过插补延长增加部分洪水资料，扩大样本容量，可以减少洪水频率分析的抽样误差。然而插补的资料也会引进一部分相关关系的误差，因此是有得有失，为此，应依据具体情况决定是否需要进行插补展延。如果相关关系的精度不高，则不要勉强用来插补延长资料。另外在用相关关系进行插补延长时，还应避免使用辗转相关的方法，以免得出虚假的结果。

3.2.2 历史大洪水的调查和考证

1. 洪水调查的意义

洪水峰量频率计算成果的可信程度是与所用资料的代表性密切相关的，而资料的代表性又主要受到资料系列长短的制约。目前我国不少地区中小河流的实测流量资料和雨量资料系列不长，即使通过插补展延后的资料长度（n）也仅约30～50年。根据这样短的资料系列来推算百年以上一遇的稀遇洪水，是不能令人放心的。但是，如果能在资料系列之外，确定调查考证期 N（$N>n$）年内 a 次最大的洪水，那么将这些洪水加入频率计算，就相当于在原来的 n 年系列之外，还吸取了 N 年期间的部分有重要价值的洪水信息。这对于减小样本的抽样误差很有意义。

2. 历史洪水的实地调查和文献考证

关于洪水调查的内容、方法以及调查数据的处理，在本系列教材的《水文测验》第

12章有比较详细的阐述，可资参考，不再赘述。

需要注意的是，进行历史洪水的实地调查，要尽量在河床断面冲淤变化较小的河段上进行。如不能避开有冲淤变化的河段，就要对历史上河道变化情况进行详细调查，以进行改正。还要在沿河上下游邻近村镇和居民点进行同样调查，以便绘出该次洪水的水面线。调查时要了解河段上下游在当年发生大洪水时，是否有决口漫溢、天然或人工分流及阻水情况，必要时还要在上下游相当距离的几个河段和邻近河流上进行调查以供分析校核之用。

历史文献中可能存在转抄、夸大、缩小、遗漏、谬误等情况。在利用这些资料时必须结合当时社会的政治经济背景深入细致地分析，去伪存真。同时，应对有关村镇、城市、建筑物的迁移和流域自然情况的变化等进行考证。为此，常需对历史记载进行实地核对。

历史洪水位及其发生日期，除了可以通过目击者指认和说明，或通过查阅历史文献来确定外，还可以通过野外实地查勘，确认洪水天然痕迹，如洪水沉积物高程、漂浮物撞击造成树木擦痕以及地层地貌的变迁等来确定洪水水位，配合测定有机沉积物中碳14含量的方法来确定历史洪水发生的年代。这些途径可以把考证期追溯到更古远。

3. 历史洪水的洪峰和洪量的推算

根据调查洪痕位置高程，行洪断面测量成果及河道的糙率等，即可推算该次洪水的洪峰流量。

（1）水位-流量关系曲线法。当所调查到的洪痕在水文站附近时，可依据该水文站的水位流量关系曲线推算洪峰流量。通常调查洪水位高出实测最高水位不少，因此需要外延水位流量关系曲线较远，有可能产生较大误差。有关外延的方法可参阅水文资料整编方法。

（2）比降-面积法。将洪峰近似作为稳定流，采用曼宁公式估算

$$v = \frac{R^{2/3} s^{1/2}}{n} \tag{3.5}$$

$$Q = Av = \frac{AR^{2/3} s^{1/2}}{n} \tag{3.6}$$

式中　　v——流速，m/s；

　　　　Q——流量，m³/s；

　　　　n——糙率；

　　　　A——洪痕高程以下的河道断面面积，m²；

　　　　R——水力半径，m；

　　　　s——水面比降。

经过洪水调查，取得关于洪水的 A、R、s 和 n 等数值代入式（3.6）即可求得洪峰流量。

（3）控制断面法。当洪痕位于堰坝、急滩和卡口上游不远处，可以利用堰坝、急滩和卡口等相应的临界流速公式推算洪峰流量。

历史洪水数值的正确性，对洪水频率计算成果有决定性作用。因此，在推算洪峰流量时，必须十分慎重。根据经验应注意以下几个方面。

首先应注意检查历史洪水位的可靠性及精度。可通过检查河段内各调查点同次历史洪水的最高水位高程，一般是绘出历史洪水水面线，与实测的几次大洪水水面线及河底纵断面线进行对比分析，以检验历史洪水最高水位及水面线的可靠性，从而确定该次历史洪水在指定断面的最高水位及其水面比降。分析时应考虑各洪痕的可靠性及其所在位置（如在凹岸或凸岸）受到的水流条件影响。

经验表明，在上列3种确定洪峰流量的方法中，根据当地水文站的水位-流量关系曲线来确定历史洪水的洪峰流量，一般是较为可靠的。不过在延长水位-流量关系曲线时，应注意水面比降、河床糙率等水力因素随水位升高的变化情况。如果河床断面在洪水过程中有冲淤变化则应根据实测资料所得的冲淤特性来推估历史洪水过程的断面。如外延水位-流量关系过远，则推得的洪峰可能极不可靠。

当需要根据比降-面积法计算洪峰流量时，对糙率的选用应特别慎重。多年来，人们对这种方法的精度是有争议的。式（3.6）中过水断面面积 A、水力半径 R 及水面比降 s 是由当地测定的，其精度大致可以估计，争论的焦点主要集中在糙率 n 值的精度上。糙率是一综合系数，包括河床质地组成、岸边及水中植物生态、水深、断面形状、河道底坡，以及河段河床与水流形态等众多因素，使分析研究工作遇到巨大困难。此外，由于天然河道的糙率是无法直接测定的，只能通过曼宁公式，由实测流量、比降及断面逆推糙率 n 值。计算结果必然附加了所有各项的测量误差，使求得的糙率值误差很大，难于分析其变化规律。由于这些原因，目前还没有一种客观可靠的糙率确定方法，主要是靠工作人员的主观经验来判断选用。因此，提供一些可供对照的河段实例，对于选定糙率是很有意义的。

因为许多水文站位于河道顺直、断面规则、坡度相对平缓（$S<0.002$）的中大河流上，以它们资料所求得的河道糙率成果，至多只适用于这类河段。对于山丘区陡坡河道（$S>0.002$），一般河道蜿蜒曲折地通过大块漂砾之间的沟谷，跌水险滩接连不断，流场极不规则，而且洪水期间水流还会挟带大量漂浮物、悬移质及推移质，所有这些因素都将使水流的能量损失增大。因此，如果按一般缓坡稳定流公式计算，采用一般缓坡河道的糙率，则流量将明显偏大。对山区陡坡河流，如采用控制断面法计算流量或许更为可靠。

此外，国外学者研究表明，在分析计算历史洪水流量时，必须注意区分一些泥石流所造成的特高水位和特大比降，否则把泥石流洪峰作为清水计算将会得出完全错误的结论。

4. 历史洪水在调查考证期中的排位分析

历史洪水峰量的数值确定后，为了估计其经验频率（或重现期），还必须分析各次历史洪水调查考证期内的排列序号，以期能正确确定历史洪水的经验频率。通常把具有洪水观测资料的年份（其中包括插补延长年份）称为"实测期"。从最早的调查洪水发生年份迄今的这一段时期内、实测期以外的部分称为"调查期"。在调查期和实测期中，最大的几次洪水的排列序号往往是能够通过调查或由历史文献来确定的。根据它们在这段时期内排列的序号，就可以计算其经验频率。当然，在这个时期内也还会有那么一些洪水，由于难于定量而不能判定其确切排位，但可以参照历史文献中关于这些洪水的雨情、灾情的记载，把它们分成若干等级，再由每级中选取一两次可以定量的洪水作为该级的组中值或下限。分级统计洪水的洪峰流量和相应的经验频率，也可以作为洪水频率分析的依据。

调查期以前的历史洪水情况,有时还可通过历史文献资料的考证获得。通常把有历史文献资料可以考证的时期称为"考证期"。考证期中,一般只有少数历史洪水可以大致定量,多数是难以确切定量的。有时通过文献考证,并参照河流冲积物和历史遗迹还可以查到更加古老的特大洪水。

3.2.3 有特大值的洪水频率计算

1. 连序和不连序样本系列的概念

用于洪水频率分析的样本系列的组成一般包括两种情况,一是系列中没有特大洪水值,即没有通过历史洪水调查考证或系列中没有提取特大值做单独处理,系列中各项数值直接按从大到小次序统一排位,各项之间没有空位,由大到小的秩次是相连的,这样的样本系列称为连序系列。二是系列中有特大洪水值,特大洪水与其他洪水值之间有空位,整个样本的排序是不连序的,这样的样本系列称为不连序系列。

2. 不连序样本系列的经验频率计算

计算样本系列各项数值经验频率的目的是为了估计样本的经验分布,再根据洪水样本点据及其经验分布对客观总体做出估计。设特大值的重现期为 N,实测系列年数为 n,在 N 年内共有 a 个特大值,其中有 l 个来自实测系列,其他来自于调查考证,如图 3.1 所示。对样本经验频率的计算通常有统一处理和分别处理两种方法。

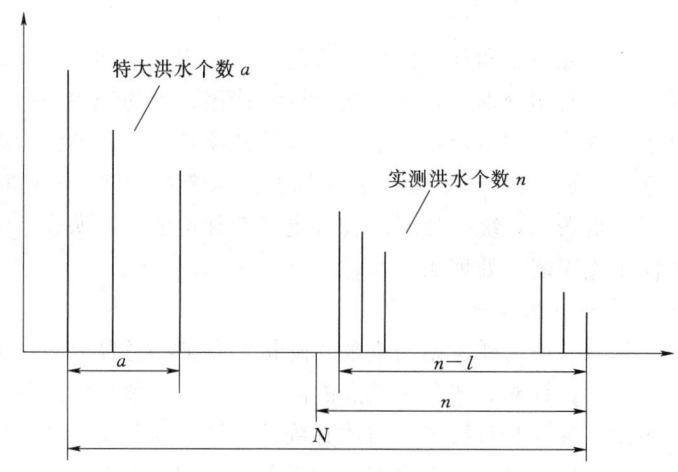

图 3.1 不连序样本的组成示意图

(1) 统一处理法。将实测洪水与历史大洪水一起共同组成一个不连序的系列,认为它们共同参与组成一个历史调查期为 N 年的样本,各项样本可在 N 中统一排序。其中,为首的 a 项占据 N 中的前 a 个序位,其经验频率采用频率次序统计量的数学期望公式(3.7)计算。

$$P_M = \frac{M}{N+1} \quad M=1,2,\cdots,a \tag{3.7}$$

而实测期 n 内的 $n-l$ 个一般洪水是 N 年样本的组成部分,由于它们都不超过 N 年中为首的 a 项洪水,因此其概率分布不再是从 0 到 1,而只能是从 P_a 到 1(P_a 是第 a 项特大洪水的经验频率)。于是对实测期的一般洪水，假定其第 m 项的经验频率在 $(P_a,1)$ 区间内线性变化，则可以根据插值计算经验频率。在以往的研究中，曾提出过下述两个公式

$$P_m = P_a + (1-P_a)\frac{m}{n+1} \quad m=1,2,\cdots,n \tag{3.8}$$

或

$$P_m = P_a + (1-P_a)\frac{m-l}{n-l+1} \quad m=l+1,2,\cdots,n \tag{3.9}$$

式（3.8）和式（3.9）的区别在于公式中是否直接引入 l。由于实测系列中的前 l 个洪水已经抽出作为特大洪水在 N 中排位，并按式（3.7）计算其经验频率，当采用式（3.8）或式（3.9）计算其他洪水的经验频率时，都只需从 $m=l+1$ 开始计算，前 l 个保持"空位"，这意味着 l 个特大值仍在实测系列中占据序位，其他洪水从 $l+1$ 开始排序。一般情况下，两个公式的计算结果相差不大，我国现行《水利水电工程设计洪水计算规范》（SL 44—2006）（以下简称《规范》）中，推荐使用式（3.9）。

（2）分别处理法。将特大值系列和实测系列作为从总体中独立抽出的两个随机连序系列，各项洪水在各自的系列中分别排序。其中，a 项特大洪水的经验频率仍采用式（3.7）计算；实测系列中 $n-l$ 项的经验频率按式（3.10）计算。

$$P_m = \frac{m}{n+1} \quad m=1,2,\cdots,n \tag{3.10}$$

同理，计算时，前 l 个特大洪水的序位保持"空位"，从 $m=l+1$ 开始计算其他样本的经验频率。

在我国，上述的统一处理法和分别处理法目前都在使用，两种方法计算的经验频率成果往往也是接近的。但在使用分别处理法公式计算不连序系列的经验频率时，可能会出现历史洪水与实测洪水"重叠"的不合理现象，即末位几项特大洪水的经验频率大于首几项实测洪水的经验频率。特别是当 N 相对较小或特大洪水个数较多，n 相对较大时，更为明显。另外，一些研究也表明，统一处理法公式更具有理论依据。所以，为克服分别处理法的不足，通常倾向于使用统一处理法。

3. 洪水频率曲线线型（统计分布模型）

洪水频率分析计算中，认为样本系列是独立随机抽自某一总体分布，但总体分布函数本身也是待估计的未知量。针对具体某一站点的洪水变量，目前还无法从理论上论证应该采用何种频率曲线线型（统计分布模型）描述其统计规律。为了使设计工作规范化，使各地设计洪水成果具有可比性和便于综合协调，世界各国在制定有关设计规范和手册时，通常选用对当地大多数长期洪水系列经验点据都能较好拟合的线型，就将该线型以规范或标准的形式予以确定，以供本国或本地区有关工程设计使用。

国际上关于线型的选用差别很大，常用的线型达 20 余种之多，包括极值Ⅰ型和Ⅱ型分布、广义极值分布（GEV）、对数正态分布（L-N）、P-Ⅲ型分布（P-Ⅲ）及对数 P-Ⅲ型分布等。如美国主要以对数 P-Ⅲ型为主，英国以 GEV 型为主。在我国，20 世纪 60 年代以来，通过对我国洪水极值资料的验证，认为 P-Ⅲ型能较好拟合我国大多数河流的洪水系列。此后，我国洪水频率分析一直采用 P-Ⅲ型曲线。

关于 P-Ⅲ型曲线的数学表达式以及主要参数等内容，在本系列教材的《实用水文统计》中有详细介绍，此处再做一简要回顾。P-Ⅲ型分布也称为 γ 分布（三参数 Gamma 分

布），其概率密度函数为

$$f(x)=\frac{\beta^\alpha}{\Gamma(\alpha)}(x-a_0)^{\alpha-1}\mathrm{e}^{-\beta(x-a_0)} \quad a_0\leqslant x<+\infty,\alpha>0,\beta>0 \quad (3.11)$$

式中 a_0、β、α——分布的位置、尺度和形状参数。

这 3 个参数与常用的另外 3 个总体统计参数 E_x、C_V、C_S（期望值、变差系数、偏态系数）具有如下关系：

$$\begin{cases} a_0=E_x\left(1-\dfrac{2C_V}{C_S}\right) \\ \alpha=\dfrac{4}{C_S^2} \\ \beta=\dfrac{2}{E_xC_VC_S} \end{cases} \quad (3.12)$$

水文频率分析计算一般是为了推求指定频率 p 所对应的随机变量取值 x_p，这可以根据按超过概率定义的分布函数求得，即

$$p=F(x_p)=P(x\geqslant x_p)=\int_{x_p}^{+\infty}f(x)\mathrm{d}x \quad (3.13)$$

为简化式（3.13）的积分求解，实际计算时先对变量 x 做标准化变换，得到标准化的 P-Ⅲ型变量，即

$$\Phi=\frac{x-E_x}{E_xC_V} \quad (3.14)$$

Φ 也称为离均系数，然后对 Φ 进行积分运算

$$\begin{aligned} p=P(\Phi\geqslant\Phi_p)&=\int_{\Phi_p}^{+\infty}g(\Phi,\alpha)\mathrm{d}\Phi \\ &=\frac{\alpha^{\alpha/2}}{\Gamma(\alpha)}\int_{\Phi_p}^{+\infty}(\Phi+\sqrt{\alpha})^{\alpha-1}\mathrm{e}^{-\sqrt{\alpha}(\Phi-\sqrt{\alpha})}\mathrm{d}\Phi \end{aligned} \quad (3.15)$$

式（3.15）中，被积函数 $g(\Phi,\alpha)$ 只含一个未知参数 α 或 $C_S\left(\alpha=\dfrac{4}{C_S^2}\right)$，按照水文习惯，将 C_S、p 与 Φ_p 之间的关系预先制成表（即水文 Φ 值表）。实际应用时，根据指定的设计频率 p 和估计的 C_S 值查表求 Φ 值（记为 Φ_p），再根据式（3.14）的反变换得到相应的 x_p

$$x_p=E_x(1+C_V\Phi_p) \quad (3.16)$$

考虑到我国幅员辽阔，各地水文情势差别甚远，洪水成因各地不一，而且 P-Ⅲ型曲线也有一定的局限性，特别当偏态系数较大时，曲线下端过于平坦，似乎某个小洪水即能代表该站洪水最小值，而实测最小洪水却又往往要小得多；又当 $C_S>2$ 时，P-Ⅲ型概率密度函数呈"乙"字形，而许多干旱、半干旱地区的中小河流洪水，虽然 C_S 常大于 2，但经验柱状图仍呈菱形，这时，即使调整了参数，也难以得到满意的适线成果。所以，在《规范》中规定"频率曲线的线型应采用 P-Ⅲ型，对特殊情况，经分析论证后也可采用其他线型"。

4. 频率曲线参数估计

选定的总体分布模型（线型）中，都含有表示分布特征的参数，例如 P-Ⅲ型分布中共有 a_0、α、β（或 E_x、C_V、C_S）3 个参数。当获得样本并选定总体分布线型后，洪水频

率分析的任务就是根据样本对分布函数中的参数做出估计,以便进一步推求指定频率的 x_p。估计总体分布参数的方法很多,例如矩法、极大似然法、概率权重矩法、权函数法、线性矩法以及适线法等,我国规范统一规定采用适线法。适线法有两种,一种是经验适线法(过去常称为目估适线法),另一种是优化适线法。适线法的初值,可由其他方法(如矩法)估计。

(1) 矩法估计参数。《实用水文统计》的第 4 章中已经阐述了可以用力学中的矩的概念描绘随机变量的概率分布,矩法参数估计的基本出发点就是用样本的矩去估计相应总体的矩,由于 P-Ⅲ型分布中共有 3 个参数需要估计,所以只需要用到样本的前 3 个矩就可以了。对于不连序样本,假定 $\overline{Q}_{N-a}=\overline{Q}_{n-l}$ 和 $\overline{\sigma}_{N-a}=\overline{\sigma}_{n-l}$,即去除特大值后的 $N-a$ 年的均值和均方差与 $n-l$ 年的相等。经过推导,可以得到矩法的样本两个参数估计值的计算式为

$$\overline{Q} = \frac{1}{N}\left[\sum_{i=1}^{a} Q_i + \frac{N-a}{n-l}\sum_{j=l+1}^{n} Q_j\right] \tag{3.17}$$

$$C_v = \sqrt{\frac{1}{N-1}\left[\sum_{i=1}^{a}(K_i-1)^2 + \frac{N-a}{n-l}\sum_{j=l+1}^{n}(K_j-1)^2\right]} \tag{3.18}$$

式中 $K_i=Q_i/\overline{Q}$ 或 $K_j=Q_j/\overline{Q}$ ——模比系数。

偏态系数 C_S 一般不用矩法估计,而是参考地区规律选定一个 C_S/C_V 的比值。我国对洪水极值的研究表明,对于 $C_V \leqslant 0.5$ 的地区,可以试用 $C_S/C_V=3\sim4$;对于 $0.5<C_V\leqslant 1.0$ 的地区,可以试用 $C_S/C_V=2.5\sim3.5$;对于 $C_V>1.0$ 的地区,可以试用 $C_S/C_V=2\sim3$。

矩法估计的参数可能存在较大的误差,特别是用到 2 阶矩以后,其结果仅供参考。

(2) 经验适线法。经验适线法是在机率格纸上对样本经验点据进行"拟优"的一种方法,主要包括如下步骤:

1) 点绘样本经验点据,将实测资料 Q_i 由大到小排列,特大洪水的经验频率 P_i 按照公式 (3.7) 计算,一般洪水的经验频率按照公式 (3.9) 计算,然后将经验点据 (P_i,Q_i) 点绘在机率格纸上。

2) 估计参数的初值并绘制频率曲线,采用矩法或其他方法,估计分布的 3 个参数,记为 $(\overline{x}、C_V、C_S)$,作为适线法的初值。根据该参数值查 P-Ⅲ型分布 Φ 值表(或者模比系数 k_p 表),可以求得一组不同频率 p 对应的设计值 x_p,即

$$x_p = 1 + C_V\Phi(p,C_S)\overline{x} = k_p\overline{x} \tag{3.19}$$

根据 (p,x_p) 绘制频率曲线(也称为理论频率曲线),并将此线画在绘有经验点据的机率格纸上。

3) 调整适线,检查频率曲线与经验点据的拟合情况,若不理想,则调整参数(主要是调整 C_V 和 C_S),再重新计算频率曲线。

4) 确定参数,最后根据频率曲线与经验点据的配合情况,从中选择一条与经验点据配合较好的曲线作为采用曲线,相应于该曲线的参数便看作是总体参数的估值,并可用于推求指定频率的特征值。

经验适线法简易、灵活,能反映工作人员的经验,但方法本身也存在难以避免设计人

员主观任意性的缺点。所以，适线时应照顾点群的趋势，尽量使曲线通过点群中心。如点据分布缺乏规律，经验点据与曲线不能全面拟合时，可侧重考虑上部和中部的点据，并使曲线尽量靠近精度较高的点据。对于特大洪水，一般说来，年代愈久的历史特大洪水加入系列进行配线，对合理选定参数的作用越大，但这些资料本身的误差可能也较大。应当分析它们可能的误差范围，不宜机械地通过特大洪水而使频率曲线脱离点群。

（3）优化适线法。优化适线法是指在一定寻优准则下，通过计算机求解与经验点据拟合最优的频率曲线参数的方法。我国规范中推荐了 3 种不同的适线准则：离差平方和最小准则（OLS）、离差绝对值和最小准则（ABS）、相对离差平方和最小准则（WLS），分别表示如下：

1）离差平方和最小准则（OLS）

$$F(\hat{\theta}) = \min \sum_{i=1}^{n} [x_i - x(p_i, \theta)]^2$$

2）离差绝对值和最小准则（ABS）

$$F(\hat{\theta}) = \min \sum_{i=1}^{n} |x_i - x(p_i, \theta)|$$

3）相对离差平方和最小准则（WLS）

$$F(\hat{\theta}) = \min \sum_{i=1}^{n} \left[\frac{x_i - x(p_i, \theta)}{x(p_i, \theta)}\right]^2$$

式中　θ——统计分布模型（频率曲线）参数（如 E_x, C_V, C_S）；

　　　$\hat{\theta}$——θ 的估计；

　　　p_i——频率；

$x(p_i, \theta)$——频率曲线纵坐标值［即按式（3.19）计算的 x_p］；

　　　n——经验点据个数，即参加计算的样本个数。

选择适线准则时，应考虑洪水资料精度，并且要便于分析、求解。当系列内各项洪水（绝对）误差比较均匀时，可考虑采用 OLS 或 ABS 准则；当不同量级的洪水（尤其是历史洪水）误差差别较大，但相对误差比较均匀时，可考虑采用 WLS 准则。对 OLS 和 ABS 准则的寻优求解，可以采用阻尼最小二乘算法（Leveuberg - Marguardt 方法）；对 ABS 准则的寻优求解，可以采用模式搜索法（Hooke - Jeeve 方法）。

3.2.4　频率计算成果的合理性分析

在洪水频率计算中，由于资料系列不长，常使计算所得的各项统计参数（$\overline{X}$、C_V、C_S），以及各种频率的特征值 x_p 带有或大或小的误差。而另一方面，这些参数或计算成果在不同历时之间，以及相同历时在上下游和相邻地区之间，客观上都存在一定的关系或地理分布规律。因此，可以综合同一地区各站成果，通过对比分析，发现错误和检查误差，再针对原因进行修正。现有的合理性检查方法可归纳成如下几个方面。

1. 本站的洪峰及各种历时洪量之间比较分析

（1）频率曲线对比分析。将各种不同历时洪量频率曲线的纵坐标变换成对应历时的平均流量，然后与洪峰流量的频率曲线一起点绘在同一张图纸上。各曲线形态相似，互相协调；一般历时越短，坡度应略大；各曲线在实用范围内（$p=0.01\%\sim99\%$）不应相互交叉。

（2）统计参数或设计值之间的比较分析。可点绘本站的各项统计参数或特征值（作为纵坐标）和历时长（作为横坐标）的关系曲线。这种关系曲线一般应遵循如下原则或经验：

1）均值和特征值应随历时的增加而增加，但其增率则随历时增加而减小。而且，对于流域面积大、连续暴雨次数多的河流，其增率随历时增加而减小得慢一些，反之，其增率随历时增加而减小得快一些。

2）C_V 一般随历时的增加而减小。但对于调蓄作用大且连续暴雨次数多的河流，随着历时的增加，C_V 反而增大，至某一历时达到最大值，然后再逐渐减小。

3）偏态系数 C_S 值，由于观测资料短，计算成果误差很大，因此规律不明显。一般的概念是随着历时的增加，C_S 值逐渐减少。

2. 上下游及干支流洪水关系的合理性分析

在同一条支流的上下游之间，洪峰及洪量的统计参数一般存在较密切的关系。当上下游气候、地形等条件相似时，洪峰（量）的均值应该由上游向下游递增，其模数则递减。C_V 值也由上游向下游减小。当上下游气候、地形等条件不一致时，上下游间的变化就比较复杂，需结合具体河流特点加以分析。

3. 邻近河流洪水统计参数及设计值的地区分布规律合理性分析

绘制洪峰、洪量的均值或设计值与流域面积的关系图，分析点据的分布是否与暴雨及地形等因素的分布相适应，可以判断成果的合理性。有时也可以将洪峰、洪量均值模数（即 $\overline{Q}/F^n$ 及 $\overline{W}/F^n$）及 C_V 绘成等值线图，并与暴雨的均值和 C_V 的等值线图进行比较，如发现有突出偏高偏低的现象，就要深入分析原因。

4. 暴雨径流之间关系的合理性分析

暴雨统计参数与相应时段洪量统计参数之间是有关系的，一般而言，洪量的 C_V 应大于相应时段暴雨量的 C_V。

以上介绍的设计成果合理性分析方法所依据的规律并不严密，所以分析时务必作多方面论证，不可生搬硬套。

3.2.5 不同频率流量过程线的确定

在生产实践中，洪水频率分析计算的成果是推求拟建防洪工程的设计洪水，现行拟定设计洪水过程线方法的程序是先进行洪水峰、量频率计算，分析设计流域的洪峰流量及时段洪量的分布函数 $F(Q_m)$、$F(W_t)$ 或频率曲线，分别求得符合设计标准 p 的设计洪峰流量值 Q_{mp} 及设计时段 t_p 的洪量值 W_{tp}；再根据洪水特性选择典型洪水，并考虑水工设计要求，选取其中一项或几项对防洪后果影响最大的特征，以它们为控制，对典型洪水过程线进行放大，从而得到满足指定设计标准 p 的设计洪水过程线 $Q_p(t)$。

1. 控制时段 t_k 的选定

前面已说明，设计洪水的作用是使得按照该频率的洪水，经过调洪演算后的防洪设计指标，如最高库水位、防洪库容、最大出库流量、堤顶高程等，都达到设计洪水对应的频率。以单一防洪水库为例,设计洪水包含的特征一般是指洪峰流量 Q_m 或时段 t 的洪量 W_t,防洪指标特征是水库泄洪的最大流量 q。所谓两者具有同频率关系,就是说如果设计洪水的 Q_m 或 W_t 为百年一遇(设计频率 $p=1\%$),经过水库调节后的最大泄流量 q 也具有百年一遇的概率,即要求

$$q_p = q(Q_{m,p}) \quad \text{或} \quad q_p = q(W_{t,p}) \tag{3.20}$$

实际资料表明上述严格的函数关系并不成立,由水库调洪演算原理也可以分析说明这一点,两者之间一般只存在一种并不密切的相关关系。

在这种情况下,如果要拟定设计洪水过程线,最合理的方法是选取一个与最大泄流量 q 相关程度最高的时段洪量 W_t,要求它达到设计标准规定的频率 p,即认为该洪水就是频率为 p 的设计洪水过程线 $Q_p(t)$。经水库调洪演算,所要求的泄洪能力 q 及其他指标,也符合同一设计标准 p。所选定的时段就称为"控制时段" t_k。

在理论上选定 t_k 并不困难。对于每种设计方案,将历年的实测洪水过程线 $Q_i(t)$ 资料输入系统,进行洪水调节计算,得出逐年水库的最大泄洪流量 q_i 系列。统计分析 q_i 与逐年洪水特征之间的相关关系,一般是点绘 q_i 与不同时段 t 洪量 W_{ti} 的相关图。对比不同时段相关图,从中选定相关关系最密切的时段,就可近似作为"控制时段 t_k"。

但是,实际应用中发现不同时段相关程度的差异并不显著,说明影响 q 的因素较复杂,变动时段 t 对于改善相关关系的效果并不明显。而且,实测资料一般都是常遇洪水,按此确定的相关关系是否适用于设计条件,也是未知。因此,在实际工作中,一般并不绘制上述一系列相关图去对比,而只是定性分析来选取 t_k。经验表明,对于调节库容大,泄洪能力小的水库,长时段洪量对泄洪流量起控制作用,相关关系较为密切;反之,对于调节库容小,泄洪能力大的水库,短时段洪量对泄洪流量起控制作用。因此,如洪峰峰型尖瘦、洪水历时较短、水库调洪库容小、泄洪能力大,可选短时段作为 t_k。反之,则取较长时段作为 t_k。而且在放大典型过程线时,要求多时段同时控制,来解决上述 t_k 难于确定的困难,当然,t_k 的数目也不应太多,以 2~3 个为宜。

2. 典型洪水过程线的选取

控制时段 t_k 选定后,可求得 t_k 时段的设计洪量 W_{kp}。只有一个洪水特征还无法去进行水库调洪演算,必须为 W_{kp} 选配一个洪水时空分布过程,使之成为具有实际洪水形式的设计洪水。假设本流域有一次实测洪水过程,在 t_k 时段内的洪量恰好等于设计洪量 W_{kp},那么这次洪水就可以作为设计洪水。一方面它的控制时段洪量符合设计标准,可以保证其防洪后果也符合设计标准。另一方面相应的 W_{kp} 是一次实测洪水过程,这种洪水的峰型在过去发生过,在将来还是有可能重现的。但是,由于设计标准都是罕见的稀遇频率(如 $p=1\%,0.1\%,\cdots$),在仅有的几十年实测资料系列中出现这种洪水的可能性是微乎其微的。

因此在实际工作中,选取当地的一次或几次实测洪水过程线作为模式(称为典型洪水过程线),将其流量坐标适当放大,使放大后控制时段 t_k 的洪量 W_{tk} 达到设计值 W_{kp}。由于这种通过放大方式得到的洪水过程,未必符合流域产汇流原理,因此,当放大比例很大时,就会出现一些不合理现象,如基流偏大、流量过程线坦化等。为了尽量减小放大比例,在选定典型过程线时,应选洪量接近 W_{kp} 的大洪水作为典型。当资料中控制时段洪量较大的洪水不止一个,而是有若干个,则一般是选择接近平均情况而又对防洪较为不利的

洪水，如峰高量大、峰型偏后的典型洪水。这是因为，按照概率论原理，平均情况接近最可能出现的情况，所以选取平均情况的洪水过程作为典型在未来更可能发生；但平均情况又似乎不够安全，若再考虑选取其中峰型对防洪较不利的洪水过程，就相当于在指定的设计标准之外，又附加了一定的安全保证。

3. 放大方法

常用的放大方法有同倍比放大法和同频率放大法两种。

(1) 同倍比放大法。用同一放大倍比 k 值，放大典型洪水过程线的流量坐标，使放大后的洪峰流量等于设计洪峰流量 Q_{mp}，或使放大后的控制时段 t_k 的洪量等于设计洪量 W_{kp}。

使放大后的洪峰流量等于设计洪峰流量 Q_{mp}，称为"峰比"放大，放大倍比为

$$k = \frac{Q_{mp}}{Q_{md}} \tag{3.21}$$

使放大后的控制时段 t_k 的洪量等于设计洪量 W_{kp}，称为"量比"放大，放大倍比为

$$k = \frac{W_{kp}}{W_{kd}} \tag{3.22}$$

式中　　k——放大倍比；

Q_{mp}、W_{kp}——频率为 p 的洪峰流量和 t_k 时段的洪量；

Q_{md}、W_{kd}——典型洪水过程的洪峰流量和 t_k 时段的洪量。

按式（3.21）或式（3.22）计算放大倍比 k，然后与典型洪水过程线流量坐标相乘，就得到洪水过程线。

(2) 同频率放大法。在放大典型过程线时，按洪峰和不同历时的洪量分别采用不同倍比，使放大后的过程线的洪峰及各种历时的洪量分别等于设计洪峰和设计洪量。也就是说，经放大后的过程线，其洪峰流量和各种历时的洪水总量都符合同一设计频率，称为"峰、量同频率放大"，简称"同频率放大"。其中：

洪峰的放大倍比 k_Q

$$k_Q = \frac{Q_{mp}}{Q_{md}} \tag{3.23}$$

最大 1d 洪量的放大倍比 k_1

$$k_1 = \frac{W_{1p}}{W_{1d}} \tag{3.24}$$

式中　　W_{1p}——频率 p 的最大 1d 洪量；

W_{1d}——典型洪水的最大 1d 洪量。

按式（3.24）放大后，可得到设计洪水过程中最大 1d 的部分。对于其他历时，如最大 3d，如果在典型洪水过程线上，最大 3d 包括了最大 1d，因为这一天的过程已放大成 W_{1p}，因此，只需要放大其余两天的洪量，使放大后的这两天洪量 W_{3-1} 与 W_{1p} 之和，恰好等于 W_{3p}，即

$$W_{3-1} = W_{3p} - W_{1p} \tag{3.25}$$

所以这一部分的放大倍比为

$$k_{3-1} = \frac{W_{3p} - W_{1p}}{W_{3d} - W_{1d}} \tag{3.26}$$

同理,在放大最大 7d 中,3d 以外的 4d 内的倍比为

$$k_{7-3}=\frac{W_{7p}-W_{3p}}{W_{7d}-W_{3d}} \tag{3.27}$$

依次可得其他历时的放大倍比,如:

$$k_{15-7}=\frac{W_{15p}-W_{7p}}{W_{15d}-W_{7d}} \tag{3.28}$$

如果典型洪水过程线上长历时不包括短历时,如最大 3d 不包括最大 1d(某些复峰洪水过程可能如此),则按类似式(3.24)分别计算各历时的放大倍比。

在典型洪水过程线放大中,由于在两种历时衔接的地方放大倍比不一致,因而放大后在交界处产生不连续现象,使过程线呈锯齿形。此时需要修匀,使其成为光滑曲线,修匀时需要保持设计洪峰和各种历时的设计洪量不变。修匀后的过程线即为设计洪水过程线 $Q_p(t)$。

(3) 两种放大方法的比较。同倍比放大法计算简便,常用于峰量关系好及多峰型的河流。其中,"峰比"放大常用于防洪后果主要由洪峰控制的水工建筑物,"量比"放大则常用于防洪后果主要由时段洪量控制的水工建筑物。此外,同倍比放大后,设计洪水过程线保持典型洪水过程线的形状不变。

同频率放大法常用于峰量关系不够好、洪峰形状差别大的河流。这种方法适用于有调洪作用的水利工程措施,例如调洪作用大的水库等。此法较能适应多种防洪工程的特性,解决控制时段不易确定的困难。目前大、中型水库规划设计中,主要是采用此法。另外,成果较少受所选典型不同的影响,放大后洪水过程线与典型洪水过程线形状可能也不一致。

3.3 由暴雨资料分析计算洪水

3.3.1 由不同频率暴雨推求净雨

第 2 章介绍了暴雨频率分析计算的原理和方法,其分析计算成果也可用于间接推求相应洪水。其基本原理是根据暴雨分析计算得到的符合某种频率的暴雨量及其过程,扣除损失后,就可以得到净雨过程,再通过汇流计算,就得到相应频率的洪水过程,当然,其中包含了一个假定,即暴雨、净雨和洪水都是同频率的。由此可见,这一种方法的核心是扣损和汇流计算两个环节。

扣除损失的方法有多种,常用径流系数法、次降雨径流经验相关法和初损后损法等。

1. 径流系数法

本法是较简单而应用也较广的一种方法,所谓次暴雨的径流系数是指该次暴雨所形成的净雨即该次洪水径流量与暴雨量之比,因此,净雨为径流系数与雨量的乘积

$$R=\alpha P \tag{3.29}$$

式中 P——流域平均雨量,mm;

R——净雨,mm;

α——径流系数。

径流系数法把各种损失综合反映在径流系数中。

根据若干次暴雨洪水的 α 值，加以平均得到采用值，或为安全起见，选取许多次 α 值中的较大或最大者，各地水文手册均载有暴雨径流系数值。可供参考使用。还应指出，径流系数往往随着暴雨强度增大而增大。因此，根据大暴雨资料求得的径流系数，可根据变化趋势修正，用于设计条件。影响降雨损失的因素很多（如前期土壤含水量等），一定流域的 α 值变化也是很大的。径流系数法没有考虑这些因素的影响，所以是一种粗估的方法，精度较低。

2. 次降雨径流经验相关法

在本系列教材的《水情与水文预报》中详细介绍了次降雨径流相关关系的建立与应用，因为它是流域产流规律的描述，因此也可以用于推求各种频率的暴雨所产生的净雨即次洪水径流量。由于在制作时由实测流量过程只可以求出相应某次降雨对应的总径流量，无法计算各个时段的径流量，因此在应用时也只可以求得次径流量，不可以直接求各个任意时段的径流量。

(1) $P-P_a-R$ 三变量相关图法。图 3.2 是某流域的 $P-P_a-R$ 相关图，用于计算净雨时，首先累计降雨过程中各时段的降雨量，根据降雨开始时的 P_a，在图上查出相应的累计净雨量，然后将累计的净雨量过程，两两相减，得到各时段的降雨所对应的时段净雨。

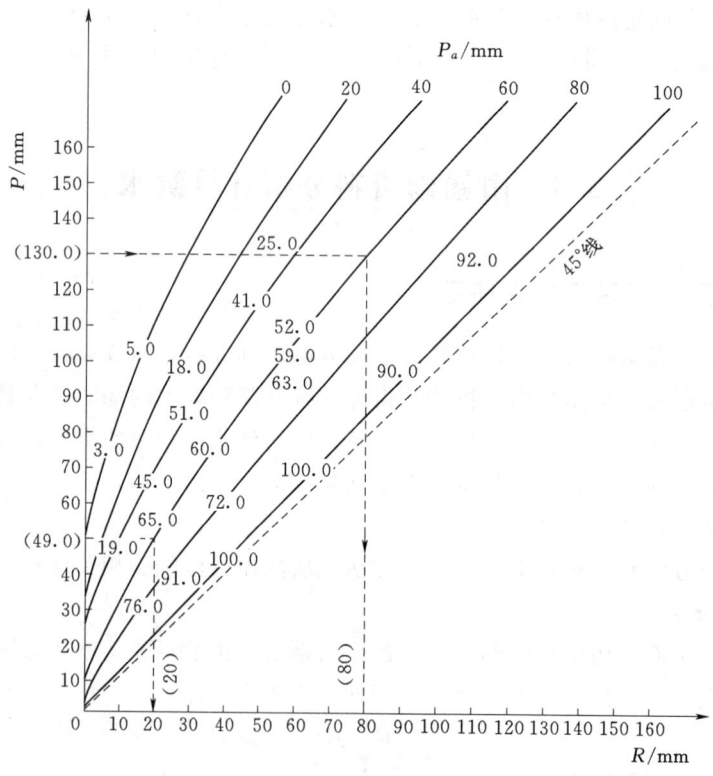

图 3.2 某流域三变量降雨径流相关图

(2) $P+P_a$-R 相关图法。图 3.3 所示是简化的降雨径流 $P+P_a$-R 相关图，应用方法与前面一样。

(3) 多变量降雨径流相关图。以 P_a 为参数的三变量相关图，一般只适用于我国湿润地区，对于干旱、半干旱地区，除考虑前期影响雨量外，还要考虑降雨历时等更多变量的相关图。图 3.4 为 P-P_a-T-R 相关图，其中 T 为降雨历时，可以反映雨强的影响。

(4) 次降雨径流经验相关法应用条件分析。次降雨径流经验相关关系可以由各地水文手册查得，或者由水文部门根据实测资料分析得到。但是，在应用于各种频率暴雨的产流计算时，特别是应用于工程设计条件下，暴雨尚未发生，因此前期影响雨量 P_a 是未知的，如何处理，就是关键问题。

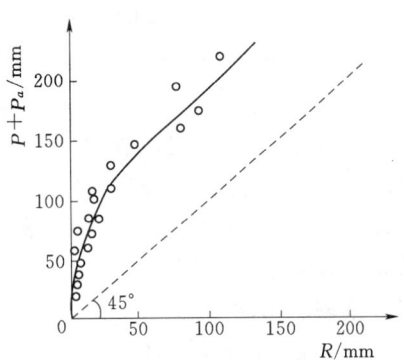

图 3.3 简化的降雨径流相关图 $P+P_a$-R

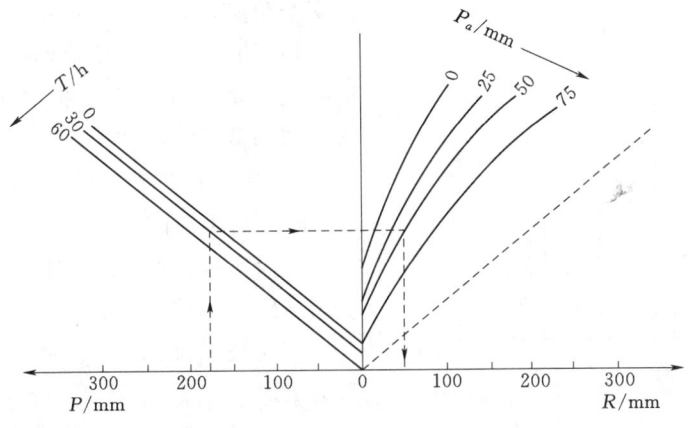

图 3.4 某流域 P-P_a-T-R 相关图

当设计暴雨发生时，流域的前期土壤湿润情况是未知的，可能很干（$P_a=0$），也可能很湿润（$P_a=I_m$），所以设计暴雨可能与任何 P_a 值（$0 \leqslant P_a \leqslant I_m$）相遭遇，这是属于随机变量的遭遇组合问题，目前生产上常用的方法有下述 3 种：

1) 取设计 $P_a=I_m$。在湿润地区，汛期雨水充沛，土壤长期处于蓄满或接近蓄满的状态（即 $P_a \approx I_m$）。在工程设计时，为了考虑安全和简化，可取设计暴雨的 $P_a=I_m$。

2) 扩展暴雨过程法。在拟定设计暴雨过程时，加长暴雨历时，把核心暴雨的前面一段包括在内（一般长达 15~30d），可以用来计算暴雨核心部分的 P_a 值。

3) 同频率法。在暴雨频率计算求得 x_p 的同时，计算 $(x+p_a)_p$，则与设计暴雨相应的 P_a 值可由两者之差求得

$$P_a=(x+P_a)_p-x_p \tag{3.30}$$

当得出 $P_a > I_m$，则取 $P_a=I_m$。

上述 3 种方法中，扩展暴雨过程的方法用得较多。假定设计条件下，流域包气带蓄满

($P_a=I_m$)的做法仅适用于湿润地区,在干旱地区是不适用的,因为当地土壤只有很短时间蓄满,甚至全年都未蓄满。同频率法在理论上是合理的,但在实用上也存在一些问题,它需要由两条频率曲线的外延部分求差,其误差往往很大,常出现不合理现象(诸如$P_a>I_m$,或$P_a<0$)。

拟定一个长达15~30d的设计暴雨过程,在作产流计算时,需确定开始时刻流域蓄水量P_a的初始值,一般可取$P_a=I_m$或$I_m/2$。因为需要经过一个相当长的时段演算,才达到形成设计洪峰的暴雨核心部分,所以P_a的初始值大小,对设计洪水的洪峰部分,几乎没有什么影响。也就是说,这样做表面上虽然有一定的主观任意性,实际上对设计洪水计算成果影响并不大。

3. 初损后损法

(1) 基本原理。初损后损法是一种超渗产流模型。该模型将降雨径流损失过程分为初损I_0和平均后损率$\overline{f}$两部分,综合分析I_0和$\overline{f}$的变化规律,在设计洪水时利用这种规律来由暴雨推求地面净雨过程。

初损后损法将下渗损失过程简化为初损后损两个阶段,如图3.5所示。

1) 初损:降雨开始到出现超渗产流时,历时t_0,降雨全部满足损失I_0,包括初期下渗,植物截留,填洼等。

2) 后损:产流以后损失阶段,超渗历时t_s内的平均下渗能力为$\overline{f}$。

当时段内雨强$i>\overline{f}$时,按$\overline{f}$入渗,入渗量为$\overline{f}\Delta t$;

当时段内降雨$i\leqslant\overline{f}$时,按i入渗,入渗量为$i\Delta t$。

由水量平衡原理,净雨深R_s用下式计算

$$R_s=P-I_0-\overline{f}t_s-P' \quad (3.31)$$

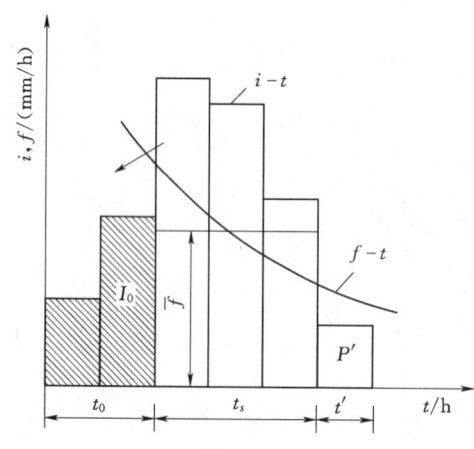

图3.5 初损、后损示意图

式中 P——次降雨深,mm;
R_s——降雨形成的地面净雨深,mm;
I_0——初损,mm;
t_s——后损阶段的超渗历时,h;
$\overline{f}$——后期t_s内的平均后损率,mm/h;
P'——后损阶段非超渗历时t'内的雨量,mm。

(2) 初损I_0的确定。各场暴雨的I_0及$\overline{f}$并不相同,应通过实测暴雨洪水资料分析它们的变化规律,然后再依工程设计的具体情况,确定相应I_0及$\overline{f}$,从而进一步由降雨过程推算净雨过程。按水文预报教材介绍的方法进行。各场洪水的I_0及相应的流域起始蓄水量、初损期的平均雨强$\overline{i}_0$等有关系,可以建立相关图。由于植被和土地利用具有季节性变化特点,初损量I_0还受到季节的影响。因此,也可以建立以月份为参数的初损相关图。

(3) 平均后损率 $\bar{f}$ 的确定。一次降雨过程中，由于后损是初损的延续，初损量越大，土壤含水量越大，则后损能力越低，$\bar{f}$ 就越小，所以后损下渗率 $\bar{f}$ 不仅与流域起始土壤含水量有关，而且与初期降雨特性有关，初期降雨特性用初损期平均雨强 $\bar{i}_0$ 表示。因此，可以根据实测雨洪资料，分析建立 $\bar{f}$ 与 t_s 及 $\bar{i}_0$ 的关系。

【例 3.1】 已知初损 $I_0=30\text{mm}$，平均后渗率 $\bar{f}=1.5\text{mm/h}$，降雨资料见表 3.1，时段长 Δt 为 3h，用初损后损法计算净雨过程。

表 3.1　　　　　　　　　　初损后损法求净雨计算表

时段序号 ($\Delta t=3\text{h}$)	雨量 P /mm	初损 /mm	后损 /mm	净雨 R /mm
1	5.4	5.4		
2	8.6	8.6		
3	24.0	16	1.5	6.5
4	9.0		4.5	4.5
5	5.6		4.5	1.1
6	1.8		1.8	
7	8.7		4.5	4.2
合计	63.1	30	16.8	16.3

从降雨起始时刻开始，第1、2两个时段合计雨量14mm，未达到初损30mm，第1、2两个时段全部成为初损，距初损总量30mm还差16mm，第3个时段雨量24mm，其中16mm满足初损，第3个时段雨强为8mm/h，满足初损的16mm雨量为前面2个小时的雨量，因此第3个时段里前面2个小时为初损历时，第3个时段里后面1个小时为后损历时，因此第3个时段里后损量为 $1\text{h}\times1.5\text{mm/h}=1.5\text{mm}$。第4、第5、第7时段的雨量均大于时段后渗能力4.5mm，因此按后渗能力4.5mm后损，第6个时段雨量1.8mm，小于时段后渗能力4.5mm，第6个时段雨量全部后渗，后损量为1.8mm。

总雨量63.1mm，其中满足初损30mm，后损16.8mm，净雨16.3mm。

3.3.2　由不同频率净雨推求流量过程

流域汇流是指在流域各点产生的净雨，经过坡地和河网汇集到流域出口断面，形成径流的全过程。同一时刻在流域各处形成的净雨距流域出口断面远近、流速不相同，所以不可能全部在同一时刻到达流域出口断面。但是，不同时刻在流域内不同地点产生的净雨，却可以在同一时刻流达流域的出口断面。由地面净雨通过汇流计算可以得到地面径流过程，由地下净雨通过汇流计算可以得到地下径流过程，地面径流过程与地下径流过程叠加可以得到总径流过程。地面径流过程汇流计算一般采用时段单位线法或瞬时单位线法，地下径流过程汇流计算线性水库模拟计算法或者其简化计算法。

1. 时段单位线法推求流量过程

（1）计算方法。时段单位线是指，在给定的流域上，单位时段内均匀降落单位深度的地面净雨，在流域出口断面形成的地面径流过程线，称为单位线。如图3.6所示。单位净

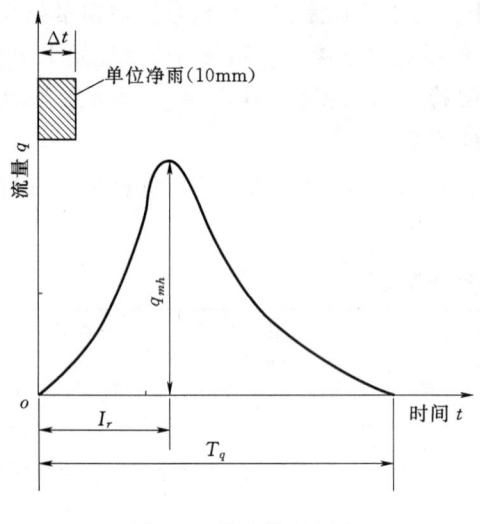

图 3.6　单位线示意图

雨一般取 10mm，单位时段可取 1h、3h、6h、12h、24h 等，依流域大小而定。

由于实际的净雨不一定正好是一个单位和一个时段，所以使用时有如下两条假定。

倍比假定：如果单位时段内的净雨不是一个单位而是 k 个单位，则形成的流量过程是单位线纵标的 k 倍。

叠加假定：如果净雨不是一个时段而是 m 个时段，则形成的流量过程是各时段净雨形成的部分流量过程错开时段叠加。

根据上述假定，可以得到流域出口断面流量过程线的表达式

$$Q_i = \sum_{j=1}^{m} \frac{R_j}{10} q_{i-j+1} \begin{cases} i=1,2,\cdots,k \\ j=1,2,\cdots,m \\ i-j+1=1,2,\cdots,n \end{cases} \tag{3.32}$$

式中　Q_i——流域出口断面各时刻流量值，m^3/s；

　　　R_j——各时段净雨量，mm；

　　　q_{i-j+1}——单位线各时刻纵坐标，m^3/s；

　　　k——流域出口断面流量过程线时段数；

　　　m——净雨时段数；

　　　n——单位线时段数。

时段单位线可以利用已有的水文预报方案中的，也可以根据实测的降雨径流资料来推求。

（2）单位线的时段转换。单位线应用时，往往因实际降雨历时和已知单位线的时段长不相符合，不能任意移用；另外，在对不同流域的单位线进行地区综合时，各流域的单位线也应取相同时段长才能综合。解决上述问题的方法就是进行单位线的时段转换，最常用的方法是 S 曲线法。

所谓 S 曲线，就是流域上保持一个强度恒为 $10\text{mm}/\Delta t$ 的净雨，在流域出口形成的地面径流过程线，S 曲线实际上就是单位线纵标沿时程的累积曲线，即

$$S(t) = \sum_{i=0}^{m} q_i(\Delta t, t) \tag{3.33}$$

式中　$S(t)$——第 m 个时段末（$t=m\Delta t$）的 $S(t)$ 曲线纵标值；

　　　$q_i(\Delta t, t)$——Δt 内净雨 10mm 单位线 $q(\Delta t,t)$ 在第 j 时段末（$t=j\Delta t$）的纵标值。

由单位线的倍比假定，得到时段为 ΔT 的单位线 $q(\Delta T,t)$ 的计算式

$$q(\Delta T,t) = \frac{\Delta t}{\Delta T}[s(t) - s(t-\Delta T)] \tag{3.34}$$

具体参考《水文情报预报》教材。

(3) 时段单位线法存在的问题及处理方法。因为时段单位线的两个假定不完全符合实际，一个流域上各次洪水分析的单位线不可能完全相同，有时差别还比较大。在推求设计洪水时，必须分析单位线存在差别的原因并采取妥善的处理办法。

1) 净雨强度对单位线的影响及处理方法。在其他条件相同的情况下，净雨强度越大，流域汇流速度越快，由此洪水分析出来的单位线的洪峰比较高，峰现时间也提前；反之，由净雨强度小的中小洪水分析单位线，洪峰低，峰现时间也要滞后。针对这一问题，目前的处理方法是：分析出不同净雨强度的单位线，并研究单位线与净雨强度的关系。推求设计洪水时，可根据具体的净雨强度选用相应的单位线。

2) 净雨地区分布不均匀的影响及处理方法。同一流域，净雨在流域上的平均强度相同，但当暴雨中心靠近下游时，汇流途径短，河网对洪水的调蓄作用减少，从而使单位线的峰偏高，出现时间提前；相反，暴雨中心在上游时，大多数的雨水要经过各级河道的调蓄才流到出口，这样使单位线的峰较低，出现时间推迟。针对这种情况，应当分析出不同暴雨中心位置的单位线，以便推求设计洪水时，根据暴雨中心的位置选用相应的单位线。

2. 瞬时单位线法推求流量过程

(1) 基本概念。瞬时单位线属于一种概念性模型，它是由 J.E. 纳希推导出瞬时单位线的数学方程，用矩法确定其中的参数，并提出时段转换等一整套方法。瞬时单位线是指，流域上分布均匀，历时趋于无穷小，强度趋于无穷大，总量为一个单位的地面净雨在流域出口断面形成的地面径流过程线。

J.E. 纳希设想流域的汇流作用可由串联的 n 个相同的线性水库的调蓄作用来代替，流域出口断面的流量过程是流域净雨经过这些水库调蓄后的出流。根据这个设想，可导出瞬时单位线的数学方程：

$$u(0,t)=\frac{1}{K\Gamma(n)}\left(\frac{t}{K}\right)^{n-1}\mathrm{e}^{-\frac{t}{K}} \tag{3.35}$$

式中 n——线性水库的个数；

$\Gamma(n)$——n 的伽玛函数；

K——线性水库的调蓄系数，具有时间的单位。

将瞬时单位线转换为时段单位线才能使用。时段的转换仍采用 S 曲线，按 S 曲线的定义，有

$$S(t)=\int_0^t u(0,t)\mathrm{d}t=\int_0^{t/K}\frac{1}{\Gamma(n)}\left(\frac{t}{K}\right)^{n-1}\mathrm{e}^{-\frac{t}{K}}\mathrm{d}\frac{t}{K} \tag{3.36}$$

当 n、K 已知，以不同的 t 代入上式积分，就可得到 S 曲线。将以 $t=0$ 为起点的 $S(t)$ 曲线向后平移一个 Δt 时段，即可得 $S(t-\Delta t)$ 曲线，两条 S 曲线的纵坐标差为

$$u(\Delta t,t)=S(t)-S(t-\Delta t)$$

即为时段为 Δt 的无因次时段单位线。它代表 Δt 内流域上净雨强度为 1 产生的水量（$\Delta t\times 1$）在出口断面形成的流量过程线。将无因次单位线换算成时段为 Δt，净雨为 10mm 的时段单位线为

$$q(\Delta t,t)=\frac{10\times F}{3.6\Delta t}u(\Delta t,t)=\frac{10\times F}{3.6\Delta t}[S(t)-S(t-\Delta t)] \tag{3.37}$$

式中 $q(\Delta t, t)$——单位线的纵坐标，m^3/s；

Δt——净雨时段，h；

F——流域面积，km^2。

(2) 参数 n、K 的确定。由实测净雨过程 $R(t)$ 和出口断面地面径流过程 $Q(t)$，利用统计数学中矩的概念，可以计算得到 n、K。在设计洪水计算时，可以根据水文手册中已经建立的瞬时单位线形状要素 (n、K) 与流域特征和暴雨特征的综合关系的方法，推求无水文资料流域的瞬时单位线。

纳希瞬时单位线形状完全由参数 n、K 决定，而 n、K 与地区综合参数 m_1 和 m_2 有关

$$m_1 = nK \tag{3.38}$$

$$m_2 = \frac{1}{n} \tag{3.39}$$

m_1 为瞬时单位线的一阶原点矩，习惯上称为单位线的滞时。

许多地区的经验表明，一个流域的 n 值比较稳定，可取为常数。瞬时单位线的一阶原点矩则与平均地面净雨强度 $\bar{i}_s$ 有较好的关系，可用下式描述

$$m_1 = a(\bar{i}_s)^{-\lambda} \tag{3.40}$$

式中 a、λ——反映流域特征的系数和非线性指数，对固定的流域均可取为常数。

一个地区的 m_1 和 m_2 值主要受平均净雨强度 $\bar{i}$ 的影响；另外它们随流域特征而变化。因此，对瞬时单位线综合时，首先对各流域的 m_1 和 m_2 值标准化，即求统一标准净雨强度的 m_1 和 m_2 值；而后，对各流域统一标准的 m_1 和 m_2 值进行地区综合，建立与流域特征间的关系。

m_1 的标准化采用下式进行

$$m_1 = m_{1,10} \left(\frac{10}{\bar{i}_s}\right)^\lambda \tag{3.41}$$

实际资料表明，指数 λ 与流域面积 $F(km^2)$、干流河道坡度 J（千分率）、干流河道长度 $L(km)$ 等流域特征有比较密切的关系，例如四川省第一水文分区的公式为

$$\lambda = 0.9813 - 0.2109 \lg F \tag{3.42}$$

雨强对 $m_2(n)$ 的影响甚微，一般直接作为标准化的值。

瞬时单位线的标准化的参数 $m_{1,10}$ 和 n 与流域特征之间存在着一定的关系，可以通过回归分析建立经验公式以定量地表达这种关系。例如四川省第一水文分区的公式为

$$m_{1,10} = 1.3456 F^{0.228} J^{-0.1071} (F/L^2)^{-0.041} \tag{3.43}$$

$$n = 2.679 (F/L^2)^{-0.1221} J^{-0.1134} \tag{3.44}$$

各地公式不一样，这些公式刊于各省（自治区、直辖市）的《暴雨洪水查算图表》等手册中，可供查用。

3. 线性水库模拟计算地下净雨汇流过程

前面推求得到的是地表径流所形成的流量过程，下渗的雨水有一部分渗透到地下潜水面，然后沿水力坡度最大的方向流入河网，最后汇至流域出口断面，形成地下径流过程，如果有地下径流汇入河道，还需要考虑地下径流。许多资料分析表明，地下水的贮水结构

可视为一个线性水库,即地下水库的蓄量与其出流量的关系为线性函数。下渗的净雨量为其入流量,经地下水库调节后的出流量就是流域出口断面的地下径流出流量。因此,联立求解地下水库蓄泄方程与地下水库的水量平衡方程,就可求出地下径流的汇流过程。

地下水库的水量平衡方程

$$1000R_gF - \frac{Q_{g,1}+Q_{g,2}}{2} \times 3600 \times \Delta t = W_{g,2} - W_{g,1} \quad (3.45)$$

地下水库蓄泄方程

$$W_g = 3600k_gQ_g \quad (3.46)$$

联解得

$$Q_{g,2} = \frac{0.278F}{k_g+0.5\Delta t}R_g + \frac{k_g-0.5\Delta t}{k_g+0.5\Delta t}Q_{g,1} \quad (3.47)$$

式中 $Q_{g,1}$、$Q_{g,2}$——时段初、末地下径流流量,m³/s;

R_g——时段内地下净雨深,mm;

k_g——地下水库的蓄泄系数,h;

W_g——地下水库蓄水量,m³。

当产流计算不能给出地下净雨过程时,可以采用简化的方法推求流域出口的地下径流过程。常用的方法是根据斜线分割基流或水平线分割基流的概念,以洪水的起涨流量为起点,把地下径流过程概化为一条上斜的直线或一条水平线,这种办法在由暴雨资料分析计算洪水时常常采用。

3.3.3 产流方案和汇流方案应用的相关问题

(1)外延问题。重现期很大的暴雨属稀遇的大暴雨,往往超过实测的暴雨很多,在工程设计推求设计洪水时,必须外延有关的产流汇流方案。

湿润地区的产流方案常采用 $P+P_a-R$ 形式的相关图,其图线上部的斜率 $dR/dP=1.0$。即相关线为45°线,外延起来比较方便,干旱地区多采用初损后损法,则相关图在外延时必须考虑设计暴雨的雨强因素影响,如图3.7所示。

需要重视汇流方案在设计条件下的适用性,应尽量选用实测大洪水资料分析汇流方案,以期与设计条件相近,避免外延过远而扩大误差。实践表明,注意与不注意这一点,会使设计成果出现较大变化。例如,用一般常遇洪水分析得出的单位线来推算设计洪水,与由特大洪水资料分析的单位线推流,成果可能相差显著,达20%左右。如果当地缺乏大洪水资料,只有参照有关汇流方案非线性处理的方法作适当的修正。这时需要十分慎

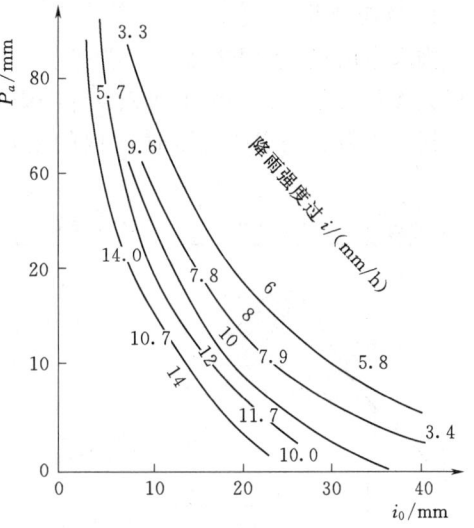

图 3.7 $P_a - i - i_0$ 形式的相关图

重，多方论证分析。

(2) 移用问题。如果设计流域缺乏实测降雨径流资料，无法直接分析产流、汇流方案，需解决移用问题。

产流方案一般采用分区综合方法，如山东省水文手册上就有适用于不同地区的 14 条次降雨径流相关线，供各个分区查用。汇流方案一般采用单位线的地区综合成果，内容详见相关文献。

3.4 小汇水面积洪水分析计算

3.4.1 小汇水面积洪水分析计算特点

前面介绍的推求暴雨及其相应洪水的分析计算基本原理和方法，并不受流域面积大小和地域的限制，原则上也适用于小汇水面积和城市区域；不过，许多小汇水面积上缺乏充分的实测雨洪资料，而城市区域的产汇流特性与天然流域相比也发生了很大的变化。因此在实用中制定了一套应用于小汇水面积和城市区域的暴雨洪水分析计算方法。对于较小汇水面积的设计洪水计算方法，有以下两方面的特点。

(1) 简便易行。面广量大的中小河流治理工程、农田水利工程和城市雨洪排水工程，要求在一个短时期内给出相当数量的设计成果，因此，分析计算方法应简便易行。

(2) 着重推求洪峰流量。输排水道的交叉建筑物和排洪水道等农田水利工程规模的设计，完全受设计洪峰所控制。一般小型水库的蓄水库容较小，设计标准低，对洪水的调蓄能力有限。设计洪峰对水库设计影响较大，洪水过程线形状的影响较小。因此，小汇水面积设计洪水计算方法可以着重于洪峰流量的计算。

3.4.2 推理公式法计算洪峰流量

1. 净雨计算

推求净雨过程的方法很多，为了与小汇水面积洪水分析计算方法相适应，一般可以采用损失参数 μ 值进行小汇水面积设计净雨的计算。

损失参数 μ 是指产流历时 t_c 内的平均损失强度。图 3.8 表示 μ 与降雨过程的关系。从图 3.8 可以看出，$i \leqslant \mu$ 时，降雨全部耗于损失，不产生净雨；$i > \mu$ 时，损失按 μ 值进行，超渗部分（图 3.8 中阴影部分）即为净雨量。由此可见，当设计暴雨和 μ 值确定后，便可求出任一历时的净雨量及平均净雨强度。

为了便于小汇水面积洪水分析计算，各省（自治区）水利水文部门在分析大量暴雨洪水资料之后，均提出了决定 μ 值的简便方法。有的部门建立单站 μ 与前期影

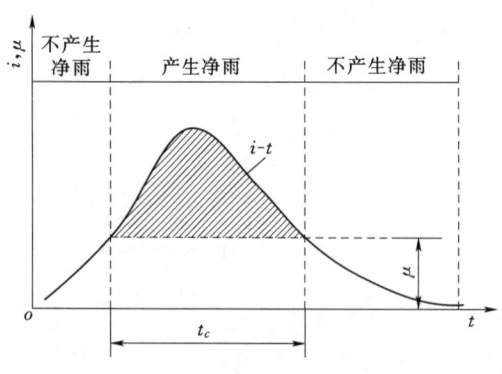

图 3.8　降雨过程与入渗过程示意图

响雨量 P_a 的关系,有的选用降雨强度 $\bar{i}$ 与一次降雨平均损失率 $\bar{f}$ 建立关系,以及 μ 与 $\bar{f}$ 建立关系,从而运用这些 μ 值作地区综合,可以得出各地区在设计时应取的 μ 值。具体数值可参阅各地区的水文手册。

2. 推理公式的形式

如果流域上产流强度 r 在时间上和空间上保持恒定不变,则在 $\mathrm{d}t$ 时间内,流域面积上形成的产流量 $\mathrm{d}w$ 也是常数,可写为

$$\mathrm{d}w = rF\mathrm{d}t = (a-\mu)\mathrm{d}t \cdot F \tag{3.48}$$

则

$$\frac{\mathrm{d}w}{\mathrm{d}t} = (a-\mu)F \tag{3.49}$$

考虑计算单位换算

$$\frac{\mathrm{d}w}{\mathrm{d}t} = 0.278(a-\mu)F \tag{3.50}$$

式中 F——流域面积,km^2;

a、μ——暴雨强度和损失强度,$\mathrm{mm/h}$;

$\mathrm{d}w/\mathrm{d}t$——单位时间的产流量,m^3/s;

0.278——单位换算系数,即 1/3.6,综合由 mm 到 m 及由 h 到 s 换算的结果。

单位时间的产流量散布在全流域面上,并不能同时汇集于出流断面。在开始阶段,当产流历时小于流域最大汇流历时的时段内,流域上流量分为两部分,一部分暂时滞蓄在流域的坡面或河槽,另一部分由流域出口断面处流出。出流量随着产流历时的增长而逐渐增大,直到产流历时等于汇流历时,单位时间的出流量才等于产流量,形成的流量过程线,如图 3.9 所示。其后若产流强度保持不变,则出流量 Q 就不再继续增加,形成稳定不变的最大值 Q_m,产流量和出流量两相平衡,即

$$Q_m = \frac{\mathrm{d}w}{\mathrm{d}t} = 0.278(a-\mu)F \tag{3.51}$$

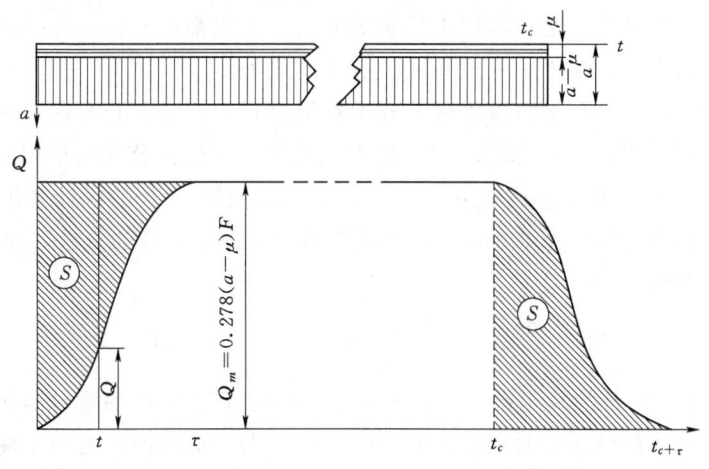

图 3.9 均匀产流条件下流域汇流过程示意图

通过推理而得出的雨洪计算推理公式,是非常简单的,也是完全合理的。此公式说明

洪峰流量 Q_m 仅与流域面积 F 和产流强度 $(a-\mu)$ 两项因素有关，与流域的其他地理特征（如坡降 I，河长 L，糙率 n 等）都无关。这与人们的直觉似乎有抵触，而且在实测的洪水过程线中，几乎没有出现过这种稳定的洪峰流量段，这就常引起人们对此公式的合理性产生疑问。造成上述矛盾的根本原因是实际降雨强度的变化比较大，产流强度不太可能保持常数。因此，在天然流域上就无法得到稳定的洪峰段。如在径流试验场中，只要控制恒定的人工降雨强度，就不难得到如图 3.9 所示的洪水过程线。

3. 洪峰流量计算

推理公式的结构形式简单，便于工程设计应用，尤其在水文资料缺乏的地区。但公式要求产流强度必须是不变的，限制了它的应用范围，决定了推理公式比较适用于推求设计暴雨所形成的设计洪峰，因为设计暴雨的时空分布有时可以概化为均匀的。如果用来分析实际暴雨所形成的洪水，则要求参与形成洪峰的"成峰暴雨"（即峰现时刻以前 τ 时段内的降雨过程）强度比较均匀，否则将产生较大的误差。

在应用推理公式计算指定频率 P 的设计洪峰时，流域面积 F 是常定不变的，损失强度一般变化不大。因此，关键在于确定设计暴雨强度 $a_{t,P}$

$$a_{t,P} = \frac{S_P}{t^n}$$

它是暴雨时段 t 的函数，因此必须设法确定时段 t。工程设计部门一般是取流域汇流时间 τ 作为设计暴雨时段，则可得出下式

$$Q_{m,P} = 0.278(a_{\tau,P} - \mu) \cdot F \tag{3.52}$$

或

$$Q_{m,P} = 0.278 \psi \cdot a_{\tau,P} \cdot F \tag{3.53}$$

式中 ψ——径流系数。

4. 水科院推理公式

1958 年，陈家琦等人提出了水利科学研究院推理公式，该公式在我国设计洪水计算中得到广泛应用。在铁道、交通和城市排水等部门，一般都依据各自的计算方法，在公式形式上，参数数值上和算法上，都或多或少有不同之处。

(1) 暴雨分析计算。在水科院推理公式的推导过程中，隐含着假定了一条各时段雨量同频率的设计暴雨过程 $i_P(t)$（图 3.16）。该方法是先依据暴雨公式求得相应于指定频率 P 的任意时段 D 的平均雨强 $a_{D,P}$ 或雨量 $X_{D,P}$，并绘成给定频率 P 的设计暴雨时段平均雨强 $a_{D,P}$ 与历时 D 的关系曲线（图 3.10），再参照苏联 Алексеев 建议的方法，求得该设计暴雨的瞬时雨强历时曲线

$$i_{D,P} = \frac{\mathrm{d}x_{D,P}}{\mathrm{d}D} = \frac{\mathrm{d}}{\mathrm{d}D} S_P \cdot D^{1-n} = (1-n) S_P D^{-n} \tag{3.54}$$

式中 $i_{D,P}$——频率为 P 的特定概化暴雨过程中，相应于历时 D 的瞬时雨强。

水科院推理公式法推求瞬时雨强历时曲线（$i_{D,P}$-D）的目的，是用来确定产流历时 t_c 和计算洪峰径流系数 ψ，从上述推导过程可看出：该方法隐含着假定了一条各个时段雨量同频率控制的设计暴雨过程 $i_P(t)$，虽然并没有以显式给出。

(2) 产流计算。假定流域地面下渗率为损失常数 μ，则产流强度 $r(t)$ 可由下式计算

3.4 小汇水面积洪水分析计算

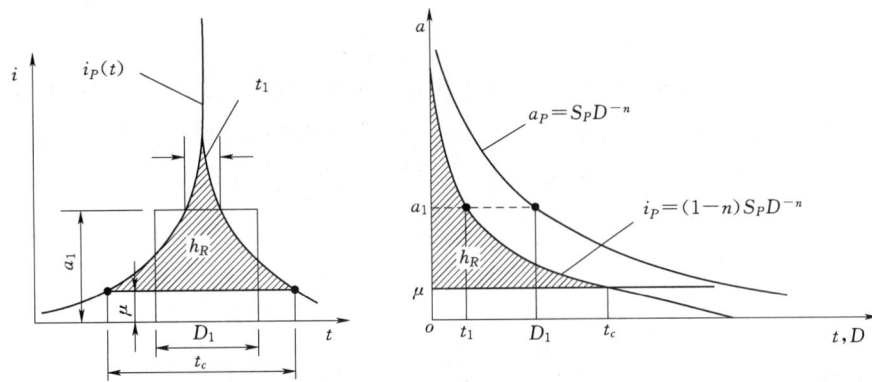

图 3.10 暴雨强度与历时关系

$$r(t) = \begin{cases} i(t) - \mu & \text{当 } i(t) > \mu \\ 0 & \text{当 } i(t) \leq \mu \end{cases} \tag{3.55}$$

对于一次实际降雨过程，不难求得所形成的径流过程 $r(t)$ 和该次降雨的径流总量 h_R，以及成峰暴雨量 h_τ（图 3.11）。

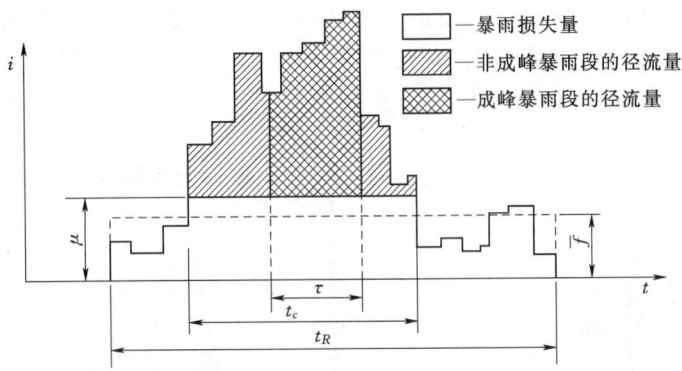

图 3.11 一次实际降雨过程的产流过程概化示意图

应用推理公式是对一次暴雨过程 $i_P(t)$ 推求洪峰 $Q_{m,P}$，所需求的是暴雨在成峰暴雨段的径流量 $h_{\tau,P}$，所产生的径流总量 $h_{R,P}$。

水科院推理公式法是通过瞬时雨强历时曲线来求得产流历时 t_c 和相应的径流总量 $h_{R,P}$。瞬时雨强 $i_{D,P}$ 大于下渗率 μ，则产流，所有瞬时雨强 $i_{D,P}$ 大于等于下渗率 μ 的历时即产流历时 t_c，即由下列条件

$$i_{D,P} = (1-n)S_P D^{-n} = \mu \tag{3.56}$$

可解得产流历时 t_c

$$t_c = \left[\frac{(1-n)S_P}{\mu}\right]^{\frac{1}{n}} \tag{3.57}$$

显然，历时曲线与 $i=\mu$ 横线之间的面积（图 3.10），为该设计暴雨产生的洪水径流总量 $h_{R,P}$。

$$h_{R,P} = nS_P t_c^{(1-n)} = nS_P \left[\frac{(1-n)S_P}{\mu}\right]^{\frac{1-n}{n}} \tag{3.58}$$

求得 t_c 和 $h_{R,P}$ 后，可计算设计流域成峰暴雨 τ 时段内的径流量 $h_{\tau,P}$ 及洪峰径流系数 ψ。

水科院法是采用形成洪峰的流域汇流历时 τ 时段内平均的流域汇流速度，来概括描述径流在坡面和河道内的运动。如果用 L 表示流域最远点的流程长度，以 km 计；V_τ 代表在 L 流程中平均汇流速度，以 m/s 计，则 τ 可表示为

$$\tau = 0.278 \frac{L}{V_\tau} \tag{3.59}$$

其中 τ 以小时计。

流域平均汇流速度 V_τ，可近似地用下列形式的经验公式来计算

$$V_\tau = m I^\sigma Q_m^\lambda \tag{3.60}$$

式中 I——沿最远流程的平均纵比降（以小数表示）；

Q_m——洪峰流量，m³/s；

m——汇流参数；

λ、σ——反映流域沿流程水力特性的指数。

一般假定山丘区河道断面为三角形，可采用 $\sigma=1/3$ 和 $\lambda=1/4$。代入式（3.59）、式（3.60）中，即得流域汇流时间的计算公式

$$\tau = 0.278 \frac{L}{m I^{1/3} Q_m^{1/4}} \tag{3.61}$$

随着各设计流域的汇流时间 τ 长短不同，产流计算分为两种情况，如图3.12所示。

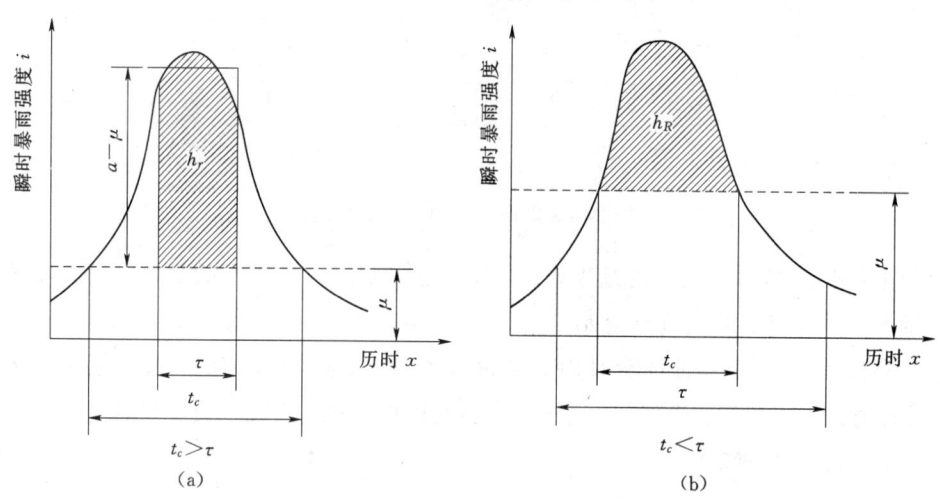

图 3.12 计算洪峰径流系数 ψ 的两种情况示意图

1) 当 $t_c > \tau$，说明成峰暴雨时段内的雨强都大于下渗率，产流强度都大于0，称为全面产流情况，则

$$h_{\tau,P} = \frac{S_P}{\tau^n}\tau - \mu\tau \tag{3.62}$$

$$\psi = 1 - \frac{\mu}{S_P}\tau^n \tag{3.63}$$

2) 当 $t_c < \tau$,在成峰暴雨内,必然有部分时段的雨强低于下渗率 μ 而不产流,称为部分产流情况。在产流历时 t_c 内产生的径流全部参与形成洪峰,故

$$h_{\tau,P} = h_{R,P} \tag{3.64}$$

则
$$\psi = \frac{h_{R,P}}{x_{\tau,P}} = n\left(\frac{t_c}{\tau}\right)^{1-n} \tag{3.65}$$

(3) 汇流计算。

求得设计洪峰径流系数 ψ 后,代入推理公式 (3.53),可计算设计洪峰流量:

$$Q_{m,P} = 0.278\psi \cdot \frac{S_P}{\tau^n} \cdot F \tag{3.66}$$

从式 (3.65)、式 (3.66) 中可看出,求解需确定未知数 τ,而 τ 的计算公式中包含未知数 $Q_{m,P}$,所以需要建立两个方程联解。可以采用图解方法求解,但步骤比较烦琐,可以考虑采用迭代法求解。

【例 3.2】 江西省某流域上需建小水库一座。要求用水科院推理公式计算设计标准 $P=1\%$ 的洪峰流量。

计算步骤如下。

(1) 流域特征值 F、L、I 的确定。F 代表出口断面以上的流域面积,可在适当比例尺的地形图上勾绘出流域分水线后,直接量算。L 为自出口断面起沿主河道至分水线的最长距离,包括主河道以上沟形不明显的坡面部分,即沿流程自分水线起至出口断面止的全部长度,从地形图上量测。I 为沿 L 的坡面和河道平均比降,由地形图上采集有关数据后计算而得。

本例题中,已知流域特征值如下:

$$F = 104\text{km}^2, \quad L = 26\text{km}, \quad I = 8.75\text{‰}$$

(2) 暴雨参数 S_P 和 n 的确定。对于缺乏实测资料的小汇水面积,暴雨参数确定方法如前所述,即频率为 P 的 S_P 由年最大 1d 雨量计算,年最大 1d 雨量和短历时暴雨衰减指数均可从有关地区的《水文手册》或《暴雨洪水图集》等文献资料查得,且 n 的数值是以定点雨量资料代替面雨量的资料,不作修正。

频率为 P 的 S_P 用年最大 1d 雨量计算

$$S_P = \eta \cdot x_{1,P} \cdot (24)^{(n_2-1)}$$

式中 $x_{1,P}$——频率为 P 的年最大 1d 雨量;

n_2——暴雨参数;

η——年最大 1d 雨量转换为年最大 24h 雨量的系数。

从《江西省水文手册》查得年最大 1d 雨量的参数为:

$$\bar{x}_1 = 115\text{mm}, \quad C_{V1} = 0.42, \quad C_{S1}/C_{V1} = 3.5, \quad n_2 = 0.6, \quad \eta = 1.1$$

$P=1\%$ 的模比系数 $k_{1\%} = 2.39$,则 $P=1\%$ 的最大 1d 雨量为

$$x_{1,1\%} = k_{1\%}\bar{x}_1 = 274.9\text{mm}$$

故
$$S_{1\%} = \eta x_{1,1\%}(24)^{(n_2-1)}$$

$$= 1.1 \times 274.9 \times 24^{-0.4}$$
$$= 84.8 (\text{mm/h})$$

(3) 设计流域损失参数和汇流参数的确定。《江西省水文手册》中列有参数 μ 及 m 查算图表，现查得：

损失参数 $\mu = 3.0 \text{mm/h}$
汇流参数 $m = 0.70$

(4) 迭代求解。

1) 假定 $t_c > \tau$。

2) 计算 Q_m 和 τ 的初始值。将有关参数代入 $Q_{m,P}$ 和 τ 的计算公式，得到

$$Q_{m,P} = 0.278 \times \left(\frac{84.8}{\tau^{0.6}} - 3\right) \times 104$$

$$= \frac{2450}{\tau^{0.6}} - 86.7$$

$$\tau = \frac{0.278 \times 26}{0.7 \times \left(\frac{8.75}{1000}\right)^{\frac{1}{3}} Q_m^{\frac{1}{4}}} = \frac{50.1}{Q_m^{\frac{1}{4}}}$$

将 τ 式代入 Q_m 式以消去 τ，得

$$Q_m = \frac{2450}{\left(\frac{50.1}{Q_m^{\frac{1}{4}}}\right)^{0.6}} - 86.7 = 234.1 Q_m^{0.15} - 86.7$$

3) 迭代计算。从上式显然可以得到 $Q_m < 234.1 Q_m^{0.15}$，因此 Q_m 不会超过 $(234.1)^{\frac{1}{0.85}} = 613$，即以此作为初值进行迭代。迭代计算见表 3.2。

表 3.2   迭代计算结果表

迭代次序	1	2	3	4
Q_m 初值	613	526	512	510
Q_m	526	521	510	510

经过 4 次迭代计算，已经稳定，于是频率为 1% 的洪峰流量 $Q_m = 510 \text{m}^3/\text{s}$，对应的 $\tau = 10.54h$。

(5) 检验产流计算模式。由于上述计算是假定 $t_c > \tau$ 条件下的产流模式，有必要检验假定条件是否成立。为此计算产流历时 t_c

$$t_c = \left|\left(\frac{(1-n)S_P}{\mu}\right)\right|^{\frac{1}{n}} = \left|\frac{0.4 \times 84.8}{3.0}\right|^{\frac{1}{n}}$$
$$= 57.0(h)$$

符合 $t_c > \tau$ 的假定条件，解算正确。如果不符合原假定，则表明 $t_c \leqslant \tau$，在第二步采用与之相应的推理公式计算 Q_m。

3.4.3 地区经验公式法计算洪峰流量

所谓地区经验公式是指在一定区域内，洪峰流量与其主要因素之间的经验关系，并根

据关系曲线的线型,选配解析式。

(1) 地区经验公式法基本原理。洪峰流量和其他水文要素一样,是气候和下垫面众多因素综合作用的结果。这些因素基本上可以分成以下两大类。

首先是分区性因素。它是指反映地区上渐变的气候因素,在同一分区内这些因素基本上是相似的,或者是存在某种分布趋势的。例如暴雨量的统计参数,即均值、C_V、C_S/C_V,或者是 5 年一遇年最大 1d 雨量等。

其次是非分区性因素。它是指反映各流域当地所特有的地理特性,如流域面积、河道比降、河流长度、河网密度、植被和土壤等。这些因素往往不存在地区分布规律,同一分区相邻流域可以相差悬殊,然而这些非分区性因素之间,是不独立的,或多或少地存在有某种联系。譬如同一地区内,面积较小的流域都位于分水岭附近山区,河道比降较陡,河网密度较小,河流长度相对较长,植被情况较好,土层相对较薄等。因此,往往可以只通过一两个参数反映众多非分区性因素的情况。

地区经验公式法是运用经验公式来估算设计洪水,方法是按以下 3 步进行的。

1) 筛选参数建立公式。其内容是在一定分区范围内,尽可能多地在分区内选择一些有代表性的,而且具有较长期雨洪观测资料的流域。统计和分析这些流域的洪峰流量及各项反映影响洪水因素的参数,其中包括分区性的气候因素和非分区性的流域下垫面地理因素。通过筛选确定若干个主要参数。参数筛选的原则有以下两方面:

如果洪峰对该参数敏感性高,可通过敏感性分析方法,以及多元回归分析计算各参数方差贡献等方法来确定;

如果要求参数便于定量,对于缺少雨洪资料流域,可以通过地区综合或直接量测的地理特征参数化,参数确定后,建立洪峰流量和这些参数之间的相关关系。

2) 设计流域的参数化。设计流域的参数化是指确定设计流域的参数。如前所述,洪峰经验公式中包含的参数大体可分为两类:一类参数是反映分区性的气候因素,这些参数在同一分区内各流域的数值基本稳定,或者具有一定的变化趋势。因此,可以通过地区综合途径来确定各流域的这部分参数数值,有的参数可采用分区各流域参数的均值,有的参数则可依据参数的变化趋势作地理插值。另一类参数是反映非分区性因素,其特点是在同一分区内各流域的参数变动很大,并不存在变化趋势,而是反映各自流域本身的特点,主要是反映流域下垫面的地形、地貌、地质等因素的差别。这类参数一般是通过量测、查勘和调查等途径来确定的,如流域面积 F、河长 L、河道比降 I、平均流域宽度 F/L 等。根据上述原则,可以由设计流域的地理位置,通过地理插值途径确定时段暴雨量的统计参数等,或由地形图确定流域面积 F、河长 L、河道比降 I 等,还可通过查勘和调查确定流域的土壤指标、植被度等。确定这样一批参数使设计流域参数化。

3) 推求设计流域的设计洪水。将设计流域的各项参数代入地区经验公式,就可以方便地求出设计洪峰流量。计算成果的精度或可靠性决定于两个方面:设计流域的参数是否正确以及经验公式本身的精度。由于公式只能考虑几项主要的参数,公式与各实际流域的计算成果之间必然存在一定的离差,说明公式所未考虑的部分因素的作用。和一切相关关系一样,经验公式就相当于通过点群中心拟合得出的回归线。它只是把其余各种未考虑的因素都概化为地区的平均情况。因此,在应用经验公式法时,除了由公式计算得出成果外，还应参照设计流域其余各项参数的数值，通过分析判断设计流域的设计洪水的偏离方向和估计离差的可能幅度。

（2）地区经验公式的类型。由于对洪峰流量资料处理方法及采用的参数不同，可以组合成众多形式的经验方式，其中对洪峰流量资料的处理方法可归纳为两类。

1）将洪峰年极值资料进行统计分析，求出各流域的统计参数 $\overline{Q}_m$、C_V 和 C_S，并建立统计参数的经验公式

$$\overline{Q}_m = \phi_1(\alpha, \beta, \gamma, \cdots) \tag{3.67}$$

$$C_V = \phi_2(\alpha', \beta', \gamma', \cdots) \tag{3.68}$$

$$C_S = \phi_3(\alpha'', \beta'', \gamma'', \cdots) \tag{3.69}$$

或者建立相应于指定频率 p 的设计洪峰 $Q_{m,p}$ 的经验公式，如：

$$Q_{m,p} = \Psi(\alpha, \beta, \gamma, \cdots) \tag{3.70}$$

式中　α、β、γ、α'、β'、γ'、α''、β''、γ''、$\cdots$——流域气候地理参数。

2）不考虑雨洪的重现期，根据实测的各次雨洪对应资料，直接建立经验公式

$$Q_m = \eta(x_t, \alpha, \beta, \cdots) \tag{3.71}$$

式中　x_t——流域上 t 时段的平均雨深。

在洪水经验公式中，可采用的流域气候地理参数形式也很多，常见的有：流域面积 F，河长 L，河道比降 I，平均流域宽度 B，流域形状系数 $f(=F/L^2)$，一级支流总数，河网密度，单位面积上一级支流数，暴雨统计参数，产流历时 t_c，汇流历时 τ，产流系数等。

（3）建立和应用地区经验公式需注意的问题。

1）地区经验公式法推求洪峰流量计算步骤十分简单，只需将设计流域的有关参数代入即能算出 $Q_{m,p}$。但在建立地区综合公式中，采用公式类型应根据当地情况分析选定，其中参数（包括暴雨指数 n）必须由本地区的实测流量和暴雨及流域特征具体分析后定量，不得草率确定。

2）考虑取多少个因素为宜的问题。公式中包含的因素，必须是通过查勘、测量、等值线图内插等手段才能够定量的，否则就无法移用到缺乏水文资料的设计流域上去，也就失去建立相关关系的作用了。符合这种条件的因素并不太多，而这些因素相互之间又存在着一定的联系，当考虑了一个或几个主要因素后，再增加因素未必能提高相关关系的精度，有时反而会降低。至于考虑几个因素最优，则应根据具体条件作具体分析，多元回归分析提供了一种定量比较的手段。

3）建立公式和分析参数的依据是实测雨洪资料，为了获得较真实的客观规律，关键问题是洪峰流量资料的质量，以及经验点据的密集程度和它们的代表性，为了保证计算成果的精度，必须注意这一点。

4）在应用地区参数时，要了解它的适用范围，一般情况小流域水文测站数目总是稀少的。建立公式和确定参数时，经常采用中等流域或较大流域的实测资料。最好结合设计流域的实际情况，选取几个情况相近的流域，经过调查洪水等方法进行验证或进行必要的修正。

5）注意邻近流域、边界地区的参数协调，以免相邻的交界附近计算成果出现过大的差异或不连续现象。

3.4.4 概化流量过程线推求

一些中小型蓄水工程,对洪水起一定的调节作用,能容蓄部分洪水量使洪峰流量有所削减。为此,工程设计需要拟定设计洪水过程线,对于中、小型工程,主峰过程对调洪起着主要控制作用。水科院推理公式法建议拟定一条概化的设计洪水过程线,主峰前后各次洪峰一般简化为三角形,组合成一多峰型的设计洪水过程。所谓概化洪水过程线,是指根据地区上各参证流域的实测洪水过程线资料,综合分析所得出的具有一定代表性的洪水过程线模式。

地区概化洪水过程线模式的具体做法是:将单站各次洪水过程线绘在同一图纸上,纵坐标表示流量相对数 Q_i/Q_m,横坐标表示时间相对数 T_i/T,其中 Q_m 是最大流量,T 是洪水过程总历时;Q_i、T_i 为任何时刻的流量和时间,然后将峰现时间理叠在一处,选用其中常见而又能概括该站洪水形状特征的平均过程线,作为单站概化过程线模式。最后,将各站的概化过程线同绘于一张图上,依同样方法取得平均的或具有代表性的过程线,作为地区综合的概化洪水过程线模式,供无资料流域使用。

图 3.13 是江西省根据全省集水面积在 650km² 以下的 81 个水文站、1048 次洪水资料分析得出的概化洪水过程线模式,图中 T 为洪水历时,可按下式计算

$$T = 9.63 \frac{W}{Q_m} \tag{3.72}$$

应用时,规定洪水总量 W 按 1d 设计暴雨所形成的径流深 h 计算

$$W = 0.1h \cdot F (10^4 \text{m}^3) \tag{3.73}$$

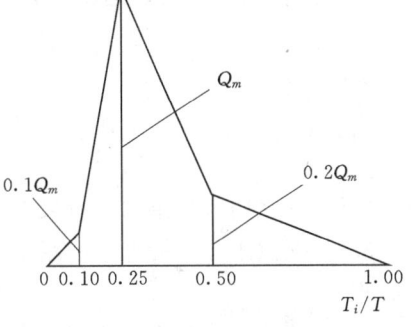

图 3.13 概化洪水过程
(5 点折腰三角形)

由于设计洪峰 Q_m 已知,将 Q_m,W 代入计算 T。然后根据各转折点流量比值 Q_i/Q_m 乘以 Q_m,便得出各转折点的流量值,主峰设计洪水过程线也就能绘出了。

主峰前后的一些洪峰可采用三角形的概化过程线,三角形过程线的洪峰与洪水总量之间存在如下关系式:

$$W = \frac{1}{2} Q_m (t_1 + t_2) = \frac{1}{2} Q_m T \tag{3.74}$$

式中 t_1——涨洪段历时,h;

t_2——退水段历时,h,$t_2 = \beta t_1$;

β——退水历时与涨洪历时之比,由本地实测流量过程综合分析确定;

T——一次洪水总历时,可取降雨历时与流域汇流时间之和。

当设计雨型不定时,把它分为若干段,把每段降雨所形成的概化过程线按时序叠加起来,即得概化多峰洪水过程线。

第 3 章 洪水分析计算

本 章 小 结

本章阐述了洪水分析计算原理和具体方法。其目的是通过频率计算和产汇流计算等途径，获得指定流域各种频率的洪峰流量和洪水过程，以便防洪工程规划设计时应用。

在洪水径流实测资料充足、或者虽然不够充分但能利用相关、移用、调查等手段间接补充的条件下，可以直接通过频率计算进行分析计算，获得各种频率的洪峰流量和洪水过程。需要特别注意的是要对洪水资料进行可靠性、代表性、一致性审查，如果审查结果不满足要求，需要进行处理。对洪水频率计算成果也需要进行合理性分析。

没有实测流量资料时，需要利用暴雨分析计算的成果，通过扣损和汇流计算获得相应的洪水过程，特别需要注意对应用产流方案和汇流方案时的外延及移用等相关问题进行分析。

基于考虑小汇水面积的雨洪以及小型防洪、排水等工程的特点，特别介绍了利用暴雨强度公式的推理公式法，以及地区经验公式法计算洪峰流量的原理和方法。由于推理公式法的推导过程比较复杂，尤其是不同成峰条件的判别，以及试算法成果的检验，需要加以重视。

思 考 与 练 习

3.1 什么叫特大洪水？特大洪水的重现期如何确定？

3.2 在洪水分析计算中应用哪些方法来提高资料的代表性？为什么要对特大洪水进行处理？

3.3 从哪几方面分析论证洪水分析计算成果的合理性？

3.4 选择典型洪水的原则是什么？

3.5 典型洪水放大有哪几种方法？它们各有什么优缺点？

3.6 依据什么对放大后的设计洪水过程线进行修匀？

3.7 简述小汇水面积推理公式的基本原理和基本假定。

3.8 已知某流域 3d 设计暴雨过程和降雨径流相关图 $P+P_a-R$，试从表 1 计算各时段净雨量。并回答：①该次暴雨总净雨深是多少？②该次暴雨总损失量是多少？③设计暴雨的前期影响雨量 $P_{a,p}$ 是多少？

表 1 某流域设计净雨计算表

时段（$\Delta t=12h$）	1	2	3	4	5	6	合计
设计暴雨 P/mm	10.0	25.0	60.0	0	70.0	45.0	210.0
$P+P_a$/mm	90.0	115.0	175.0	175.0	245.0	290.0	
累计净雨/mm	4.0	21.0	58.0	58.0	110.0	150.0	
时段净雨/mm							

思 考 与 练 习

3.9 已知百年一遇的 36h 暴雨 $P_{1\%}=420$mm，其过程见表 2，径流系数 $\alpha=0.85$，后损 $\overline{f}=1.5$mm/h，试用初损、后损法确定初损 I_0 及净雨过程。

表 2　　　　　　　　　某流域百年一遇的设计暴雨过程

时段（$\Delta t=6$h）	1	2	3	4	5	6
雨量/mm	6.4	5.6	176	99	82	51

3.10 经对某流域降雨资料进行频率计算，求得该流域频率 $p=1\%$ 的中心点设计暴雨，并由流域面积 $F=44$km^2，查水文手册得相应的点面折算系数 α_F，一并列入表 3，选择某站 1967 年 6 月 23 日开始的 3 天暴雨作为设计暴雨的过程分配典型，见表 4，试用同频率放大法推求 $p=1\%$ 的 3d 设计面暴雨过程。

表 3　　　　　　　　某流域设计雨量及其点面折算系数

时　　段	6h	1d	3d
设计雨量/mm	192.3	306.0	435.0
折算系数 α_F	0.912	0.938	0.963

表 4　　　　　　　　　某流域典型暴雨过程线

时段 $\Delta t=6$h	1	2	3	4	5	6	合计
雨量/mm	4.8	4.2	120.5	75.3	4.4	2.6	
时段 $\Delta t=6$h	7	8	9	10	11	12	合计
雨量/mm	2.4	2.3	2.2	2.1	1.0	1.0	222.8

3.11 某流域面积为 625km^2，流域中心最大 24h 点雨量统计参数为：$\overline{x}_{24}=130$mm、$C_V=0.50$，$C_S=2.0$，线型为 P-Ⅲ 型曲线，暴雨点面折减系数为 0.87，设计历时为 24h，24h 内以 3h 为时段的雨量时程分配的百分比依次为：5.0、8.0、11.0、13.0、44.0、8.0、6.0、5.0。降雨初损 25mm，后损率 $\overline{f}=1.0$mm/h，试求该流域百年一遇净雨过程。

3.12 已求得某桥位断面年最大洪峰流量频率计算结果为 $\overline{Q}=365$m^3/s，$C_V=0.72$，$C_S=3C_V$。试推求该桥位断面 50 年一遇洪峰流量。

3.13 某水库坝址断面处有 1958—2016 年的年最大洪峰流量资料，其中最大的三年洪峰流量分别为 7500m^3/s、4900m^3/s 和 3800m^3/s。由洪水调查知道，自 1835 年到 1957 年间，发生过一次特大洪水，洪峰流量为 9700m^3/s，并且可以肯定，调查期内没有漏掉 6000m^3/s 以上的洪水，试计算各次洪水的经验频率，并说明理由。

3.14 某水库坝址处有 1960—2016 年实测洪水资料，其中最大的两年洪峰流量为 1480m^3/s、1250m^3/s。此外洪水资料如下：①经实地洪水调查，1935 年曾发生过流量为 5100m^3/s 的大洪水，1896 年曾发生过流量为 4800m^3/s 的大洪水，依次为近 150 年以来的两次最大的洪水。②经文献考证，1802 年曾发生过流量为 6500m^3/s 的大洪水，为近 200 年以来的最大一次洪水。试用统一样本法推求上述各项洪峰流量的经验频率。

3.15 已求得某站千年一遇洪峰流量和 1d、3d、7d 洪量分别为：$Q_{m,p}=10245$m^3/s，$W_{1d,p}=114000$(m^3/s)·h、$W_{3d,p}=226800$(m^3/s)·h、$W_{7d,p}=348720$(m^3/s)·h。选得典型洪水过程线见表 5。试按同频率放大法计算千年一遇洪水过程线。

表5		典型洪水过程线	
时间/(月.日)	典型洪水 $Q/(m^3/s)$	时间/(月.日)	典型洪水 $Q/(m^3/s)$
8.4	268	8.7	1070
8.4	375	8.7	885
8.5	510	8.8	727
8.5	915	8.8	576
8.6	1780	8.9	411
8.6	4900	8.9	365
8.6	3150	8.10	312
8.6	2583	8.10	236
8.7	1860	8.11	230

第4章 暴雨洪水分析计算应用

4.1 概 述

4.1.1 主要任务

暴雨洪水分析计算成果应用非常广泛，国民经济许多部门都需要进行洪水分析计算，无论是规划设计防洪、排水工程、评价防洪工程的作用和建设项目对防洪的影响，分析区域防洪风险、重大工程的选址，等等，即使是水文站的规范建设，也需要进行洪水分析计算，例如合理确定水文站的测洪标准和防洪标准，以指导洪水期间的正常工作，并做好应对各级洪水监测工作的预案。

水库是对洪水起有效控制作用的防洪工程，利用水库调蓄洪水，削减洪峰，对提高江河防洪标准，减轻或避免洪水灾害，起着十分重要的作用。利用洪水分析计算成果，可以定量评价水库防洪作用，为今后的防洪调度工作积累经验，也可以为今后建设水库工程的决策提供参考。

许多建设项目可能会受到洪水威胁，在项目建设前，要充分分析未来可能的洪水状况，以保证项目建设以后的运行安全，水文站的建设也是如此；另外，项目的建设也可能对于洪水的特性与行洪产生影响，如城市建设以后，由于下垫面改变了，因此产汇流特性发生比较大的变化，使得洪峰增大，洪峰出现时间提前，洪水总量增加；在河道范围内的建设工程可能削弱河道行洪能力。通过应用暴雨洪水分析计算成果可以为建设项目防洪评价提供水文依据。

应用暴雨洪水分析成果可以解决许多问题，根据水文勘测技能人员工作要求要求，本教材涉及的暴雨洪水分析计算应用的主要任务是评价水库的防洪作用、评价建设项目对防洪的影响，分析区域防洪风险等。

4.1.2 主要方法

根据实际发生的洪水过程，应用调洪计算的原理，还原计算未经水库调蓄的洪水过程，分析水库调蓄前后洪峰的频率，定量计算水库的防洪作用；用洪峰面积相关经验与综合参数法经验公式计算小汇水区域不同频率洪峰流量，比较不同计算方法的计算成果；根据实测暴雨资料推求不同频率暴雨量，用同频率法确定不同频率暴雨过程，用简单的扣损法计算相应的净雨过程，用瞬时单位线推求流量过程，根据计算结果，分析建设项目的防洪风险，分析建设项目对洪水的影响。暴雨洪水分析计算成果应用于解决实际问题，除了采用频率分析法、成因分析法、地理综合法、相关分析法、典型放大法等方法外，还要用到水力计算方法与水量平衡法等。水力计算方法在《水力学基础》教材中已介绍，水量平衡法在《水文学概论》教材已介绍。

4.1.3 主要内容

根据暴雨洪水分析计算应用任务与本教材的服务对象，考虑现有资料情况，本章主要列举了水库防洪分析计算、小汇水面积洪水计算、建设项目防洪影响分析的应用实例。

（1）水库防洪分析计算。介绍水库特性与防洪作用，利用水量平衡原理进行调洪计算的原理和方法，通过实例说明根据实测的水库出流过程，还原计算未经水库调蓄的洪水过程，分析水库调蓄前后洪水特征值的频率，定量计算水库在防洪作用。

（2）小汇水面积洪水计算。通过实例介绍根据汇水区域特点与计算要求，用洪峰面积相关经验公式计算不同频率洪峰流量，采用综合参数法经验公式计算不同频率洪峰流量，比较不同计算方法的计算成果。

（3）建设项目防洪影响分析。通过实例介绍不同频率暴雨量计算，不同频率暴雨过程的确定，相应净雨过程推求与流量过程推求，建设项目的防洪风险分析，建设项目对洪水的影响分析。

4.2 水库防洪分析计算

4.2.1 水库的防洪作用及水库特性

1. 水库调洪作用

现以最简单的无闸门表面溢洪道泄流情况说明水库的调洪作用，如图 4.1 所示。Q-t 为入库流量过程，q-t 为出库流量过程，Z-t 为水库水位过程。在没有闸门控制的情形下，设洪水发生时水库起调水位处于堰顶高程，此时溢洪道的泄流量为 0，稍后，入流渐增，库水位随之增高，溢洪道开始泄流，且随库水位增高而增加，入库流量大于出库流量阶段库水位增长，水库蓄纳洪水，直到入库流量等于出库流量时，水库出现最高洪水位和最大下泄流量 q_m；此后，入库流量开始小于出库流量，库水位亦随之下降，直到回落至堰顶高程，堰顶高程以上蓄滞的洪水亦逐渐泄放出库。这种调洪过程表明水库对天然洪水起到了蓄滞作用。

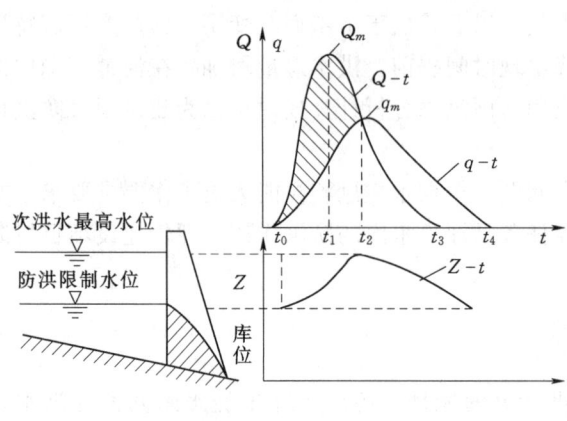

图 4.1 水库调洪示意图

当洪水开始进入水库时，若水库水位（起调水位）处于堰顶高程以下，则必须先充蓄此水库水位与堰顶高程间的这部分库容后溢洪道才开始泄流，其后的调节过程与上一种情况相同。这种情况比前一种情况的水库最高洪水位要低，最大下泄流量要小，取得的调洪效果更佳。其堰顶以下部分库容起了蓄存洪水的作用，所蓄水量不在该次调洪过程中从溢洪道排出，而成为了兴利用水。堰顶以上库容起阻滞洪水的作用，所蓄之水在该次调洪过程中排出。这种情况的调洪效果是由水库的蓄洪和滞洪两种作用产生出来的。不难想象，如果大洪水发生前因干旱水库的蓄水位已经很低，则所遭遇的洪水很可能排泄很少，大部分洪水就成了兴利用水的水源，洪水也当然不致成灾。

在大多数情况下，水库都采用设置控制闸门的泄洪设备，使其泄洪过程受到控制。在这种情况下，水库的抗洪效果不仅与洪水开始时水库所处的水位有关，而且还与水库的防洪运行方式有关。就一次洪水的调节作用而言，在人为控制下泄洪，可以按防洪要求进行，所以其调洪效果会十分显著地比无闸门控制情况更好。

2. 水库特性曲线

一般把用来反映水库地形特征的曲线称为水库特性曲线。它包括水库水位-面积关系曲线和水库水位-容积关系曲线，简称为水库面积曲线和水库容积曲线，是最主要的水库特性资料。

（1）水库面积曲线。水库面积曲线是指水库蓄水位与相应水面面积的关系曲线。水库的水面面积随水位的变化而变化。库区形状与河道坡度不同，水库水位与水面面积的关系也不尽相同。面积曲线反映了水库地形的特性。

绘制水库面积曲线时，一般可根据 1/10000～1/5000 比例尺的库区地形图，用求积仪（或按比例尺数方格）计算不同等高线与坝轴线所围成的水库的面积（高程的间隔可用 1m、2m 或 5m），然后以水位为纵坐标，以水库面积为横坐标，点绘出水位-面积关系曲线，如图 4.2 所示。

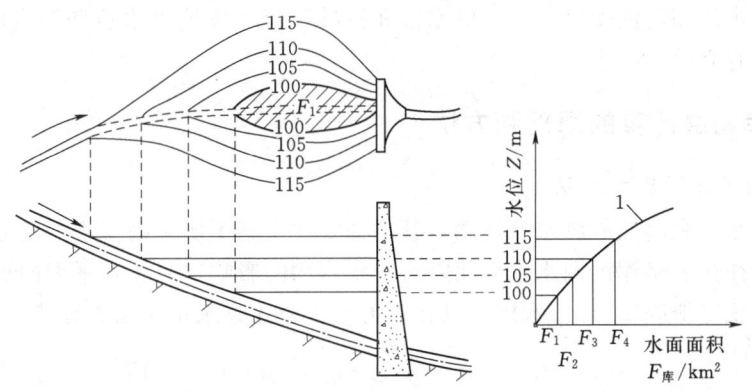

图 4.2 水库面积特性曲线绘法示意

（2）水库容积曲线。水库容积曲线也称为水库库容曲线。它是水库面积曲线的积分曲线，即库水位 Z 与累积容积 V 的关系曲线。其绘制方法是：首先将水库面积曲线中的水位分层，其次，自河底向上逐层计算各相邻高程之间的容积。

水库容积的计量单位除了用 m^3 表示外，在生产中为了能与来水的流量单位直接对应，便于调节计算，水库容积的计量单位也可采用 $(m^3/s) \cdot \Delta t$ 表示。Δt 是单位时段，可取月、旬、日、时。如 $1(m^3/s) \cdot$ 月表示 $1m^3/s$ 的流量在一个月（每月天数计为 30.4 天）的累积总水量，即

$$1(\text{m}^3/\text{s}) \cdot 月 = 30.4 \times 24 \times 3600 = 263(万\ \text{m}^3)$$

前面所讨论的水库特性曲线，均建立在假定入库流量为零时，水库水面是水平的基础上绘制的。这是蓄在水库内的水体为静止（即流速为零）时，所观察到的水静力平衡条件下的自由水面，故称这种库容为静水库容。如有一定入库流量（水流有一定流速）时，则水库水面从坝址起沿程上溯的回水曲线并非水平，越近上游，水面越上翘，直到入库端与天然水面相交为止。因此，相应于坝址上游某一水位的水库库容，实际上要比静库容大。静库容相应的坝前水位水平线以上与洪水的实际水面线之间包含的楔形库容称为动库容。以入库流量为参数的坝前水位与计入动库容的水库容积之间的关系曲线，称为动库容曲线。

一般情况下，按静库容进行径流调节计算，精度已能满足要求。但在需详细研究水库回水淹没和浸没问题或梯级水库衔接情况时应考虑回水影响。对于多沙河流，泥沙淤积对库容有较大影响，应按相应设计水平年和最终稳定情况下的淤积量和淤积形态修正库容曲线。

3. 水库的特征水位及其相应库容

表示水库工程规模及运用要求的各种库水位，称为水库特征水位。它们是根据河流的水文条件、坝址的地形地质条件和各用水部门的需水要求，通过调节计算，并从政治、技术、经济等因素进行全面综合分析论证来确定的。这些特征水位和库容各有其特定的任务和作用，体现着水库运用和正常工作的各种特定要求。它们也是规划设计阶段，确定主要水工建筑物尺寸（如坝高和溢洪道大小），估算工程投资、效益的基本依据。这些特征水位和相应的库容通常有：死水位和死库容，正常蓄水位和兴利库容，防洪限制水位和结合库容，防洪高水位和防洪库容，设计洪水位和拦洪库容，校核洪水位和调洪库容。《水文学概论》中已有介绍。

4.2.2 水库调洪计算的原理和方法

1. 水库调洪计算基本方程

洪水进入水库后形成的洪水波运动，其水力学性质属于明渠渐变不恒定流。常用的调洪计算方法，往往忽略库区回水水面比降对蓄水容积的影响，只按水平面的近似情况考虑水库的蓄水容积（即静库容）。水库调洪计算的基本公式是水量平衡方程式

$$\frac{1}{2}(Q_t + Q_{t+1})\Delta t - \frac{1}{2}(q_t + q_{t+1})\Delta t = V_{t+1} - V_t \tag{4.1}$$

式中 Δt——计算时段长度，s；

Q_t，Q_{t+1}——t 时段初、末的入库流量，m^3/s；

q_t，q_{t+1}——t 时段初、末的出库流量，m^3/s；

V_t，V_{t+1}——t 时段初、末水库蓄水量，m^3。

当已知水库入库洪水过程线时，Q_t、Q_{t+1} 均为已知；V_t、q_t 则是计算时段 t 开始的初始条件。于是，式中仅 V_{t+1}、q_{t+1} 为未知数。必须配合水库泄流方程 $q = f(V)$ 与上式联立求解 V_{t+1}、q_{t+1} 的值。当水库同时为兴利用水而泄放流量时，水库泄流量应计入这部分兴利泄流量。假设暂不计及自水库取水的兴利部门泄向下游的流量，若泄洪建筑物为无闸

门表面溢洪道，则下泄流量 q 的计算公式为

$$q_1 = \varepsilon m B h_1 \sqrt{2gh_1} \tag{4.2}$$

式中　ε——侧收缩系数；
　　　m——流量系数；
　　　B——溢洪道宽；
　　　h_1——堰上水头。

若为孔口出流，则泄流公式为

$$q_2 = \mu \omega \sqrt{2gh_2} \tag{4.3}$$

式中　μ——孔口出流系数；
　　　ω——孔口出流面积；
　　　h_2——孔口中心水头。

由式（4.2）或式（4.3）所反映泄流量 q 与泄洪建筑物水头 h 的函数关系可转换为泄流量 q 与库水位 Z 的关系曲线 $q=f(Z)$。借助于水库容积特性 $V=f(Z)$，可进一步求出水库下泄流量 q 与蓄水容积 V 的关系，即

$$q = f(V) \tag{4.4}$$

2. 水库调洪计算的任务

入库洪水流经水库时，水库容积对洪水的拦蓄、滞留作用，以及泄水建筑物对出库流量的制约或控制作用，将使出库洪水过程产生变形。与入库洪水过程相比，出库洪水的洪峰流量显著减小，洪水过程历时大大延长。这种入库洪水流经水库产生的上述洪水变形，称为水库洪水调节。通过水库调洪计算，在已拟定泄洪建筑物及已确定防洪限制水位（或其他的起调水位）的条件下，用给出的入库洪水过程、泄洪建筑物的泄洪能力曲线及库容曲线等基本资料，按规定的防洪调度规则，可以推求出水库的泄流过程、水库水位过程及相应的最高调洪水位和最大下泄流量；应用水库调洪计算原理，在已给定泄洪建筑物使用方式下，用已经测出的水库水位变化过程，根据泄洪建筑物的泄洪能力曲线及库容曲线等基本资料，可以反推出入库洪水过程，定量分析计算水库的防洪作用。前一类任务主要是水库工程规划设计时需要完成，计算方法在工程水文中有详细介绍，下面主要介绍反推出入库洪水过程的方法。

3　反推入库洪水过程的方法

反推入库洪水过程就是将式（4.1）转变为

$$\frac{1}{2}(Q_t + Q_{t+1}) = \frac{1}{2}(q_t + q_{t+1}) + \frac{V_{t+1} - V_t}{\Delta t} \tag{4.5}$$

根据资料情况选择计算时段长度；时段初、末的出库流量可以根据水库水位资料和闸门开启情况，用水力学公式计算，如果出库有实测流量过程，直接用实测资料，时段初、末水库蓄水量可以根据水库水位资料和水位库容关系得到。

4.2.3　倒天河水库对"20060629"洪水的防洪作用分析

1. 基本情况

倒天河是六冲河北支白甫河的上段，发源于某市野角乡境内，为山区雨源型河流。上

段岩溶较为发育,源头分水岭一带多峰丛洼地。由西南向东北流经后箐、徐花屯等地后折向东南进入倒天河水库,其后流经大新桥南下进入城区,过鸭池、梨树等镇进入大方县境。

倒天河水库位于城区上游天然游泳池以上 2km 处,坝址以上集水面积 123.4km^2,始建于 1956 年,1963 年扩建后水库总库容 1020 万 m^3。具有供水、防洪、灌溉、发电等多种功能,除承担毕节市城区的生产生活供水、下游灌溉用水、附属电站发电用水外,还起到了拦蓄上游洪水、削减洪峰的作用。

城区以上水文、气象监测站点主要有水文系统的水文站、雨量站点,气象部门的雨量观测站点,以及倒天河水库自动测报系统雨量站点、坝上水位站等。其中水文部门的站点有倒天河水库上游入库河流上的徐花屯水文站和白山、白龙地、龙汊、后箐等 4 个雨量站。

2006 年 6 月 28 日晚至 29 日凌晨,以该市城区以上倒天河流域为中心,普降大暴雨到特大暴雨,暴雨中心位于上游龙汊、白龙地至倒天河水库一带,实测最大降水量为龙汊站 226.3mm。受强降雨影响,倒天河流域出现特大洪水,入库主要控制站徐花屯水文站 6 月 29 日 5:42 洪水到达峰顶,洪峰水位为 1556.68m,相应流量 217m^3/s,超过建站以来历年实测最大洪水。因有倒天河水库调蓄及城市供水引水管道将部分洪水引至自来水厂,水库大坝处最大下泄流量(包括坝顶溢流和管道出流)大幅度减小,出现时间推迟,到达城区后与城区洪水错峰叠加,大大减轻了城区防洪压力。

2. "20060629"暴雨特性分析

受偏南气流影响,28 日下午至 29 日凌晨,四川东南部高空槽东移至毕节市中西部,形成上升气流,产生强对流降雨天气过程,持续时间长,形成了以倒天河流域上游为中心的特大暴雨天气过程。

从 6 月 28 日 16:00 开始,毕节城区以上倒天河流域开始降雨,暴雨中心位于上游龙汊至白龙地一带,实测最大 24h 雨量为龙汊站 226.3mm。经统计,本次暴雨流域内有白山、白龙地、龙汊等 3 站 24h 降雨量为历年实测最大,徐花屯、何官屯、后箐等 3 站 24h 降雨量为历年实测第二大。

根据龙汊站历年最大 24h 降水量资料,用 P-Ⅲ型频率曲线进行适线分析,得到龙汊站年最大 24h 雨量均值 73.4mm,C_V 为 0.52,C_S 为 3.5C_V。

根据本次暴雨龙汊站年 24h 雨量 226.3mm,得到模比系数 K_p 为 3.08,根据 C_V 为 0.52,C_S/C_V 为 3.5,查模比系数表内插得到频率为 0.6212%,估算龙汊雨量重现期为 161 年一遇。

3. 入库洪水过程推求

倒天河水库入库洪水除了干流徐花屯来水外,还有较大的支流及区间洪水加入。徐花屯来水过程有实测流量过程,区间来水及其他支流来水没有实测资料。洪水期间每隔 6min 有一水位观测值。倒天河水库出库洪水由两部分组成,一部分由坝顶自然溢流和坝底管道出流组成,洪水流出于坝址处;另一部分由引水管道引至水厂,供给城市生活用水。管道出流和坝顶溢流可以根据水库水位及水力学公式进行计算。利用水库出流过程及水库蓄水量变化过程,应用水量平衡原理,可以推求水库入库洪水过程。

$$\frac{1}{2}(Q_t+Q_{t+1})=\frac{1}{2}(q_t+q_{t+1})+\frac{V_{t+1}-V_t}{\Delta t} \tag{4.5}$$

计算时段长度 Δt 为360s；时段初、末水库蓄水量根据水库水位变化过程，查水位库容曲线可以得到；出库流量根据水库特性与水库运行状况可以用水力学公式推求，水库出库水量根据出库流量进行计算；利用公式 (4.5) 可以计算得到各个时段平均入库流量；具体计算见表4.1。在已知第一个时刻的流量的条件下，可以递推得到各个时刻的流量。不过需要注意对计算成果进行合理性分析与适当调整，递推计算的过程中第一个时刻的流量的误差会传递，会出现不合理的现象。

经计算，得倒天河水库坝址处最大泄洪流量为178m³/s，出现时间为29日09:06，倒天河水库入库最大流量为330m³/s，出现时间为29日06:06，洪水入库流量与出库流量见表4.1。由于递推计算的过程中第一个时刻的流量的误差的传递，时段末入库流量计算结果出现波动，表中出库最大流量为332.9m³/s，根据时段平均入库流量计算结果，将出库最大流量调整为330m³/s比较合理。

表4.1　　　　2006年6月29日倒天河水库入库流量与出库流量推算表

时段序号	时段结束时间		时段管道泄水/万m³	时段坝顶溢流/万m³	时段末水库蓄水/万m³	时段平均出库流量/(m³/s)	时段入库水量/万m³	时段平均入库流量/(m³/s)	时段末入库流量/(m³/s)
	时	分							
0	00	00			418.45				22.7
1	00	06	0.43	0.00	418.91	11.9	0.89	24.7	26.7
2	00	12	0.43	0.00	419.50	11.9	1.02	28.3	29.9
3	00	18	0.43	0.00	420.23	11.9	1.16	32.2	34.5
4	00	24	0.43	0.00	421.10	11.9	1.30	36.1	37.7
5	00	30	0.44	0.00	422.09	12.2	1.43	39.7	41.7
6	00	36	0.44	0.00	423.22	12.2	1.57	43.6	45.5
7	00	42	0.44	0.00	424.49	12.2	1.71	47.5	49.5
8	00	48	0.44	0.00	425.89	12.2	1.84	51.1	52.7
9	00	54	0.44	0.00	427.43	12.2	1.98	55.0	57.3
10	01	00	0.44	0.00	429.10	12.2	2.11	58.6	59.9
11	01	06	0.45	0.00	430.89	12.5	2.24	62.2	64.5
12	01	12	0.45	0.00	432.81	12.5	2.37	65.8	67.1
13	01	18	0.45	0.00	434.87	12.5	2.51	69.7	72.3
14	01	24	0.45	0.00	436.97	12.5	2.55	70.8	69.4
15	01	30	0.45	0.00	439.04	12.5	2.52	70.0	70.6
16	01	36	0.45	0.00	441.08	12.5	2.49	69.2	67.7
17	01	42	0.45	0.00	443.10	12.5	2.47	68.6	69.5
18	01	48	0.45	0.00	445.09	12.5	2.44	67.8	66.0
19	01	54	0.45	0.00	447.05	12.5	2.41	66.9	67.9

第4章 暴雨洪水分析计算应用

续表

时段序号	时段结束时间		时段管道泄水/万 m³	时段坝顶溢流/万 m³	时段末水库蓄水/万 m³	时段平均出库流量/(m³/s)	时段入库水量/万 m³	时段平均入库流量/(m³/s)	时段末入库流量/(m³/s)
	时	分							
20	02	00	0.45	0.00	448.99	12.5	2.39	66.4	64.9
21	02	06	0.45	0.00	450.90	12.5	2.36	65.6	66.2
22	02	12	0.45	0.00	452.78	12.5	2.33	64.7	63.3
23	02	18	0.45	0.00	454.64	12.5	2.31	64.2	65.1
24	02	24	0.45	0.00	456.47	12.5	2.28	63.3	61.6
25	02	30	0.45	0.00	458.27	12.5	2.25	62.5	63.4
26	02	36	0.45	0.00	460.04	12.5	2.22	61.7	59.9
27	02	42	0.46	0.00	461.78	12.8	2.20	61.1	62.3
28	02	48	0.46	0.00	463.49	12.8	2.17	60.3	58.3
29	02	54	0.46	0.00	465.18	12.8	2.15	59.7	61.2
30	03	00	0.46	0.00	466.84	12.8	2.12	58.9	56.6
31	03	06	0.46	0.00	468.47	12.8	2.09	58.1	59.5
32	03	12	0.46	0.00	470.07	12.8	2.06	57.2	54.9
33	03	18	0.46	0.00	471.65	12.8	2.04	56.7	58.4
34	03	24	0.46	0.00	473.20	12.8	2.01	55.8	53.3
35	03	30	0.46	0.00	474.72	12.8	1.98	55.0	56.7
36	03	36	0.46	0.00	476.21	12.8	1.95	54.2	51.6
37	03	42	0.46	0.00	477.71	12.8	1.96	54.4	57.3
38	03	48	0.46	0.00	479.25	12.8	2.00	55.6	53.8
39	03	54	0.46	0.00	480.83	12.8	2.04	56.7	59.5
40	04	00	0.46	0.00	482.45	12.8	2.08	57.8	56.0
41	04	06	0.46	0.00	484.18	12.8	2.19	60.8	65.6
42	04	12	0.47	0.00	486.07	13.1	2.36	65.6	65.5
43	04	18	0.47	0.00	488.14	13.1	2.54	70.6	75.6
44	04	24	0.47	0.00	490.50	13.1	2.83	78.6	81.6
45	04	30	0.47	0.00	493.41	13.1	3.38	93.9	106.2
46	04	36	0.47	0.00	496.83	13.1	3.89	108.1	109.9
47	04	42	0.47	0.00	500.54	13.1	4.18	116.1	122.3
48	04	48	0.47	0.00	504.43	13.1	4.36	121.1	119.9
49	04	54	0.47	0.00	508.44	13.1	4.48	124.4	129.0
50	05	00	0.47	0.00	512.58	13.1	4.61	128.1	127.1
51	05	06	0.47	0.00	516.84	13.1	4.73	131.4	135.6
52	05	12	0.47	0.00	521.21	13.1	4.84	134.4	133.3

4.2 水库防洪分析计算

续表

时段序号	时段结束时间 时	时段结束时间 分	时段管道泄水 /万 m³	时段坝顶溢流 /万 m³	时段末水库蓄水 /万 m³	时段平均出库流量 /(m³/s)	时段入库水量 /万 m³	时段平均入库流量 /(m³/s)	时段末入库流量 /(m³/s)
53	05	18	0.47	0.00	525.71	13.1	4.97	138.1	142.9
54	05	24	0.47	0.00	530.53	13.1	5.29	146.9	151.0
55	05	30	0.47	0.00	536.31	13.1	6.25	173.6	196.2
56	05	36	0.47	0.00	543.27	13.1	7.43	206.4	216.6
57	05	42	0.48	0.00	551.21	13.3	8.42	233.9	251.2
58	05	48	0.48	0.00	560.13	13.3	9.40	261.1	271.0
59	05	54	0.48	0.00	570.00	13.3	10.35	287.5	304.0
60	06	00	0.48	0.04	580.82	14.4	11.34	315.0	326.0
61	06	06	0.48	0.21	591.99	19.2	11.86	329.4	332.9
62	06	12	0.49	0.47	602.91	26.7	11.88	330.0	327.1
63	06	18	0.49	0.82	613.45	36.4	11.85	329.2	331.2
64	06	24	0.49	1.17	623.58	46.1	11.79	327.5	323.8
65	06	30	0.49	1.43	633.30	53.3	11.64	323.3	322.9
66	06	36	0.49	1.65	642.58	59.4	11.42	317.2	311.6
67	06	42	0.50	1.87	651.42	65.8	11.21	311.4	311.2
68	06	48	0.50	2.11	659.81	72.5	11.00	305.6	299.9
69	06	54	0.50	2.35	667.75	79.2	10.79	299.7	299.5
70	07	00	0.50	2.60	675.23	86.1	10.58	293.9	288.3
71	07	06	0.50	2.87	682.23	93.6	10.37	288.1	287.9
72	07	12	0.50	3.10	688.79	100.0	10.16	282.2	276.6
73	07	18	0.50	3.33	694.91	106.4	9.95	276.4	276.2
74	07	24	0.50	3.57	700.59	113.1	9.75	270.8	265.5
75	07	30	0.50	3.81	705.82	119.7	9.54	265.0	264.5
76	07	36	0.50	4.07	710.58	126.9	9.33	259.2	253.8
77	07	42	0.51	4.34	714.85	134.7	9.12	253.3	252.9
78	07	48	0.51	4.62	718.62	142.5	8.90	247.2	241.6
79	07	54	0.51	4.80	722.00	147.5	8.69	241.4	241.2
80	08	00	0.51	4.87	725.09	149.4	8.47	235.3	229.4
81	08	06	0.51	4.96	727.83	151.9	8.21	228.1	226.7
82	08	12	0.51	5.04	730.19	154.2	7.91	219.7	212.7
83	08	18	0.51	5.09	732.21	155.6	7.62	211.7	210.6
84	08	24	0.51	5.14	734.04	156.9	7.48	207.8	204.9
85	08	30	0.51	5.21	735.80	158.9	7.48	207.8	210.6

第4章 暴雨洪水分析计算应用

续表

时段序号	时段结束时间		时段管道泄水/万 m³	时段坝顶溢流/万 m³	时段末水库蓄水/万 m³	时段平均出库流量/(m³/s)	时段入库水量/万 m³	时段平均入库流量/(m³/s)	时段末入库流量/(m³/s)
	时	分							
86	08	36	0.51	5.31	737.31	161.7	7.33	203.6	196.6
87	08	42	0.51	5.39	738.45	163.9	7.04	195.6	194.5
88	08	48	0.51	5.41	739.31	164.4	6.78	188.3	182.1
89	08	54	0.51	5.58	739.84	169.2	6.62	183.9	185.6
90	09	00	0.51	5.82	739.99	175.8	6.48	180.0	174.4
91	09	06	0.51	5.89	740.00	177.8	6.41	178.1	181.7
92	09	12	0.51	5.89	740.00	177.8	6.40	177.8	173.8
93	09	18	0.51	5.89	740.00	177.8	6.40	177.8	181.7
94	09	24	0.51	5.89	740.00	177.8	6.40	177.8	173.8
95	09	30	0.51	5.89	740.00	177.8	6.40	177.8	181.7
96	09	36	0.51	5.89	740.00	177.8	6.40	177.8	173.8
97	09	42	0.51	5.89	740.00	177.8	6.40	177.8	181.7
98	09	48	0.51	5.89	740.00	177.8	6.40	177.8	173.8
99	09	54	0.51	5.86	739.97	176.9	6.34	176.1	178.4
100	10	00	0.51	5.81	739.87	175.6	6.22	172.8	167.1
101	10	06	0.51	5.76	739.71	174.2	6.11	169.7	172.3
102	10	12	0.51	5.71	739.47	172.8	5.98	166.1	159.9
103	10	18	0.51	5.69	739.11	172.2	5.84	162.2	164.5
104	10	24	0.51	5.67	738.63	171.7	5.70	158.3	152.1
105	10	30	0.51	5.65	738.03	171.1	5.56	154.4	156.7
106	10	36	0.51	5.63	737.31	170.6	5.42	150.6	144.4
107	10	42	0.51	5.62	736.46	170.3	5.28	146.7	149.0
108	10	48	0.51	5.64	735.45	170.8	5.14	142.8	136.6
109	10	54	0.51	5.61	734.33	170.0	5.00	138.9	141.2
110	11	00	0.51	5.59	733.09	169.4	4.86	135.0	128.8
111	11	06	0.51	5.56	731.74	168.6	4.72	131.1	133.4
112	11	12	0.51	5.54	730.27	168.1	4.58	127.2	121.0
113	11	18	0.51	5.51	728.69	167.2	4.44	123.3	125.6
114	11	24	0.51	5.49	726.99	166.7	4.30	119.4	113.3
115	11	30	0.51	5.46	725.18	165.8	4.16	115.6	117.9
116	11	36	0.51	5.44	723.25	165.3	4.02	111.7	105.5
117	11	42	0.51	5.42	721.20	164.7	3.88	107.8	110.1
118	11	48	0.51	5.39	719.04	163.9	3.74	103.9	97.7
119	11	54	0.51	5.37	716.76	163.3	3.60	100.0	102.3
120	12	00	0.51	5.34	714.37	162.5	3.46	96.1	89.9

4. 倒天河水库对"20060629"洪水的防洪作用分析

经调查分析,倒天河流域"20060629"暴雨洪水为历史上较为稀遇的典型局部大暴雨形成的突发性洪水,暴雨重现期为161年一遇。由于倒天河水库的调节和该市河道整治,以及防洪堤、分洪渠的修建,加上本次降雨过程出现两次间歇,在总体降雨强度大持续时间短的情况下,洪水过程呈复式状态,削弱了洪峰量级,经调节削弱后的城区洪水,仅相当于22年一遇。在本次暴雨洪水过程中,徐花屯流量过程单峰量400万 m^3,复峰量530万 m^3,入库洪量1380万 m^3,倒天河水库在蓄水的同时通过管道泄洪及堰顶溢流,水库滞洪量430万 m^3,泄洪量为950万 m^3,由于本次暴雨洪水起初以超渗产流为主,洪水陡涨陡落,峰高量少,入库洪峰流量332.9m^3/s,出库洪峰流量177.8m^3/s,水库削减了洪峰流量155.1m^3/s,水库延迟城区洪峰3h。据资料分析,若无倒天河水库拦蓄洪水,城区将有10.7km^2的面积受淹,直接经济损失可达11500万元,间接经济损失可达23000万元,倒天河水库无论是削减洪峰还是延迟洪水都发挥了极其重要的作用。

4.3 小汇水面积洪水计算

4.3.1 基本情况

某市大竹园镇地处秦巴山区,地质条件脆弱,山体稳定性较差,易引发山洪、滑坡、泥石流等次生灾害,有致使当地居民遭受巨大生命财产损失的风险,为改善民生、加快全面小康社会建设,科学应对自然灾害,需要实施移民搬迁安置项。

大竹园镇移民搬迁安置工程涉河工程建设在河道管理范围之内,根据涉河工程建设的有关法规和国家计委、水利部《河道管理范围内建设项目管理的有关规定》(水政〔1992〕362号),需要进行防洪评价。防洪评价的一个重要工作是进行洪水分析计算,影响大竹园镇移民搬迁安置工程的洪水主要来自蒿坪河,控制断面为蒿坪河大竹园。根据相关规定,防洪标准选用30年一遇。项目所在区域无水文站,距离较近的水文站的流域特征与拟评价区域相差较大,因此,不宜采用水文比拟法进行洪水计算,故采用该市《实用水文手册》(以下简称《手册》)提供的洪峰面积相关法和综合参数法计算,经过计算后汇总成果进行比较分析,选用合理的洪水分析计算结果。

4.3.2 洪峰面积相关法

依据《手册》,洪峰流量可采用洪峰面积相关经验公式计算。

$$Q_p = K_p F^n \tag{4.6}$$

式中 Q_p——频率为 p 的洪峰流量,m^3/s;

F——流域面积,km^2;

K_p——频率为 p 的经验参数,由《手册》查得;

n——指数,由《手册》查得。

根据断面位置与流域地形图,得到大竹园断面以上集水面积为89.8km^2,由《手册》

知，按照实测暴雨洪水分析总结的洪峰面积相关经验公式适用范围 10~1000km²，洪峰面积相关经验公式适用本项目；蒿坪河大竹园断面洪峰流量与集水面积经验公式分区属于江北区，由《手册》查得，指数 n 为 0.606；30 年一遇经验参数 K_p 为 23.6；代入洪峰面积相关经验公式计算得到大竹园断面 30 年一遇洪峰流量为 360m³/s。

4.3.3 综合参数法

根据《手册》，设计洪峰流量还可采用综合参数法经验公式计算。

$$Q_p = k \eta_{6p}^{\eta} F^{\alpha} H_{6p}^{\beta} J^{\gamma} \tag{4.7}$$

式中 Q_p——频率为 p 的洪峰流量，m³/s；

   F——流域面积，km²；

   J——主河道平均比降，‰；

   K_{6p}——频率为 p 的 6h 点雨量模比系数；

   H_{6p}——频率为 p 的 6h 点暴雨量，mm；

   η、α、β、γ——经验指数，由《手册》查得。

根据断面位置与流域地形图，得到大竹园断面以上集水面积 F 为 89.8km²，主河道平均比降 J 为 15.2‰；由《手册》查得 6h 点暴雨量均值为 52mm，C_V 为 0.49，$C_S=3.5C_V$，查得设计频率为 30 年一遇的 6h 点雨量模比系数 K_{6p} 为 2.24，频率为 30 年一遇的 6h 设计点暴雨量为 116.5mm；由《手册》查得经验指数 η、α、β、γ 分别为 0.75、0.606、0.48、0.11。代入综合参数法经验公式计算得到大竹园断面 30 年一遇洪峰流量为 370m³/s。

4.3.4 成果分析及选用

洪峰面积相关法和综合参数法推理公式法两种方法计算得到的大竹园镇水文断面处河道断面的设计洪峰流量分别为 360m³/s 与 370m³/s，两种计算方法计算成果相差不到 3%，从偏安全考虑，采用综合参数法的计算成果作为蒿坪河大竹园断面的设计洪水。

4.4 防洪影响分析

4.4.1 基本情况

紫阳翠谷小区项目地块位于某市句宝镇东南部，句宝山西麓，紧邻句宝山国家森林公园。规划范围用地面积 66655m²。由于该地区山区比较多，洪水灾害威胁比较大，现在许多房地产项目依山开发，一方面可能会受到山洪影响，导致开发项目不安全；另一方面，依山开发的房地产项目会改变下垫面，改变洪水特性，有可能导致区域防洪负担加重；因此需要对依山开发的房地产项目进行防洪评价。为了推进海绵城市建设，该市在各个项目开发规划中推广低影响开发（LID）的理念，并采取有效措施实现低影响开发。为了进行防洪影响评价需要进行洪水分析计算。

4.4.2 不同频率暴雨过程确定

1. 不同频率暴雨量推求

由于本分析计算区范围小,并且没有可以用于进行洪水分析计算的实测流量资料,因此采用由暴雨资料分析计算洪水的方法。设计暴雨历时为24h,其中以1h、6h为控制时段,计算时段长取1h。暴雨量分析计算采用图集法与实测资料法,最后综合考虑确定采用值。

(1) 图集法。根据《暴雨洪水图集》(以下简称《图集》),本分析计算区年最大24h暴雨均值为110mm,偏差系数 C_V 为0.56,偏态系数 C_S 为 $3.5C_V$。不同时段暴雨资料统计特征见表4.2。

根据不同的频率 P,依据 C_V 及 C_S/C_V 可查表得到 k_p,按下式计算暴雨量

$$x_p = k_p \bar{x} \tag{4.8}$$

式中 $\bar{x}$——雨量均值;

x_p——频率为 P 的暴雨量;

k_p——模比系数。

由此得到不同频率的暴雨量见表4.2。

表4.2 不同频率暴雨量计算成果表(图集法)

历时/h	均值/mm	C_V	暴雨量/mm				
			$P=2\%$	$P=5\%$	$P=10\%$	$P=20\%$	$P=50\%$
1	45	0.45	101.3	84.6	72.0	59.0	40.1
6	73	0.51	178.9	146.7	122.6	96.4	62.8
24	110	0.56	288.2	233.2	190.3	148.5	91.3

(2) 实测资料法。根据项目附近句宝雨量站60年(1954—2013年)雨量资料,参考附近某站1880年以来的降雨资料,经过水文统计计算得到,最大24h暴雨均值为112.4mm,偏差系数 C_V 为0.5,偏态系数 C_S 为 $3.5C_V$。各种设计频率的设计暴雨量见表4.3。

表4.3 不同频率暴雨量计算成果表(实测资料法)

历时/h	均值/mm	C_V	暴雨量/mm				
			$P=2\%$	$P=5\%$	$P=10\%$	$P=20\%$	$P=50\%$
1	44	0.35	84.5	73.5	64.7	55.4	40.9
6	79.5	0.44	175.7	147.9	126.4	103.4	70.8
24	112.4	0.5	272.0	223.7	186.6	148.4	96.7

(3) 设计暴雨采用。图集法与实测资料法设计暴雨成果差别不大,最终采用图集法成果。

2. 暴雨过程推求

采用同频率组合和典型概化雨型相结合的方法推求暴雨过程。典型概化雨型采用《图

集》提供的典型分配过程，根据前面计算得到的各种频率的最大 1h、6h、24h 暴雨量，采用同频率放大法得到不同频率的暴雨过程，见表 4.4。

表 4.4 不同频率的暴雨过程成果表

时段 ($\Delta t=1h$)	典型分配过程/%			暴雨量/mm				
	1h	6h	24h	$P=2\%$	$P=5\%$	$P=10\%$	$P=20\%$	$P=50\%$
5			7	7.7	6.1	4.7	3.6	2
6			7	7.7	6.1	4.7	3.6	2
7			8	8.7	6.9	5.4	4.2	2.3
8			8	8.7	6.9	5.4	4.2	2.3
9			8	8.7	6.9	5.4	4.2	2.3
10			8	8.7	6.9	5.4	4.2	2.3
11			9	9.8	7.8	6.1	4.7	2.6
12			9	9.8	7.8	6.1	4.7	2.6
13			9	9.8	7.8	6.1	4.7	2.6
14		16		12.4	9.9	8.1	6	3.6
15		16		12.4	9.9	8.1	6	3.6
16		16		12.4	9.9	8.1	6	3.6
17		32		24.8	19.9	16.2	12	7.3
18	100			101.3	84.6	72	59	40.1
19		20		15.5	12.4	10.1	7.5	4.5
20			9	9.8	7.8	6.1	4.7	2.6
21			9	9.8	7.8	6.1	4.7	2.6
22			9	9.8	7.8	6.1	4.7	2.6
小计				287.8	233.2	190.2	148.7	91.5

4.4.3 不同频率净雨过程推求

降雨产流与下垫面的特性有很大关系，本次分析计算分 3 种下垫面情况计算净雨过程，3 种下垫面情况分别是自然状况、完全城市化状况、本项目开发建设以后的状况。

（1）自然状况。不同地区，不同前期土壤含水量情况下，降雨产生的径流量不一样，《图集》上提供了用土壤前期影响雨量 P_a 作参数建立的 $P+P_a-R$ 的相关关系，相关曲线采用了可以不通过原点的双曲线数学模型。具体计算公式如下式所示：

$$R=\sqrt[3]{(P+P_a-C_p)^3+C_i^3}-C_i \qquad (4.9)$$

式中　P——次雨量；

　　　P_a——前期影响雨量；

　　　R——径流深，均以 mm 计；

C_p、C_i——参数，本地区 C_p 为 15，C_i 为 110。利用次降雨径流相关关系，可以推求自然状况下次降雨径流量。

4.4 防洪影响分析

(2) 完全城市化。由于开发建设,使得原来处于自然状态的下垫面变为不透水面,完全城市化以后,降雨损失很小,按每次 5mm 计。

(3) 本项目开发建设。本项目开发建设,考虑海绵城市建设要求,尽可能采取减缓雨洪径流的措施,不透水面积比例为 68.5%,根据面积比例计算产流量。

表 4.5　　　　　　　　　　自然状况净雨过程成果表

时段 ($\Delta t=1h$)	净雨/mm				
	$P=2\%$	$P=5\%$	$P=10\%$	$P=20\%$	$P=50\%$
5	0.8	0.6	0.5	0.4	0.2
6	1.2	0.9	0.6	0.4	0.2
7	1.9	1.3	0.9	0.6	0.3
8	2.5	1.6	1.1	0.7	0.3
9	3.1	2	1.3	0.8	0.3
10	3.6	2.4	1.5	1	0.4
11	4.8	3.1	2	1.2	0.5
12	5.5	3.6	2.3	1.4	0.5
13	6.1	4	2.6	1.6	0.5
14	8.4	5.7	3.8	2.3	0.9
15	9.1	6.3	4.3	2.5	1
16	9.7	6.8	4.7	2.8	1.1
17	20.7	14.9	10.6	6.4	2.4
18	93.6	74.2	58.8	42.6	20.5
19	14.9	11.7	9.1	6.3	3
20	9.5	7.4	5.6	4	1.7
21	9.5	7.4	5.6	4	1.8
22	9.6	7.4	5.6	4.1	1.8
小计	214.5	161.3	120.9	83.1	37.4

表 4.6　　　　　　　　　完全城市化状况净雨过程成果表

时段 ($\Delta t=1h$)	净雨/mm				
	$P=2\%$	$P=5\%$	$P=10\%$	$P=20\%$	$P=50\%$
5	2.7	1.1	0	0	0
6	7.7	6.1	4.5	2.3	0
7	8.7	6.9	5.4	4.2	1.3
8	8.7	6.9	5.4	4.2	2.3
9	8.7	6.9	5.4	4.2	2.3
10	8.7	6.9	5.4	4.2	2.3

续表

时段 ($\Delta t=1h$)	净雨/mm				
	$P=2\%$	$P=5\%$	$P=10\%$	$P=20\%$	$P=50\%$
11	9.8	7.8	6.1	4.7	2.6
12	9.8	7.8	6.1	4.7	2.6
13	9.8	7.8	6.1	4.7	2.6
14	12.4	9.9	8.1	6	3.6
15	12.4	9.9	8.1	6	3.6
16	12.4	9.9	8.1	6	3.6
17	24.8	19.9	16.2	12	7.3
18	101.3	84.6	72	59	40.1
19	15.5	12.4	10.1	7.5	4.5
20	9.8	7.8	6.1	4.7	2.6
21	9.8	7.8	6.1	4.7	2.6
22	9.8	7.8	6.1	4.7	2.6
小计	282.8	228.2	185.3	143.8	86.5

表 4.7　　　　　　　　　　本项目开发建设状况净雨过程成果表

时段 ($\Delta t=1h$)	净雨/mm				
	$P=2\%$	$P=5\%$	$P=10\%$	$P=20\%$	$P=50\%$
5	2.1	0.9	0.2	0.1	0.1
6	5.6	4.4	3.2	1.7	0.1
7	6.5	5.1	4	3	0.9
8	6.7	5.2	4	3.1	1.6
9	6.9	5.3	4.1	3.1	1.7
10	7.1	5.5	4.2	3.1	1.7
11	8.2	6.3	4.8	3.6	1.9
12	8.4	6.4	4.9	3.6	1.9
13	8.6	6.6	5	3.7	1.9
14	11.1	8.6	6.7	4.8	2.7
15	11.4	8.8	6.9	4.9	2.8
16	11.5	8.9	7	5	2.8
17	23.5	18.3	14.4	10.2	5.7
18	98.8	81.3	67.8	53.7	33.8
19	15.3	12.2	9.8	7.1	4
20	9.7	7.6	5.9	4.5	2.3
21	9.7	7.7	5.9	4.5	2.3
22	9.8	7.7	5.9	4.5	2.3
小计	260.9	206.8	164.7	124.2	70.5

4.4 防洪影响分析

4.4.4 不同频率流量过程推求

1. 设计流量过程计算方法

通过汇流计算可以求得设计流量过程，汇流计算可以采用经验单位线法、瞬时单位线法、总入流槽蓄曲线法、等流时线法等，由于评价区没有汇流方案，而瞬时单位线法概念清楚，应用较广，本次分析计算采用《图集》上提供的瞬时单位线法。

瞬时单位线是对脉冲输入的一个响应函数，有 n 和 k 两个参数，为了使参数的物理意义更明确，并易于综合使用，《图集》将 n 和 k 两个参数转化为 m_1、m_2 两个参数，$m_1 = nk$，是瞬时单位线的一阶原点距，或称瞬时单位线的滞时，$m_2 = 1/n$，是阻滞时间的变化系数。由《图集》查得，分析计算区 $m_2 = 1/3$，m_1 由下式计算：

$$m_1 = 7.28(F/J)^{0.28} \tag{4.10}$$

由 m_1 及 m_2 即可求得瞬时单位线的 S 曲线。进一步将其转换成时段单位线。

有了时段单位线，利用线性系统的假定，可以计算得到设计流量过程。具体计算方法见《水文情报预报》。

2. 基本资料

流量过程计算需要净雨过程及单位线，根据净雨过程与单位线可以推求流量过程，净雨过程前面已经计算出，单位线根据集水范围的面积与坡度可以推求，集水范围基本资料见表 4.8。

表 4.8　　各个计算单元特征

计算单元	面积/km²	坡度（1/10000）	计算单元	面积/km²	坡度（1/10000）
项目建设前东沟	0.126	1820	建设前项目区	0.0667	1720
项目建设后东沟	0.089	2120	建设后项目区	0.0667	173

3. 设计流量过程计算

根据流域面积 F 与坡度 J，可以得到 m_1、m_2，进一步计算得到瞬时单位线 n 和 k，由 n 和 k 即可求得瞬时单位线的 S 曲线。进一步将其转换成时段单位线。各个集水区的单位线见表 4.9。

表 4.9　　各个计算单元单位线计算结果

时序（$\Delta t = 1\text{h}$）	单位线流量/(m³/s)			
	项目建设前东沟	项目建设后东沟	建设前项目区	建设后项目区
0	0	0	0	0
1	0.35	0.247	0.185	0.184
2	0	0	0	0.002
3	0	0	0	0

利用线性系统的假定，分别计算得到自然状况、完全城市化状况、本项目开发建设 3 种下垫面状况，不同频率的洪水过程。

4.4.5 项目防洪安全评价

根据前面计算得到的自然状况、完全城市化状况、本项目开发建设3种下垫面状况，不同频率的流量过程计算结果，统计得到不同状况、不同重现期的洪峰流量。

影响项目区的洪水主要是项目规划红线东的一个山冲（东沟），项目建设前东沟的集水面积为0.126km²，项目建设后东沟的集水面积为0.089km²，有0.037km²的面积在红线内，由于建设改变了集水范围，红线范围内的径流由于建设改变了汇流路径，原来进入东沟的水由排水管网直接排走，客观上降低了东沟的洪水风险，2a、5a、10a、20a、50a重现期的洪峰流量分别减少0.21m³/s、0.44m³/s、0.61m³/s、0.77m³/s、0.97m³/s；洪峰降低近30%。见表4.10。

表4.10 项目建设前后东沟设计洪峰流量成果

频率 P/%	项目建设前东沟 /(m³/s)	项目建设后东沟 /(m³/s)	洪峰减少 /(m³/s)	洪峰降低 /%
50	0.72	0.51	0.21	29.2
20	1.49	1.05	0.44	29.5
10	2.06	1.45	0.61	29.6
5	2.6	1.83	0.77	29.6
2	3.28	2.31	0.97	29.6

东沟深3m左右、平均宽度8m左右，过水断面面积可以达到24m²，项目建设以后，东沟集水范围50年一遇的洪峰流量可以通过，项目建设不影响东沟的行洪。

4.4.6 项目对区域防洪影响评价

本项目用地面积66655m²，由于建设项目改变了下垫面特性，由原来的自然状况变成城市化状况，屋顶、马路、停车场等不透水面积增加，使得径流系数提高，产流量增加，加上排水管道的使用，使得洪峰提前，洪峰流量增加，项目建设以后，项目区排出的流量过程会出现峰现时间提前、洪峰增高、洪量增大，对区域防洪可能产生不利影响。项目区南有一蓄水塘（相宜湖），项目区西不远有排水河道，项目区北是马路，东是行洪沟，项目区雨洪径流主要向南与向北排放，然后向西流动进入河槽。

分别计算统计自然状况、完全城市化、项目建设（城市化率68.5%）3种下垫面情况下不同频率的洪峰流量，结果见表4.2。2a、5a、10a、20a、50a重现期完全城市化后比自然状况洪峰流量增加0.36~0.13m³/s，洪峰增大94.7%~7.5%，重现期小增加的幅度大。2a、5a、10a、20a、50a重现期项目建设（城市化率68.5%）后比自然状况洪峰流量增加0.24~0.09m³/s，洪峰增大32.4%~4.8%，重现期小增加的幅度大。

本应用实例只是给出参考计算方法，由于计算单元比较小，在条件许可的情况下，计算时段应该取小一些，产汇流计算方法应该选择不同方法进行计算，然后综合分析选择计算成果。

表 4.11 项目建设后设计洪峰流量成果

频率 P/%	T/a	自然状况 /(m³/s)	完全城市化 /(m³/s)	项目建设后 /(m³/s)	完全城市化洪峰增加 /(m³/s)	项目建设后洪峰增加 /(m³/s)	完全城市化洪峰增加率 /%	项目建设后洪峰增加率 /%
50	2	0.38	0.74	0.62	0.36	0.24	94.7	32.4
20	5	0.79	1.09	0.99	0.3	0.2	38.0	18.3
10	10	1.09	1.32	1.25	0.23	0.16	21.1	12.1
5	20	1.37	1.56	1.5	0.19	0.13	13.9	8.3
2	50	1.73	1.86	1.82	0.13	0.09	7.5	4.8

本 章 小 结

为定量分析计算水库的防洪作用，根据实际发生的洪水过程，应用调洪计算的原理，还原计算未经水库调蓄的洪水过程，分析计算水库调蓄前后洪峰的频率，定量计算水库对洪峰的削减作用及对下游地区防洪风险的降低作用，计算表明，倒天河流域"20060629"暴雨重现期为161年一遇，经水库调节削弱后的城区洪水，仅相当于22年一遇；水库滞蓄31.2%的入库洪量，水库削减了46.6%的洪峰流量，水库延迟城区洪峰3h。为推求缺乏实测资料的小汇水面积的洪峰流量，可采用水文手册或暴雨洪水图集等提供的方法，如洪峰面积相关法、综合参数法计算等，需要注意，各个方法有相应的适用条件，不同方法的计算结果不一定相同，需要进行比较分析，选用合理的洪水分析计算结果。对于无实测流量资料的小洪水面积，也可以利用实测暴雨资料，结合水文手册或暴雨洪水图集，通过暴雨量频率计算、产流计算、汇流计算推求流量过程，进而分析建设项目的对防洪的影响及不同的开发与保护措施对洪水的定量影响。

思 考 与 练 习

4.1 水库的防洪作用是什么？

4.2 水库调洪演算的原理是什么？

4.3 水库调洪演算的方法有哪些？

4.4 区域防洪评价的主要任务是什么？

4.5 建设项目防洪评价的主要任务是什么？

4.6 定量分析当地水文站的现状防洪水平。

第5章 地表水资源量分析计算

5.1 概 述

5.1.1 基本概念

水资源是重要的自然资源和经济资源,在保障社会经济可持续发展中具有不可替代的作用。查明水资源状况,是开发、利用、保护、管理水资源和制定宏观社会经济发展规划及编制农业区划、水利规划、水资源开发利用、国土整治规划等与水资源密切相关的工作的基础工作。

水资源从广义上来讲是自然界一切形态的水,包括气态、液态和固态水的总量,从狭义来讲是可供利用或有可能被利用、具有足够数量和可用质量、并为适应特定地区的水需求而能长期供应的水源。

天然水资源包括河川径流、地下水、积雪和冰川、湖泊水、沼泽水、海水。由于气候条件变化,各种水资源的时空分布不均,天然水资源量时空分布与用水要求常存在不一致,往往采用修筑水库来调蓄水源,或采用回收和处理的办法利用工业废水和生活污水,增加水资源的供应。区别于不可再生自然资源,水资源是可再生的资源,可以重复多次使用;并出现年内和年际量的变化,具有一定的周期和规律;储存形式和运动过程受自然地理因素和人类活动所影响。按储存形式,水资源可以分为地表水与地下水。

地表水是指河流、湖(库)或淡水湿地的水。地表水由经年累月自然的降水和降雪累积而成,并且自然地流到海洋或者是经由蒸发消逝,以及渗流至地下。虽然任何地表水系统的自然水来源仅来自于该集水区的降水,但仍有其他许多因素影响此系统中的总水量多寡。这些因素包括了湖泊、湿地、水库的蓄水量、土壤的渗流性、此集水区中地表径流之特性。人类活动对这些特性有着重大的影响。人类为了增加存水量而兴建水库,为了减少存水量而放光湿地的水分。人类的开垦活动以及兴建沟渠则增加径流的水量与强度。

根据实际资料分析,可以看出地表水资源变化的一些自然特性:

(1) 地表水资源具有大致以年为周期的汛期与枯季交替变化的规律,但各年汛、枯季的历时有长有短,发生时间有早有迟,水量也有大有小,基本上年年不同,从不重复,具有偶然性质。

(2) 地表水资源在年际间变化很大,有些河流丰水年水资源可达平水年的2~3倍,枯水年水资源量只有平水年的0.1~0.2倍。

(3) 地表水资源在多年变化中有丰水年组和枯水年组交替出现的现象。

地表水资源量是指河流、湖泊、冰川等地表水体中由当地降水形成的、可以逐年更新的动态水量,用河川径流量表示。在一个年度内,通过河流出口断面的水量,叫做该断面以上流域的年径流量。它可用年平均流量、年径流深、年径流总量或年径流模数表示。

查明水资源状况需要进行地表水资源数量评价，我国最新一次地表水资源数量评价要求对降水量、蒸发量、地表水资源量等分别进行评价。

5.1.2 主要任务

水资源调查评价目标是全面摸清水资源状况变化，重点把握水资源的情势、变化，梳理水资源短缺、水环境污染、水生态损害等水问题，系统分析水资源演变规律，提出全面、真实、准确、系统的评价成果，为满足现代水资源管理、健全水安全保障体系、促进经济社会可持续发展和生态文明建设奠定基础。地表水资源量分析计算是水资源调查评价的一个重要工作。

地表水资源量分析的主要任务为开展水资源数量评价，摸清地表水资源状况和特点，系统分析地表水资源演变规律，在摸清地表水资源禀赋条件，分析各类要素演变形势、变化规律和影响因素等，预测未来地表水资源量情势，推求多年平均及不同频率（20%、50%、75%和95%）地表水资源量及其时间分配过程。

1. 降水量

(1) 一般要求。根据我国水文资料积累情况，并考虑系列代表性的要求，一般按1956年以来和1980年以来两段同步期系列进行降水量评价，也可结合本地降水量代表性分析，另行增加其他同步期系列。

(2) 单站降水量雨量站选用原则。选用的雨量站布局应尽可能均匀，且资料质量、系列长度和站网密度满足降水量评价要求。在降水量空间变化梯度较大的区域，应尽可能加大选用雨量站的密度。当符合条件的雨量站数量不足时，可选用观测资料系列长度较短的雨量站，对其资料系列进行插补延长处理，经合理性分析后确定采用值。

(3) 单站降水量统计与分析内容。统计全部选用雨量站不同系列多年平均年降水量及年降水量变差系数 C_V 值；分析计算不同频率（$P=20\%$、50%、75%、95%）典型年和多年平均年降水量的月分配；选用降水量资料系列尽可能长的雨量站逐年降水量统计资料，分析计算长系列统计参数（均值、C_V 值、C_S/C_V 值）及不同频率（$P=20\%$、50%、75%、95%）年降水量，通过长短系列特征值和丰枯年数组成的对比分析，评价不同系列年降水量同步期系列的代表性；分析各长系列雨量站年降水量的多年变化规律，包括丰、平、枯周期、连丰连枯状况、年极值比等，并分析其年降水量多年变化特征。

年降水量频率分析规定：经验频率应采用数学期望公式计算，频率曲线采用皮尔逊Ⅲ型。适线时应照顾大部分点据，主要按平、枯水年份的点据趋势定线，对系列中特大、特小值不作处理。

年降水量统计参数分析规定：均值采用算术平均值，适线时不做调整；变差系数 C_V 值采用矩法计算确定，再用适线法进行调整；偏差系数与变差系数的比值（C_S/C_V）一般采用2.0，采用2.0确实拟合不好的地区，可调整 C_S/C_V 值；采用模型优选参数时，也应进行固定倍比适线调整和检验。

(4) 分区降水量。按水资源分区、行政区分别计算年降水量特征值，包括统计参数（均值、C_V 值、C_S/C_V 值）及不同频率（$P=20\%$、50%、75%、95%）的年降水量，分析年降水量的多年变化规律，包括丰、平、枯周期、连丰连枯状况、极值比等；分析降水量空间分布规律和特征。如果有要求，也可以绘制年降水量等值线图和年降水量变差系数C_V值等值线图。

2. 蒸发量

(1) 蒸发能力。蒸发能力是指充分供水条件下的陆面蒸发量，可近似用 E601 型蒸发器观测的水面蒸发量代替。不同型号蒸发器皿的观测值，采用折算系数统一换算为 E601 型蒸发器的蒸发量。折算系数可根据当地或气候条件相似的邻近地区不同型号蒸发器皿与 E601 型蒸发器的对比观测资料求得，并经统一协调、修正后确定。

(2) 单站水面蒸发量。各选用水面蒸发量站观测资料系列应同步。当选用水面蒸发量站的水面蒸发观测资料有缺测时，应进行插补、延长，经合理性分析后确定采用值。选取资料系列尽可能长的水面蒸发量代表站，统计逐月、逐年水面蒸发量以及不同系列多年平均年水面蒸发量；分析计算水面蒸发量的年极值比及变差系数C_V值，综合分析水面蒸发量多年变化特征和年际变化规律。结合其他气象要素（气温、风速、饱和差等）分析水面蒸发量变化原因。

(3) 干旱指数。干旱指数是反映气候干湿程度的指标，用年水面蒸发量与年降水量的比值表示。

3. 地表水资源量

(1) 单站径流量资料分析。凡观测资料符合规范规定，且观测资料系列较长的水文站，包括符合流量测验精度规范的国家基本水文站、专用水文站和委托站，均可作为选用水文站。当选用水文站的河川径流量系列有缺测或系列长度不足时，应进行插补或延长，经合理性分析后确定采用值。

对于控制面积内不存在蓄水、引水、提水及河道分洪或堤防决口的水文站，实测河川径流量即为天然河川径流量；对于控制面积内存在蓄水、引水、提水及分洪或决口的水文站，应对逐月、逐年的实测河川径流量进行还原计算。为了减少还原计算工作量，如果经济社会用水年还原水量小于该年实测河川径流量的 5%，则该年可不作水量还原计算。应在选用水文站还原计算的基础上，对其同步期逐年天然河川径流量进行系列一致性分析。

(2) 单站天然河川径流量统计与分析内容。统计全部选用水文站不同系列多年平均及不同频率 (20%、50%、75% 和 95%) 天然年河川径流量，分析多年平均最大连续 4 个月的天然河川径流量及其发生的月份，分析最大和最小天然年河川径流量及其发生的年份。

选取水文代表站和主要河川径流控制水文站，统计长系列逐月、逐年天然河川径流量，分析天然河川径流量的时空分布特征和年际变化规律。

选用河川径流资料系列尽可能长的水文站逐年河川径流量统计资料，评价不同系列同步观测期的代表性，分析天然河川径流量的时空分布特征和年际变化规律。

(3) 分区地表水资源量。根据水资源分区、行政区内水文站分布情况，可将评价分区进一步划分为若干计算单元，并以大江大河一级支流控制水文站和中等河流控制水文站作为计算单元的骨干站点。当计算单元内河流有水文站控制时，可根据控制水文站的逐年天然河川年径流量，按照面积比或降水量比修正为该计算单元的逐年地表水资源量。当计算单元内河流没有水文站控制时,可利用水文模型或自然地理特征相似地区的降水与径流关系,由降水系列推求径流系列,求得计算单元的逐年地表水资源量;还可通过等值线图法计算各计算单元的逐年地表水资源量,经合理性分析后采用。

若有两个及以上计算单元,则将评价分区内各计算单元的逐年地表水资源量相加,求得评价分区同步系列期间逐年地表水资源量,并计算评价分区多年平均及不同频率地表水资源量。

在地下水开采强度较大的北方平原区,可建立以地下水埋深为参数并考虑前期影响雨量的次降水-径流关系,由各年次降水量推求逐年地表水资源量;也可用水文模型计算。

在南方水网区,可将下垫面划分为水面、水田、旱地(包括非耕地)、城镇等类型区,分时段采用不同方法,根据降水量与水面蒸发量估算产流量。在计算水面产流量时,若某时段内水面蒸发量等于大于降水量时,则该时段作为不产流处理;也可用水文模型计算。

也可采用等值线法、面积比或降水量比修正等方法,提出县级行政区地表水资源量。

分别计算各级水资源分区年地表水资源量特征值,包括统计参数(均值、C_V值、C_S/C_V值)及不同频率($P=20\%、50\%、75\%、95\%$)的年地表水资源量。统计参数和频率计算方法同降水量的统计计算方法。分析各级分区年地表水资源量时空分布规律和特征。

5.1.3 主要方法

根据地表水资源特性、地表水资源形成的原理与地表水资源量分析计算的主要任务,地表水资源量分析计算采用的主要方法有频率分析法、成因分析法、地理综合法、相关分析法、典型放大法、水量平衡法等。

(1) 频率分析法。地表水资源量由河川径流表示,地表水资源量分析计算将径流作为随机事件,一般假定各个时段径流量变化规律服从P-Ⅲ型概率分布律,所以采用频率分析法,根据各个时段径流量样本,确定各个时段径流量的统计参数,对未来各个时段径流量发生的可能性进行"概率预估"。地表水资源量分析计算提供的是对各个时段径流量未来出现可能性(概率)大小的估计,并认为该事件在未来的任何时刻都是可能发生的,而且某种径流量发生的可能性是相同的。

(2) 成因分析法。成因分析方法认为径流量产生存在一种必然性,取决于降雨、蒸发、流域下垫面条件及人类活动的干预,因此可以采用成因途径从形成径流过程的机理研究。通过水文实验与水文观测,研究降雨与径流之间的定量关系,分析影响因素的作用;由不同频率的降雨过程推求相应的径流过程。

(3) 地理综合法。按照径流现象的地带性规律与非地带性的区域差异,通过建立径流特征值与地理因素之间的关系,来揭示径流特征值的区域分布特征。在缺乏径流资料地区,可以利用地理因素,根据径流特征值与地理因素之间的关系推求径流特征值。

(4) 相关分析法。地表水资源量分析计算成果可靠性依赖于径流样本多少,为了增加径流资料的系列长度,提高系列的代表性,当径流样本较少时,需要利用其他资料来插补展延,一般采用相关分析法。

(5) 典型放大法。地表水资源量分析计算需要推求不同频率的径流过程,在一般情况下径流过程的各个时段径流量的频率是互不相等的，而且，过程本身并没有频率的概念，所以任何一场现实径流过程的重现期或频率都是无法定义的。目前只能对某个时段的径流量进行频率计算，求出不同频率的某个时段的径流量，目前，根据不同频率不同时段的径流量推求不同频率的径流过程，一般采用典型放大法。典型放大法是从实测径流资料中选择合适的典型径流过程，采用同频率或者同倍比法进行放大。

（6）水量平衡法。地表水资源量分析计算中某些径流要素未观测，可以根据水量平衡原理进行计算，特别是根据降雨推求径流的模拟计算中，水面产流、水田产流等都是根据水量平衡原理进行计算的。对于受到蓄水、引水、提水及分洪影响的径流资料进行还原计算的时候也需要采用水量平衡法。

5.1.4　主要内容

根据由不同资料条件计算不同频率的地表水水资源量并且确定其时程分配的方法，地表水资源量分析计算主要内容为径流资料充分情况下的分析计算、径流资料不足情况下的分析计算、径流资料缺乏情况下的分析计算。

（1）径流资料充分情况下的分析计算。对径流资料进行可靠性、一致性、代表性审查，对不具备一致性的径流资料进行还原计算；通过年径流量的频率计算得到相应的统计参数，在对年径流频率计算成果进行合理性分析后，根据年径流的统计参数推求不同频率年径流量；选择合适的代表年，用放大法对代表年年径流过程进行放大，得到不同频率年径流的年内分配。

（2）径流资料不足情况下的分析计算。径流资料不足，样本的抽样误差比较大，不能满足频率计算的要求，需要利用参证资料插补延长资料系列。一是以邻站年、月径流量相关展延设计站年、月径流量系列；二是以年降雨径流相关法展延年径流量系列，利用确定性的降雨径流模型插补年、月径流。

（3）径流资料缺乏情况下的分析计算。一是直接移置参证流域径流深、考虑雨量修正移置径流深、移置参证流域的年降雨径流相关图等水文比拟法；二是利用本地多年平均年径流深等值线图、径流量变差系数 C_V 等值线图等水文特征值等值线图查算年径流统计参数；三是用产流模型，根据降雨蒸发计算径流量，一般可按产流特点将下垫面划分为城镇建设用地、水域、水田、旱荒地等类型，分别建立产流模型，计算径流量。

5.2　径流资料充分情况下的分析计算

5.2.1　径流资料的审查与处理

实测径流资料是地表水资源分析计算的依据，它直接影响着计算成果的精度。因此，对于所使用的径流资料必须慎重地进行审查。主要审查实测径流量系列的可靠性、一致性和代表性。

（1）资料可靠性的审查。径流资料是通过测验和整编取得的。因此，可靠性审查应从审查测验方法、测验成果、整编方法和整编成果着手。一般可从以下几个方面进行：

1) 水位资料的审查，检查原始水位资料情况并分析水位过程线形状，从而了解当时观测质量，分析有无不合理的现象。

2) 水位流量关系曲线的审查，检查水位流量关系曲线绘制和延长的方法，并分析历年水位流量关系曲线的变化情况。

3) 水量平衡的审查，根据水量平衡的原理，上、下游站的水量应该平衡，即下游站的径流量应等于上游站径流量加区间径流量。通过水量平衡的检查即可衡量径流资料的精度。

（2）资料一致性的审查。地表水资源分析计算需要应用数理统计法去预估未来的水资源状况，应用数理统计法的前提是要求统计系列具有一致性，即要求组成系列的每个资料具有同一成因。不同成因的资料不得作为一个统计系列。就年径流量系列而言，它的一致性是建立在气候条件和下垫面条件的稳定性上的。当气候条件或下垫面条件有显著的变化时，资料的一致性就遭到破坏。一般认为气候条件的变化极其缓慢，可认为是相对稳定的；但下垫面条件却可由于人类活动而迅速变化。在审查年径流量资料时应该考虑到这一点。如在测流断面上游修建了水库或引水工程，则工程建成后下游水文站实测资料的一致性就遭到破坏，如下垫面由农业区变成城市区，也会使得产汇流条件发生改变，引用该水文站的资料时，必须进行合理的修正。常用水量平衡法、降雨径流相关法进行修正还原。

（3）资料代表性的审查。应用数理统计法进行计算时，计算成果的精度决定于样本对总体的代表性，代表性高，抽样误差就小。因此，资料代表性审查对衡量频率计算成果的精度具有重要意义。

样本对总体代表性的高低可以理解为样本分布参数与总体分布参数的接近程度。由于总体分布参数是未知的，样本分布参数的代表性不能就其本身获得检验，通常只能通过与更长系列的分布参数作比较来衡量。

设某设计站具有 1997—2016 年共 20 年的年径流量（以后称设计变量）系列。为了检验这一系列的代表性，可选择与设计变量有成因联系、具有长系列的参证变量（例如具有 1950—2016 年共 67 年系列的邻近流域的年径流量）来进行比较。首先，计算参证变量长系列（1950—2016 年）的分布参数（主要是均值和离势系数）；然后，计算参证变量 1997—2016 年系列的分布参数。如果两者的分布参数值大致接近，则可认为参证变量短系列（1997—2016 年）具有代表性，从而认为，与参证变量有成因联系的设计变量的 1997—2016 年系列也具有代表性。

显然，应用上述方法，应具有下列两个条件：①设计变量与参证变量的时序变化具有同步性；②参证变量的长系列本身具有较高的代表性。

在实际工作中如选不到恰当的参证变量时，也可通过历史旱涝现象的调查和气候特性的分析，来论证年径流量系列的代表性。

5.2.2 年径流量及年内分配的计算

水资源的开发利用是长期的，要通过成因分析途径确切地预报未来长期的径流过程是不可能的。因此，目前都是用数理统计方法来研究年径流量变化的统计规律。一般假定年径流量是简单的独立随机变量，这样，年径流量系列即可作为随机系列，实测年径流量系列则为年径流量总体的一个随机样本。而未来水资源开发利用期间的年径流量系列也是总体的一部分。因此，可以由以往 n 年实测年径流系列求得的分布函数（频率曲线）推断总体分布定量特性，并作为未来的水资源开发利用期间年径流量的定量分布函数。对于其他时段径流量（如最小 1 月、3 月、枯季径流量），同样可以用数理统计法去研究它的变化规律。实践证明，由以往长期实测径流过程来反映未来水资源开发利用时期的径流变化是合理的，也是必要的。

设计年径流量及年内分配的计算步骤为：①根据审查分析后的长期实测径流量资料，按工程要求确定计算时段，对各种时段径流量进行频率计算，求出指定频率的各种时段的设计径流量值；②在实测径流资料中，按一定的原则选取各种代表年。对灌溉工程只选枯水年为代表年；对水资源配置工程一般选丰水、平水、枯水 3 个代表年；③求设计时段径流量与代表年的时段径流量的比值，对代表年的径流过程按此比值进行缩放，即得设计的年径流过程线。

1. 计算时段的确定

计算时段是按水资源开发利用要求来考虑的。一般按年为计算时段，行政区水资源分析计算可以按日历年进行计算，设计灌溉工程时，一般取灌溉期作为计算时段。设计蓄水工程时，采取枯水期或水利年作为计算时段。水利年可以是丰水期开始到枯水期结束（下一个丰水期开始）。

2. 频率计算

当计算时段确定后，就可根据历年逐月径流资料，统计时段径流量。若计算时段为年，则按水利年度统计年、月径流量。水利年度的起讫时间可能每年不同，一般按多年平均情况，以每年某月 1 日为固定起点。将实测年、月径流量按水利年度排列后，计算每一年度的年平均径流量，并按大小次序排列，即构成年径流量计算系列。若选定的计算时段为 3 个月（或其他时段），则根据历年逐月径流量资料，统计历年最枯 3 个月的水量，不固定起讫时间，可以不受水利年度分界的限制。同时，把历年最枯 3 个月的水量按大小次序排列，即构成计算系列。

《水利水电工程水文计算规范》（SL 278—2002）规定，径流频率计算依据的资料系列应在 30 年以上。

有了年径流量系列或时段径流量系列，即可推求指定频率的设计年径流量或指定频率的设计时段径流量。

配线时要考虑全部经验点据，如点据与曲线拟合不佳时，应侧重考虑中、下部点据，适当照顾上部点据。

年径流频率计算中，C_S/C_V 值按具体配线情况而定，一般可采用 2～3。

5.2.3 年径流成果合理性分析

成果合理性分析主要对径流系列均值、离势系数及偏态系数进行合理性审查，可借助于水量平衡原理和径流的地理分布规律进行。

（1）多年平均年径流量的检查。影响多年平均年径流量的因素是气候因素，而气候因素是具有地理分布规律的，所以多年平均年径流量也具有地理分布规律。将设计站与上下游站和邻近流域的多年平均径流量进行比较，便可判断所得成果是否合理。若发现不合理现象，应检查其原因，作进一步分析论证。

（2）年径流量离势系数的检查。反映径流年际变化程度的年径流量的 C_V 值也具有一定的地理分配规律。我国许多单位对一些流域绘有年径流量 C_V 等值线图，可据以检查年径流量 C_V 值的合理性。但是，这些年径流量 C_V 等值线图，一般是根据大中流域的资料绘制的，对某些具有特殊下垫面条件的小汇水面积年径流量 C_V 值可能并不协调，在分析检查时应进行深入的分析。一般来说，小汇水面积的调蓄能力较小，它的年径流量变化比大流域大些。

（3）年径流量偏态系数的检查。年径流偏态系数 C_S 反映的是年径流量在多年变化中各种大小数值出现机会的对比情况，目前关于 C_S 或 C_S/C_V 值是否真正具有地理分布规律还待进一步研究，对 C_S 的合理性检查尚无公认的适当办法。

5.2.4 年径流量年内分配的确定

不同分配形式的年径流量对水资源开发利用的影响不同。因此，在求得设计年径流量或设计时段径流量之后，还需要根据径流分配特性和水资源调节计算的要求，确定它的分配。

在水资源分析计算中，一般采用缩放代表年径流过程线的方法来确定设计年径流量的年内分配。其方法如下。

1. 代表年的选择

从实测的历年径流过程线中选择代表年径流过程线，可按下列原则进行：

（1）选取年径流量接近于设计年径流量的代表年径流量过程线。

（2）选取对工程较不利的代表年径流分配过程。年径流量接近设计年径流量的实测径流分配过程，可能不止1个。这时，应选取其中较不利的，使水资源规划设计偏于安全。究竟以何者为宜，往往要经过水资源调节计算才能确定。一般来说，对灌溉工程，选取灌溉需水季节径流比较枯的年份，则选取枯水期较长、径流又较枯的年份。

2. 径流量年内分配计算

将设计时段径流量按代表年的月径流过程进行分配，有同倍比和同频率两种方法，分述如下。

（1）同倍比法。常见的有按年水量控制和按供水期水量控制的两种同倍比法。用设计年水量与代表年的年水量比值或用设计的供水期水量与代表年的供水期水量之比值。即

$$K_{年}=\frac{Q_{年,p}}{Q_{年,代}} \tag{5.1}$$

或

$$K_{供}=\frac{Q_{供,p}}{Q_{供,代}} \tag{5.2}$$

对整个代表年的月径流过程进行缩放，即得设计年内分配。

（2）同频率法。同倍比法在计算时段的确定上比较困难，而且当用水流量 q 不同时，计算时段随之而变，代表年的选择也将不同，实际工作中颇为不便。为了克服选定计算时段的困难，避免由于计算时段选取不当而造成误差，在同倍比法的基础上又提出了同频率法。

同频率法的基本思想是使所求的设计年内分配的各个时段径流量都能符合设计频率，可采用各时段不同倍比缩放代表年的逐月径流，以获得同频率的设计年内分配。具体计算步骤如下：

1）根据要求选定几个时段，如最小 1 个月、最小 3 个月、最小 7 个月、1 年等 4 个时段；

2）做各个时段的水量频率曲线，并求得设计频率的各个时段径流量，如最小 1 个月的设计流量 $Q_{1,p}$，最小 3 个月的设计流量 $Q_{3,p}$，…；

3）按选代表年的原则选取代表年，在代表年的逐月径流过程上，统计最小 1 个月的流量 $Q_{1,代}$，连续最小 3 个月的流量 $Q_{3,代}$，…，并要求长时段的水量包含短时段的水量在内，即 $Q_{3,代}$ 应包含 $Q_{1,代}$，$Q_{7,代}$ 应包含 $Q_{3,代}$，如不能包含，则应另选典型。

3. 讨论

（1）同倍比法是按同一倍比缩放代表年的月径流过程，求得的设计年内分配仍保持原代表年分配形状；而同频率法由于分段采用不同倍比缩放，求得的设计年内分配有可能不同于原代表年的分配形状，这时应对设计年内分配作成因分析，探求其分配是否符合一般规律。实际工作中为了使设计年内分配不过多地改变代表年分配形状，计算时段不宜取得过多，一般选取 2~3 个时段。

（2）代表年的选择。设计代表年法常用于水电工程的水利水能计算，而较少用于灌溉工程。这是因为灌溉用水与当年的蒸发量和降水量的多少及其年内分配有关。如用设计代表年法，设计来水过程可按代表年的月径流过程缩放，与该代表年相配合的灌溉用水量如何求？即对蒸发和降水过程要不要缩放，用什么倍比缩放，这些问题较难处理。所以灌溉工程不用设计代表年而采用实际代表年法。

5.3 径流资料不足情况下的分析计算

5.3.1 径流资料展延要求

在水资源分析计算时，往往遇到区域仅有短期实测径流资料的情况。如果仅利用短系列径流资料直接进行分析计算，求得的成果可能具有很大的误差。为了提高计算精度，保证成果的可靠性，必须设法展延年、月径流系列。

（1）参证资料要与设计站的年、月径流资料在成因上有密切联系，这样才能保证相关关系有足够的精度。

（2）参证资料与设计站年、月径流资料有一段相当长的平行观测期，以便建立可靠的相关关系。

（3）参证资料必须具有足够长的实测系列，除用以建立相关关系的同期资料外，还要有用来展延设计站缺测年份的年、月径流资料。

在实际工作中，通常利用径流量或降雨量作为参证资料来展延设计站的年、月径流量系列，有条件时，也可用本站的水位资料，通过已建立的水位流量关系来展延年、月径流。下面介绍利用径流资料和降雨资料展延系列的方法。

5.3.2 利用径流资料展延系列

1. 以邻站年径流量相关展延设计站年径流量系列

当设计站实测年径流量资料不足时，往往利用上下游、干支流或邻近流域测站的长系列实测年径流量资料来展延系列。其依据是：影响年径流量的主要因素是降雨和蒸发，它们在地区上具有同期性，因而各站年径流量之间也具有相同的变化趋势，可以建立相关关系。例如信江梅港站与弋阳站的年径流量之间就有很好的相关关系，相关系数达 0.99，如图 5.1 所示。

2. 以月径流量相关展延月径流量系列

由于影响月径流量相关的因素较年径流量相关的因素要复杂，因此月径流量之间相关关系不如年径流量相关关系好。图 5.1 中月径流量相关点据较年径流量相关点据离散，因此用月径流量相关来插补展延径流量时，一般精度较低。

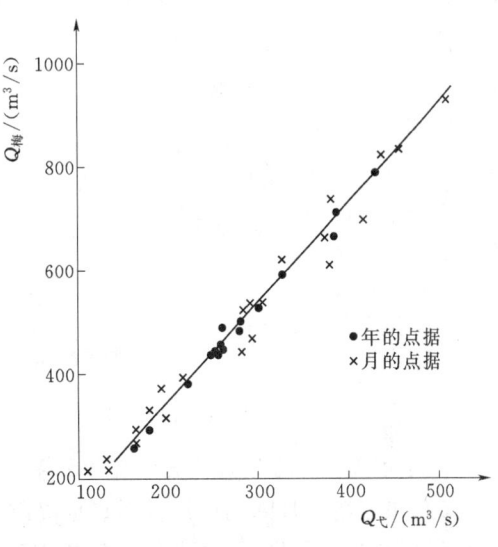

图 5.1　梅港站与弋阳站年、月径流相关图

5.3.3 利用降雨资料展延系列

1. 以年降雨径流相关法展延年径流量系列

以年为时段的闭合流域水量平衡方程为

$$y_{年} = x_{年} - z_{年} + \Delta u_{年} \tag{5.3}$$

在湿润地区，由于年径流系数较大，$z_{年}$、$\Delta u_{年}$ 两项各年的变幅较小，所以 $y_{年}$ 和 $x_{年}$ 间往往存在较好的相关关系，这种情况在中小河流的水资源计算中经常遇到，如图 5.2 所示。另外，在来水、用水调节计算时也需要插补展延月径流量。因此，除了建立年降雨径流相关关系外，有时还需要建立月降雨径流相关关系，但两者关系一般不太密切，如图 5.3 所示，有时点据甚至离散到无法定相关线的程度。

点据离散的原因可根据以月为时段的闭合流域水量平衡方程式来分析。

$$y_{月} = x_{月} - z_{月} + \Delta u_{月} \tag{5.4}$$

由于式中 $\Delta u_{月}$ 一项的作用增大，当不同月份的前期降雨量（反映 $\Delta u_{月}$）不同时，则相同的月降雨量可能产生差别较大的月径流量。另外按日历时间机械地划分月降雨和月径流，有时月末的降雨量所产生的径流量可能在下月初流出，造成月降雨与月径流不相应的情况。修正时，可将月末降雨量的全部或部分计入下个月降雨量；或者将在下月初流出的径流量计入上月径流量中，使其与降雨量相应。这样月降雨径流关系中的部分点据可以更集中一些。

枯水期降雨量少，其月径流量主要来自流域蓄水（即 Δu 项），几乎与当月降雨无关，所以月降雨径流关系一般是不好的，甚至无法定线。

第 5 章 地表水资源量分析计算

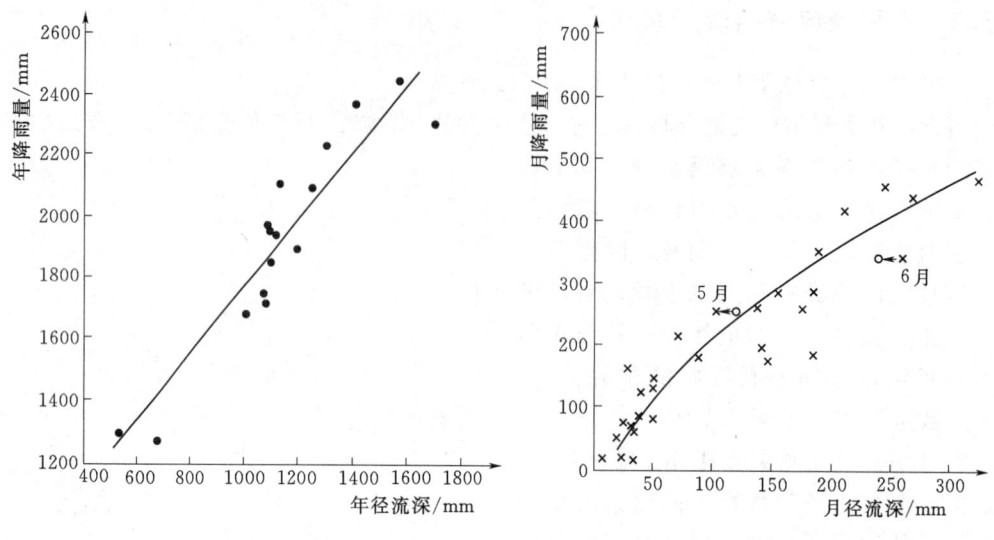

图 5.2　年降雨径流相关图

图 5.3　月降雨径流相关图

2. 利用确定性的降雨径流模型插补年、月径流

我们知道造成月降雨径流关系点据离散的原因在于没有考虑流域蒸发和降雨月内分配对径流的影响。可以应用降雨径流模型计算径流深。

5.3.4　相关展延系列时必须注意的问题

相关展延时必须注意下列几个问题。

1. 平行观测项数的多寡问题

假如平行观测项数过少，或观测时期气候条件反常，或其中个别年份有特殊的偏高，其相关结果将歪曲两变量间本来的关系。利用这种不能反映真实情况的相关关系来展延系列，势必带来系统误差。显然，平行观测项数越多，则其相关关系越可靠。因此，用相关法展延系列时，要求设计变量与参证变量平行观测项数不得过少，一般应在 15～20 项以上。

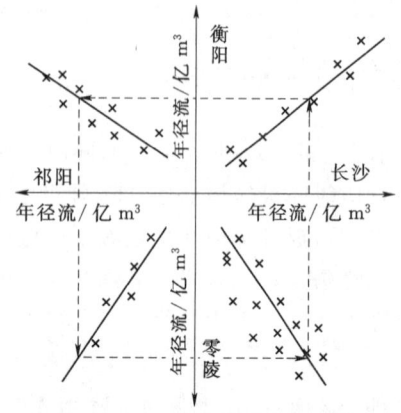

图 5.4　年径流量合轴相关图

2. 辗转相关问题

如果一条河流或不同的河流仅有一个测站的资料年限较长，上、下游几个站均需借助这一测站的资料进行插补延长，有时迫不得已需用辗转相关。对于这种辗转插补延长的方法必须注意成果的精度。如图 5.4 所示，从长沙插补衡阳，衡阳插补祁阳，祁阳插补零陵，其各关系尚且密切。但若以长沙直接与零陵相关，则关系就不甚密切了，如图 5.4 第 4 象限所示。实际上，由长沙辗转插补零陵，是将两个系列数值的差异分散在各个中间关系中，表面上似乎第 1、第 2、第 3 象限的相关点据都很密切，但长沙和零陵的直接关系并不算好，对于零陵插补成果的精度是较差的。辗转相关常隐匿了实际上积累的巨大误差，给人虚假现象，最终成为假相关。因此，最好不用辗转相关展延系列。若实在要用时，必须十分慎重，对于展延的成果应作合理性的分析，以凭取舍。有学者证明辗转相关插补延长的精度将更低于直接相关插补延长的精度。

3. 假相关问题

为了说明假相关的概念，先看图5.5～图5.7。图5.5显示变量x和y之间的相关，在每一组中都是非常微弱的（接近于零），但是将两组资料组合在一起，相关系数却变得很高。这是一种假相关。图5.6显示，变量x和y无相关存在，但如该两变量除以第三变量z后，则$\frac{x}{z}$和$\frac{y}{z}$便显示出某种关系，如图5.7所示。该图似乎表示，在估计y时，x能提供一定的信息，而事实上两者是无关系的，所以图5.7所显示的关系又是一种假相关。在建立相关关系时，当应用无因次量、标准化量，或含有相同变量时，最容易出现这样一种假相关。例如，用径流模数与流域面积相关就会造成假相关。因此，为了避免假相关，应直接就原始变量之间寻求关系。

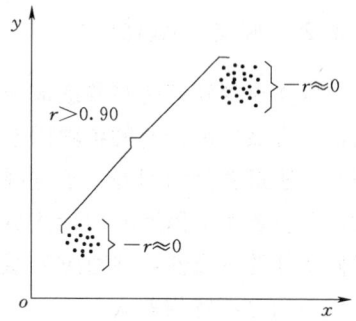

图 5.5 资料成群形成的假相关

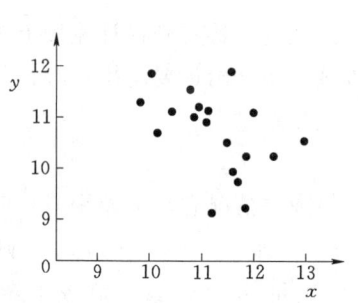

图 5.6 两变量无关系存在

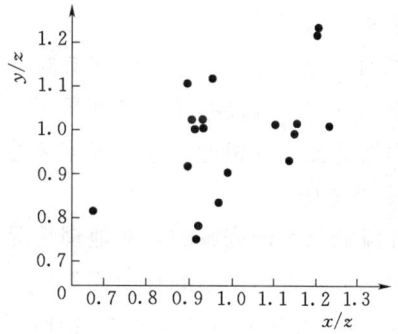

图 5.7 引入第三变量后形成的假相关

4. 外延幅度问题

一般而言，利用实测资料建立的相关关系，只能反映在实测资料范围内的定量关系。若超出该范围插补展延资料，其误差将随外延的幅度加大而加大。因此，在实际应用相关线时，外延一般不宜超出实测资料范围以外太远。例如，对于年径流量不宜展延超过于50%。

相关线反映的是平均情况下的定量关系。由相关线而得的插补值是最可能值，是平均值。而实际值则可大可小。对于展延后的系列，变化幅度将较实际情况为小。这使整个系列计算的变差系数偏小，最终影响成果的精度。因此，插补的项数以不超过实测值的项数为宜，最好不超过后者的一半。

5.4 径流资料缺乏情况下的分析计算

5.4.1 径流资料缺乏情况下的处理方法

在进行政区水资源分析计算时，经常遇到缺乏实测径流资料的情况。或者虽有短期实测径流资料但无法展延。在这种情况下，设计年径流量及年内分配只有通过间接途径来推求。目前常用的方法是水文比拟法、参数等值线法和水文模型法。

5.4.2 水文比拟法

水文比拟法就是将参证流域的水文资料移置到设计流域上来的一种方法。这种移置是以设计流域影响径流的各项因素，与参证流域影响径流的各项因素相似为前提。因此，使用本方法最关键的问题在于选择恰当的参证流域。参证流域应具有较长的实测径流资料系列，其主要影响因素与设计流域相近，可通过历史上旱涝灾情调查和气候成因分析，说明气候条件的一致性，并通过流域查勘及有关地理、地质资料，论证下垫面情况的相似性，流域面积也不宜相差太大。

要计算某频率的年、月径流过程。可将计算好的参证流域的年、月径流资料用水文比拟法移置到设计流域上来。具体移置时，有下列几种情况。

1. 直接移置径流深

最简单的情况是直接把参证流域某频率的年、月径流深移置到设计流域上来作为该流域的设计来水过程。直接移置的条件是：①两个流域的年降雨量要基本相等；②两个流域的自然地理情况要十分相近；③两个流域的面积不能相差过大。

2. 考虑雨量修正

当设计流域与参证流域的自然地理情况相近，但降雨情况有较大差别时，就不能直接移置径流深，可假定两流域的径流系数 $\alpha_{参}$ 与 $\alpha_{设}$ 相等，即 $y_{设}/x_{设}=y_{参}/x_{参}$，则可通过雨量修正求得 $y_{设}$。方法是用某频率的设计流域的年降雨量 $x_{年,设}$ 与参证流域年降雨量 $x_{年,参}$ 的比值乘以参证站的年径流深 $y_{年,参}$ 来求得设计流域的年径流深 $y_{年,设}$。即

$$y_{年,设}=\frac{x_{年,设}}{x_{年,参}}y_{年,参} \tag{5.5}$$

有了设计流域的年径流深 $y_{年,设}$，可根据参证流域该干旱年的月径流分配，得出设计流域逐月径流深 $y_{月,设}$，即可用下列公式计算

$$y_{月,设}=\frac{y_{年,设}}{y_{年,参}}y_{月,参} \tag{5.6}$$

如设计流域缺乏某频率的年降雨资料，则可根据有关手册上提供的多年平均年降雨量等值线图，查得设计流域中心处和参证流域中心处的多年平均年降雨量值 $\overline{x}_{年,设}$ 和 $\overline{x}_{年,参}$，然后用下式计算设计流域的年径流深 $y_{年,设}$

$$y_{年,设}=\frac{\overline{x}_{年,设}}{\overline{x}_{年,参}}y_{年,参} \tag{5.7}$$

3. 移置参证流域的年降雨径流相关图

首先根据参证流域的降雨和径流资料作出年降雨径流相关图，并移置到设计流域。再由设计流域某频率年的降雨量查图得设计流域的年径流深。其逐月径流过程可根据参证流域的月径流分配过程按年径流量同倍比缩放求得。这样做不是简单移用干旱年径流系数，而是移用参证流域多年的降雨径流关系，消除个别资料的偶然因素影响，可望得到较上述两法更为符合实际的成果。

以上所述是推求某频率年径流量及其年内分配。当采用长系列操作法进行调节计算时，需要提供历年逐月流量资料，同样可用上述的水文比拟法来推求。

5.4.3　参数等值线图法

水文特征值主要指年径流量、时段径流量（包括流量如洪峰流量或最小流量）、年降水量（时段降水量、最大 1 日、3 日降水量）等。水文特征值的统计参数主要是均值、C_V。其中某些水文特征值的参数在地区上有渐变规律，可以绘制参数等值线图。参数等值线图的作用：①对某一水文特征值的频率计算成果进行合理性分析时，方法之一是统计参数在地区上的对比分析，而参数等值线图就是分析的工具，例如单站求得的年径流均值（以多年平均年径流深 y 表示）点在图上，如发现与等值线图不一致，就要对单站的计算成果进行深入分析、检查，找出其原因所在，作必要的说明或修正；②区域水资源分析计算无实测水文资料时，可以直接利用参数等值线图进行地理插值，求得设计区域的统计参数（$\bar{y}$、C_V），进而求得指定频率下的设计值，这样能使等值线图法就成为解决无资料条件下水资源计算的有力工具。

1. 绘制水文特征值等值线图的依据和条件

水文特征值受到众多因素的影响，但可归结为气候因素和下垫面因素两大类。气候因素主要指降水、蒸发、气温等，在地区上具有渐变规律，是地理坐标的函数，一般称气候因素为分区性因素。下垫面因素主要指土壤、植被、流域面积、河道坡度、河床下切深度等，在地区上的变化是不连续的、突变的，称之为非分区性因素。

水文特征值受到上述两方面因素的影响。当影响水文特征值的因素主要是分区性因素（气候因素）时，则该水文特征值随地理坐标不同而发生连续变化，利用这种特性就可以在地图上作出它的等值线图。反之，有些水文特征值（如极小流量，固体径流量……等）主要受非分区性因素（如土壤植被、河道坡度、河床下切深度等）影响，由于其值不随地理坐标而连续变化，就无法绘制等值线图。对某些水文特征值同时受分区性因素和非分区性因素的影响，若能把两部分因素的作用区分开来，把其中分区性因素部分用等值线表示，非分区性因素部分则根据当地具体条件来确定。

2. 多年平均年径流深等值线图的绘制和使用

（1）绘制多年平均年径流深 $\bar{y}$ 等值线图。水文特征值的等值线（地）图是表示水文特征值的地理分布规律的。当影响某一水文特征值的因素主要是分区性因素（如气候因素）时，则该特征值就随地理坐标的不同而发生连续均匀的变化，利用这种特性就可以在地图上作出它的等值线图。反之，如影响特征值的因素主要是非分区性因素时（如下垫面因素：流域面积、河槽下切深度、湖泊、沼泽等），则特征值就不随地理而连续变化，自然也无法作出等值线图了。对于同时受到分区性和非分区两种因素影响的特征值，如果设法消除非分区性因素的影响，则能提高等值图的精度。

影响闭合流域多年平均年径流量的主要因素是气候因素：降水与蒸发。由于降水量和蒸发量具有地理分布规律，因此，可以绘制多年平均年径流量等值线图，并用它来推求缺乏实测径流资料地区的多年平均年径流量。

由于流域面积是非分区性因素，为了消除这项因素对多年平均年径流量等值线图的影响，总是用径流深来绘制等值线图。

对属于一点的水文特征值（如降水量、蒸发量等），可在地图上把各观测点的特征值算出，然后把相同数值的各点连成等值线，即可构成该特征值的等值线图。但是对于径流量来说情况就有所不同了。任一测流断面处，以径流深度表示的径流量不是测流断面处的数值，而是流域平均值。所以在绘制多年平均年径流量等值线图时，不应点绘在测流断面处。当多年平均年径流量在流域上缓和变化时，例如大致呈线性变化，则流域面积形心处的数值与流域平均值十分接近。在实际工作中，一般将多年平均年径流量值点绘在流域面积形心处。但在山区，一般情况下，径流量有随高程增加而增加的趋势，所以多年平均年径流量值点绘在流域的平均高程处更为恰当。

按上述原则，将各中等流域的多年平均年径流深标记在各该流域的形心（或平均高程）处，并考虑到各种自然地理因素（特别气候、地形的特点）勾绘等值线图，最后加以校核调整，构成适当比例尺的图形。

（2）用等值线图推求多年平均年径流深。用等值线图推求无实测径流资料流域的多年平均年径流深时，须首先在图上描出设计断面以上流域范围；其次定出该流域的形心。当流域面积较小，流域内等值线分布均匀的情况下，流域的多年平均年径流深可以由通过流域形心的等值线直接确定，或者根据形心附近的两条等值线按比例内插求得。如流域面积较大，或等值线分布不均匀时，则必须用加权平均法推求。

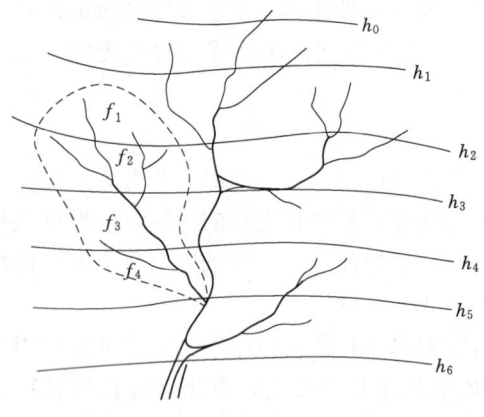

图 5.8 用等值线图推求多年平均年径流量示意图

如图 5.8 所示，流域的多年平均径流深可由下式求得

$$h=\frac{0.5(h_1+h_2)f_1+0.5(h_2+h_3)f_2+0.5(h_3+h_4)f_3+0.5(h_4+h_5)f_4}{F} \tag{5.8}$$

式中　　　　h——设计站的多年平均年径流深，mm；

　　　　　　F——全流域面积，km²；

f_1、f_2、f_3、f_4——两相邻等值线间的部分流域面积，km²；

h_1、h_2、h_3、h_4——等值线所代表的多年平均年径流深，mm。

用等值线图推求多年平均年径流深的方法，一般只用于中等流域。对于小汇水面积来说，由于非分区性因素（如河槽下切深度、地下水埋藏深度等）的影响，多年平均年径流深的地理分布规律是不明显的。因此严格说来，不能用等值线图来推求小汇水面积的多年平均径流深。当必须对小汇水面积使用等值线时，应该考虑到小汇水面积不能全部截获地下水，它的多年平均年径流深比同一地区中等流域的数值为小，也就是说应加适当的改正。

山区流域径流资料一般较少，径流在地区上的变化又较剧烈，因此，山区流域多年平均年径流深等值线图的绘制和使用较之平原地区更须慎重从事。

3. 径流量变差系数 C_V 等值线图

影响年径流量变化的因素主要是气候因素，因此，年径流量 C_V 值具有地理分布规律，可以应用年径流量 C_V 值等值线图，来估算缺乏实测径流资料的流域的年径流量 C_V。年径流量 C_V 值等值线图的绘制和使用方法，都与多年均年径流量等值线图相似。但应注意，年径流量 C_V 值等值线图的精度一般较低，特别是用于小汇水面积时误差可能较大（一般 C_V 读数偏小）。

4. 设计年径流量及其年内分配计算

由等值线图可查得无资料流域的年径流统计参数 $\overline{y}$、C_V，至于偏态系数 C_S 值一般通过 C_S 与 C_V 的比值定出。根据水文比拟法可直接移用参证流域 C_S 与 C_V 的比值，或查水文手册上分区给出的 C_S 与 C_V 的比值。在多数情况下，常采用 $C_S=2C_V$。

求得上述 3 个统计参数后，可由已知的设计频率查 P-Ⅲ 型 K_ϕ 表，求得丰、平、枯 3 个设计年径流量。

当设计流域缺乏实测径流资料时，广泛使用水文比拟法来推求设计年径流量的年内分配，即直接移用参证流域各种代表年的月径流量分配比，乘以设计年径流量即得设计年径流量的年内分配。各省（自治区）水文手册配合参数等值线图，都按气候及地理条件作了分区，并给出各分区的丰、平、枯典型分配过程以备查用。

5.4.4 水文模型法

在进行水资源分析计算时，许多行政地区没有完整的长系列径流资料，即使有径流资料，但是其一致性也往往存在问题，而雨量蒸发资料一般系列比较长，并且有逐日资料，可以根据下垫面情况，采用水文模型计算径流量。下垫面条件的改变会引起地表水资源量大小的变化，针对一些河道纵横交错，水文站控制性能差，地区径流资料不足的实际情况，可以按产流特点将下垫面划分为城镇建设用地、水域、水田、旱荒地等类型，分别建立产流模型，以日为计算时段进行地表水资源量的模拟计算，对城镇建设用地、水域、水田产流模型中的计算参数以实验资料成果或以经验值代替，对旱荒地产流模型选择水文部门率定的降雨径流关系。

1. 水面产流

$$R_水 = P - \alpha_1 \alpha_4 E_{601} \tag{5.9}$$

式中　$R_水$——水面产水量，逐日计算，mm；

　　　α_1——水面蒸发折算系数；

　　　α_4——水面面积折算系数；

　　　P——日降水量，mm；

E_{601}——E_{601}蒸发器日蒸发量,mm。

水面产流计算中水面蒸发折算系数 α_1 为大水面与 E_{601} 蒸发器蒸发量之间的折算系数。考虑近期没有这方面的实验资料,及该折算系数除了受蒸发器的影响外,基本不受其他外在因素的影响,可以根据实测资料分析得到,也可以查各地水文手册,表5.1为《江苏省水文手册》中的水面蒸发折算系数。水面面积折算系数 α_4 是考虑水面蒸发仅发生在水面,而降雨是发生在整个水域,α_4 为水面面积占水域面积的比例。

表 5.1 水面蒸发折算系数表

月份	1	2	3	4	5	6	7	8	9	10	11	12
折算系数	1.05	0.92	0.90	0.88	0.92	0.94	0.94	0.98	1.06	1.04	1.12	1.12

注 折算系数 $\alpha_1 = \dfrac{\text{大水面蒸发量}}{E_{601}\text{蒸发器蒸发量}}$。

2. 城镇建设用地产流

城镇建设用地基本可以认为是不透水面,其产流量的大小除了受降雨多少的影响外,主要受降雨初期下垫面造成的降雨损失量的制约。假定初损值为 I_0,根据20世纪90年代初全国四大城市水资源精测与评价中在水泥屋顶及柏油马路上的实验成果,即每场降雨的初损值一般为 2.4~2.6mm,如果计算城镇建设用地中除了柏油或水泥马路、屋顶等纯不透水下垫面外,还有城市绿岛、人行道等透水、半透水的下垫面,I_0 可以适当取的大一点,比如,扬州市水资源综合规划中 I_0 取 5mm。具体计算时日降雨量小于等于 I_0 时均不产流,连续日雨量超过 I_0 时按场次降雨计算,每场降雨仅扣 I_0 初损值,其余雨量均作产流。

3. 水田产流

水田产流是以水田不同生长期的水稻水深下限($h_{\min}$)、水稻适宜水深(h_0)、水稻雨后最大允许水深($h_{\max}$)为控制,按照水量平衡原理通过水量调节计算来确定的。在现有灌溉制度情况下,以现有水田水深为基础,用降雨减去水田蒸发量($\alpha_1\alpha_2 E_{601}$)及下渗量(F),为负时,消耗水田中水量,若水田水深(h)低于水稻水深下限时,则灌溉使水田水深达到水田适宜水深;为正时,水田水深增加,当水田水深超过水稻雨后最大允许水深时的雨量为水田产流量。

$$h_2 = h_1 + P - \alpha_1\alpha_2 E_{601} - F + h_i - R \tag{5.10}$$

式中　　R——水田产水量,mm;
　　　　α_1、P、E_{601}——符号意义同水面产流;
　　　　　　　α_2——水田蒸发折算系数,与作物不同时期的需水量有关;
　　　　　　　h_i——水田灌溉水量,以深度计,mm。

水田蒸发折算系数 α_2 依可以据实验资料分析成果确定,也可以作为模型参数进行率定。试算确定作物不同生长阶段的水田蒸发折算系数取值,表5.2为某地水稻田不同生长期蒸发折算系数取值表。水稻生长期通过调查、调研得到,不同地区、不同作物品种水稻生长期不同。

表 5.2　　　　　　　　水稻田不同生长期蒸发折算系数取值表

生长阶段	返青	分蘖		拔节孕穗	抽穗	成熟
		初中期	后期			
起讫日期/（月.日）	5.1—6.10	6.11—6.24	6.25—7.2	6.3—8.16	8.17—8.28	8.29—9.30
折算系数	1.35	1.35	1.35	1.45	1.45	1.4

水稻不同生长期的水田水深下限（h_{min}）、适宜水深（h_0）、雨后最大允许水深（h_{max}）需要调查确定，与灌溉方式有关，表 5.3 为某地浅湿灌溉条件下水稻田不同生长期的控制水深取用参数。

表 5.3　　　　　　　　水稻田不同生长期控制水深参数取值表

项　目		返青	分蘖		拔节孕穗	抽穗	成熟
			初中期	后期			
起讫日期/（月.日）		5.1—6.10	6.11—6.24	6.25—7.2	6.3—8.16	8.17—8.28	8.29—9.30
天数/d		10	14	8	45	12	33
浅湿灌溉取值/mm	适宜水深	40	40	20	30	20	10
	水深下限	20	20	0	10	80（%）	80（%）
	雨后最大水深	60	60	50	60	50	20

水田的稳渗率根据土壤特性不同取不同值，一般为 1～3mm/d。

4. 旱荒地产流

旱荒地产流方案可以根据水文站实测资料分析得到，也可以参考水文手册提供的次降雨径流关系。江苏省对不同下垫面条件，选用合适水文站点的降雨径流资料，采用次降雨径流相关法，用土壤前期影响雨量 P_a 作参数，建立了次降雨 $P+P_a-R$ 的相关关系，相关曲线采用不通过原点的双曲线数学模型。

$$R=\sqrt[3]{(P+P_a-C_p)^3+C_i^3}-C_i \tag{5.11}$$

曲线上方以 45°线为渐近线。

式中　C_p——相关曲线在 $P+P_a$ 轴上交点的坐标；

C_i——相关线的渐近线在 $P+P_a$ 轴上的截距，mm；

P——面平均次雨量，mm；

P_a——前期雨量，mm；

R——径流深，mm。

计算 P_a 用　　　　　　　　$P_{a(t+1)}=K[P_{a(t)}+P_{(t)}]$

当 $P_a>$流域最大初损 I_{max} 时，取 $P_a=I_{max}$。

以实测资料建立率定降雨径流关系站（片）地区的场次降雨径流关系后，再用多年实测逐日降雨量计算出的年径流量拟合天然径流量，复核、修正场次降雨径流关系，建立该站（片）的降雨径流关系模型，并移用到邻近自然地理属性、土壤、植被基本一致的无资料地区；对无法移用资料的地区，则基本上仍沿用第一次水资源调查评价时的降雨径流关系，只是用该地区近期逐日降雨计算年径流量拟合第一次该地区年降雨径流关系，建立该地区的降雨径流关系模型，并移用到相似地区。

本 章 小 结

地表水资源量分析计算结果可以表达为不同频率的地表径流量及其年内分配过程，根据径流资料的状况，采用的计算方法有所不同。根据长期径流实测资料，在进行资料可靠性、一致性、代表性分析的基础上，通过频率计算，得到年径流系列的统计参数，在论证成果合理性以后，根据统计参数可以得到不同频率的年径流量，对代表年年径流过程进行放大，可以得到不同频率的年径流过程；如果实测径流资料系列短，不能满足频率计算要求，可以利用其他径流资料展延设计站年径流量系列，也可以利用降雨资料展延设计站年径流量系列，通过展延得到长系列径流资料以后，采用前面的方法可以推求不同频率的年径流过程；缺乏实测径流资料时，可以采用水文比拟法、参数等值线图法等间接方法推求年径流的统计参数，进一步推求不同频率的年径流过程；还可以根据长系列降雨资料，通过水文模型计算得到长系列径流，然后进一步推求不同频率的年径流过程。对于有控制性水文站的流域的地表水资源量分析计算可以采用利用实测径流资料，通过频率计算等方法，确定同频率的地表径流量及其年内分配过程；对于没有水文站或者水文站控制范围较小的行政区的地表水资源量分析计算可以水文比拟法、参数等值线图法、水文模型法，确定同频率的地表径流量及其年内分配过程。如果行政区较大或者跨水资源分区的时候，需要分单元进行地表水资源量分析计算。

思 考 与 练 习

5.1 何谓年径流？它的表示方法和度量单位是什么？

5.2 某流域下游有一个较大的湖泊与河流连通，后经人工围垦湖面缩小很多。试定性地分析围垦措施对正常年径流量、径流年际变化和年内变化有何影响？

5.3 人类活动对年径流有哪些方面的影响？其中间接影响如修建水利工程等措施的实质是什么？如何影响年径流及其变化？

5.4 何谓保证率？若某水库在运行100年中有85年保证了供水要求，其保证率为多少？破坏率又为多少？

5.5 日历年度、水文年度、水利年度的含义各如何？

5.6 简述年径流年内、年际变化的主要特性。

5.7 水文资料的"三性"审查指的是什么？如何审查资料的代表性？

5.8 如何分析判断年径流系列代表性的好坏？怎样提高系列的代表性？

5.9 某流域的集水面积为 $600 km^2$，其多年平均径流总量为5亿 m^3，试问其多年平均流量、多年平均径流深、多年平均径流模数为多少？

5.10 某河某站有24年实测径流资料，经频率计算已求得理论频率曲线为P-Ⅲ型，年径流深均值 $\overline{R}=667mm$，$C_V=0.32$，$C_S=2.0C_V$，试求10年一遇枯水年和10年一遇丰水年的年径流深各为多少？

5.11 某水库有24年实测径流资料，经频率计算已求得频率曲线为P-Ⅲ型，统计参数为：多年平均径流深 $\overline{R}=711.0$ mm，$C_v=0.30$，$C_s=2C_v$，试推求该水库10年一遇丰水年的年径流深？

5.12 设有甲乙2个水文站，设计断面位于甲站附近，但只有1971—1980年实测径流资料。其下游的乙站却有1961—1980年实测径流资料，见表1。两站10年同步年径流观测资料对应关系较好，试将甲站1961—1970年缺测的年径流插补出来？

表1　　　　　　　　　某河流甲乙两站年径流资料　　　　　　单位：m³/s

年份	1961	1962	1963	1964	1965	1966	1967	1968	1969	1970
乙站	1400	1050	1370	1360	1710	1440	1640	1520	1810	1410
甲站										
年份	1971	1972	1973	1974	1975	1976	1977	1978	1979	1980
乙站	1430	1560	1440	1730	1630	1440	1480	1420	1350	1630
甲站	1230	1350	1160	1450	1510	1200	1240	1150	1000	1450

5.13 某水库设计保证率 $P=80\%$，设计年径流量 $Q_P=8.76$ m³/s，从坝址18年径流资料中选取接近设计年径流量、且分配较为不利的1953—1954年作设计代表年（典型年），其分配过程列于表2，试求设计年径流量的年内分配？

表2　　　　　　　　某水库1953—1954年（典型年）年径流过程

月份	5	6	7	8	9	10	11	12	1	2	3	4	年平均
Q/(m³/s)	6.00	5.28	32.9	26.3	5.84	3.55	4.45	3.27	3.75	4.72	5.45	4.18	8.81

5.14 某设计流域如图1虚线所示，其出口断面为 B 点，流域重心为 C 点，试用年径流深均值等值线图确定该流域的多年平均径流深？

5.15 某流域多年平均年径流深等值线图如图2所示：

（1）用加权平均法求流域的多年平均径流深，其中部分面积值见表3。

（2）用内插法查得流域重心附近的年径流深代表全流域的多年平均径流深。

（3）试比较上述两种成果，哪一种比较合理？理由何在？在什么情况下，两种成果才比较接近？

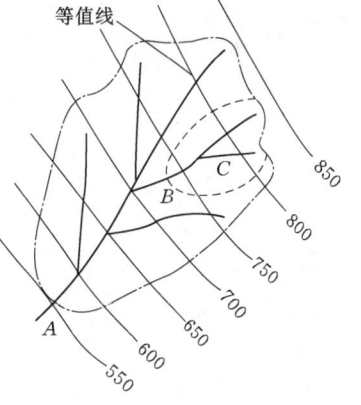

图1　年径流等值线图

表3　　　　　　　径流深等值线间部分面积表

部分面积编号	1	2	3	4	5	6	7	8	9
部分面积/km²	100	1320	3240	1600	600	1840	2680	1400	680

5.16 已知 $P=75\%$ 的设计年径流量 $W_{年P}=92.6$(m³/s)·月，最小3个月的设计径

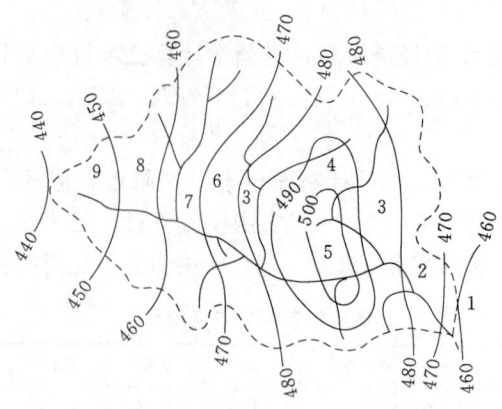

图 2 某流域多年平均年径流深
等值线图（单位：mm）

流量 $W_{3p}=12.6(\mathrm{m}^3/\mathrm{s})\cdot$ 月，最小 5 个月的设计径流量 $W_{5p}=21.4(\mathrm{m}^3/\mathrm{s})\cdot$ 月，代表年的年内分配见表 4，试用同频率放大法推求设计年径流量的年内分配。

表 4　　　　　　　代表年年径流量年内分配表　　　　　单位：$(\mathrm{m}^3/\mathrm{s})\cdot$ 月

月份	3	4	5	6	7	8	9	10	11	12	1	2	全年
径流量	9.91	12.5	12.9	34.6	6.90	5.55	2.00	3.27	1.62	1.40	0.99	3.06	94.7

第6章 地下水资源量分析计算

6.1 概 述

6.1.1 基本概念

地下水资源量分析计算是研究与评价地下水资源的重要内容。地下水资源量的正确确定，直接关系到地下水资源的评价、规划与管理工作的可靠性。在各种自然因素与人类活动的影响下，地下水资源量的时空分布十分复杂，并显示有多种变化特征，增加了地下水资源量计算的困难；地下水资源的不同分类，也使计算内容多样化。

地下水是指赋存于地面以下饱水带岩土空隙中的重力水。水文地质学中，按含水层空隙的类型，将地下水分为孔隙水、裂隙水、岩溶水，按地下水的埋藏条件把重力地下水分为潜水与承压水两类。

孔隙水指疏松岩石孔隙中的水，孔隙水是储存于第四系松散沉积物及第三系少数胶结不良的沉积物的孔隙中的地下水，沉积物形成时期的沉积环境对于沉积物的特征影响很大，使其空间几何形态、物质成分、粒度以及分选程度等均具有不同的特点。裂隙水指赋存于坚硬、半坚硬基岩裂隙中的重力水，裂隙水的埋藏和分布具有不均一性和一定的方向性，含水层的形态多种多样，明显受地质构造的因素的控制，水动力条件比较复杂。岩溶水指赋存于岩溶空隙中的水，水量丰富而分布不均一，在不均一之中又有相对均一的地段，含水系统中多重含水介质并存；既具有统一水位面的含水网络，又具有相对孤立的管道流；既有向排泄区的运动，又有导水通道与蓄水网络之间的互相补排运动；水质水量动态受岩溶发育程度的控制，在强烈发育区，动态变化大，对大气降水或地表水的补给响应快；岩溶水既是赋存于溶孔、溶隙、溶洞中的水，又是改造其赋存环境的动力，不断促进含水空间的演化。

潜水指埋藏在地表以下、第一个稳定隔水层以上、具有自由水面的重力水。潜水在自然界中分布很广，一般埋藏在第四纪松散沉积物的孔隙及坚硬基岩风化壳的裂隙、溶洞内。承压水指埋藏并充满两个稳定隔水层之间的含水层中的重力水。承压水受静水压；补给区与分布区不一致；动态变化不显著；承压水不具有潜水那样的自由水面，所以它的运动方式不是在重力作用下的自由流动，而是在静水压力的作用下，以水交替的形式进行运动。

也有按地下水埋藏条件不同，将地下水分为上层滞水、潜水、承压水。上层滞水指埋藏在离地表不深、包气带中局部隔水层之上的重力水。一般分布不广，呈季节性变化，雨季出现，干旱季节消失，其动态变化与气候、水文因素的变化密切相关。上层滞水许多特性与潜水类似，可以作为其一个特例。

我国 20 世纪 70 年代大规模开采地下水以来，多数机井不是分层取水，因而机井构成了不同类型地下水的通道。在目前水资源管理的实际工作中，根据不同的开采深度与混合水的主要特征，将地下水分为浅层水与深层水。浅层水是指开采深度在 40~60m 以内，潜水与第一层微承压水的混合水；深层水（也有把深层水再分为深层水和中深层水两类）是指开采深度在 60m 以下，通常为几层承压水的混合水。

通常计算的地下水资源量是指与当地降水和地表水体有直接水力联系、参与水循环且可以逐年更新的、矿化度 $M\leqslant 2g/L$ 动态水量，即浅层地下水资源量。

地下水评价中需要进行地下水资源分区，地下水评价类型区一般分为Ⅰ、Ⅱ两级。根据地形地貌特征，将Ⅰ级类型区划分为平原区、山丘区两类，平原区地下水类型以松散岩类孔隙水为主，山丘区地下水类型以基岩裂隙水、碳酸盐岩类岩溶水为主。根据次级地形地貌特征，将Ⅰ级类型区的平原区划分为一般平原区、内陆盆地平原区、山间平原区（包括山间盆地平原区、山间河谷平原区和黄土台塬区）、沙漠区共 4 类Ⅱ级类型区，其中沙漠区可不进行地下水资源量评价。根据地下水类型，将Ⅰ级类型区的山丘区划分为一般山丘区（以基岩裂隙水为主）和岩溶山区（以碳酸盐岩类岩溶水为主）2 类Ⅱ级类型区。当某一山丘区内一般山丘区和岩溶山区相互交叉分布时，可按其中分布面积较大者确定Ⅱ级类型区。

6.1.2 主要任务

地下水资源量分析的主要任务为开展地下水资源数量评价，摸清地下水资源状况和特点，系统分析地下表水资源演变规律，在摸清地下水资源禀赋条件，分析各类要素演变情势、变化规律和影响因素等，预测未来地下水资源量情势，推求多年平均及不同频率（20%、50%、75%和95%）地下水资源量。

山丘区与平原区的地下水赋存条件及运动特点不同，地下水资源量的计算任务也有区别。山丘区地下水资源数量计算可只进行排泄量计算，排泄量主要包括：天然河川基流量、地下水开采净消耗量、潜水蒸发量、山前侧向流出量、山前泉水溢出量、其他排泄量。平原区地下水资源量采用补给量法计算，同时需计算排泄量，以进行水均衡分析，以确保平原区地下水资源量计算的确实性。对缺乏资料、面积较小的平原区，可直接计算补给量。

6.1.3 主要方法

根据地下水资源特性、地下水资源形成的原理与地下水资源量分析计算的主要任务，地下水资源量分析计算采用的主要方法有频率分析法、成因分析法、地理综合法、相关分析法、水量平衡法等。

（1）频率分析法。山丘区地下水资源量由河川基流表示，可以认为一定时段河川基流为随机事件，一般假定历年河川基流量变化规律服从 P-Ⅲ型概率分布律，所以采用频率分析法，根据河川基流量样本，确定河川基流量的统计参数，对未来河川基流量发生的可能性进行"概率预估"。

（2）成因分析法。成因分析方法认为地下径流量产生存在一种必然性，取决于降雨入渗、蓄水条件及人类活动的干预，因此可以采用成因分析法从形成地下径流过程的机理分析计算地下径流量。

（3）相关分析法。地下水资源量分析计算成果可靠性依赖于径流样本多少，为了增加地下径流资料的系列长度，提高系列的代表性，当地下径流样本较少时，需要利用其他资料来插补展延，一般采用相关分析法。

（4）水量平衡法。地下水资源量分析计算中某些径流要素未观测，可以根据水量平衡原理进行计算。

6.1.4 主要内容

平原区地下水资源量计算主要进行补给量、排泄量的计算，山丘区地下水资源数量计算可只进行排泄量计算。因此，地下水资源量计算主要内容包括山丘区排泄量计算、平原区补给量计算、平原区排泄量计算、平原区水均衡分析。

（1）山丘区排泄量计算。计算河川基流量、山前泉水出流量、山前侧向流出量、河床潜流量、潜水蒸发量和地下水实际开采净消耗量。

（2）平原区补给量计算。计算降水入渗补给量、河道渗漏补给量、水库（湖泊、塘坝）渗漏补给量、渠系渗漏补给量、侧向补给量、渠灌入渗补给量、越流补给量、人工回灌补给量及井灌回归量等。

（3）平原区排泄量计算。计算潜水蒸发量、河道排泄量、侧向流出量、越流排泄量、地下水实际开采量等。

（4）平原区水均衡分析。计算地下水蓄变量，进行水均衡分析。

6.2 山丘区地下水资源量计算

6.2.1 天然河川基流量分析计算

对于有选用站控制的计算单元，计算评价期内逐年天然河川基流量；对于无水文站控制的计算单元，可选取下垫面条件相同或类似的水文站，采用水文比拟法，确定逐年天然河川基流量；也可选取下垫面条件相同或类似的水文站，采用基径比法，确定逐年天然河川基流量。

6.2.2 地下水开采净消耗量分析计算

可按下式计算评价期内逐年地下水开采净消耗量

$$Q_{开净耗} = Q_{开} - Q_{井归} - Q_{入河} \tag{6.1}$$

式中　$Q_{开净耗}$——年地下水开采净消耗量，万 m^3；

$Q_{开}$——年地下水开采量，万 m^3；

$Q_{井归}$——年农业灌溉用地下水开采量形成的井灌回归补给量，可按平原区井灌回归补给量方法进行计算，万 m^3；

$Q_{入河}$——年地下水开采量中用于生活、工业、生态后，排入河道的退水量，万 m^3。

缺乏统计资料年份的地下水开采净消耗量，可根据邻近年份的年地下水开采净消耗量采用趋势法进行插补。

6.2.3 潜水蒸发量分析计算

山丘区潜水蒸发量，主要发生在未划入平原区的、面积较小的山间河谷的阶地上。可按照平原区潜水蒸发量评价方法来计算山丘区各计算单元评价期内逐年潜水蒸发量。缺乏地下水埋深等相关资料的年份，可根据邻近年份的潜水蒸发量采用趋势法进行插补。

6.2.4 山前侧向流出量分析计算

发生在山丘区与平原区界线上的山前侧向流出量，与该界线的平原区山前侧向补给量，是同一计算量。缺乏水力坡度资料的年份，可根据邻近年份的山前侧向流出量采用趋势法进行插补。

6.2.5 山前泉水溢出量分析计算

发生在山丘区与平原区界线附近溢出的、且未计入山丘区天然河川径流量的山前泉水溢出量，应计入山丘区地下水资源量。

要求对在山前出露、年均流量不小于 $0.1\mathrm{m}^3/\mathrm{s}$ 且未计入河川径流量的泉，逐一调查统计评价期内逐年平均流量，采用式（6.2）计算单泉逐年山前泉水溢出量

$$Q_{单泉i} = T_i q_i \tag{6.2}$$

式中 $Q_{单泉i}$——第 i 年单泉年山前泉水溢出量，万 m^3；

T_i——第 i 年时间，万 s；

q_i——第 i 年单泉年均山前泉水流量，m^3/s。

缺乏泉水流量资料的年份，可根据邻近年份的泉水流量采用趋势法进行插补。

6.2.6 其他排泄量分析计算

包括矿坑排水净消耗量等。矿坑排水净消耗量可在调查矿坑排水量的基础上，参考地下水开采净消耗量的方法计算。

6.3 平原区地下水资源量计算

6.3.1 补给量分析计算

1. 降水入渗补给量

降水入渗补给量指降水（包括坡面流和填洼水）渗入到土壤中并在重力作用下渗透补给地下水的水量。采用以下公式进行计算

$$P_r = 0.1\alpha PF \tag{6.3}$$

式中 P_r——降水入渗补给量，万 m^3；

P——降水量，mm；

α——降水入渗补给系数，无因次；

F——均衡计算区计算面积，km²。

逐年降水量 P 应与降水量评价成果衔接协调；逐年的 α 值可根据当年的年均地下水埋深 Δ 和降水量 P，从相应包气带岩性的 P-α-Δ 关系曲线上查得。

2. 山前侧向补给量

首先沿山丘区与平原区界线作垂向计算断面，然后可采用地下水动力学法按下式逐年计算山前侧向补给量

$$Q_{侧补} = KILMT/10000 \tag{6.4}$$

式中　$Q_{侧补}$——年山前侧向补给量，万 m³；

　　　K——剖面位置的渗透系数，m/d；

　　　I——年垂直于计算断面的水力坡度，无量纲；

　　　L——年计算断面长度，m；

　　　M——年含水层厚度（从地下水水位至第 1 个含水层的底板），m；

　　　T——年内计算时间，采用 365d。

可以按年为时段进行计算，有条件时可以按水动力特性的变化特性，将一年时间分为不同时段进行计算，最终将不同时段的山前侧向补给量相加得到年山前侧向补给量。

3. 河道渗漏补给量

当河道内河水与地下水有水力联系，且河水水位高于河道岸边地下水水位时，河水渗漏补给地下水。首先沿单侧河道段作垂向计算断面，然后可采用地下水动力学法按下式计算单侧河道段的河道渗漏补给量

$$Q_{河补} = KIALT/10000 \tag{6.5}$$

式中　$Q_{河补}$——年内 t 时段单侧河道段侧向渗漏补给量，万 m³；

　　　A——单侧河每米河长计算断面面积，m²/m；

　　　T——年内发生河道渗漏补给的天数，d；

　　　K、I、L 同前。

4. 湖库渗漏补给量

当湖泊、水库的蓄水水位高于岸边地下水水位时，湖库等蓄水体渗漏补给岸边地下水。一般要求计算平原区总库容大于 1000 万 m³ 的大中型水库和湖泊的渗漏补给量。计算公式如下：

$$Q_{湖库补} = Q_{入湖库} + P_{湖库} - E_{0湖库} - Q_{出湖库} - E_{浸} - Q_{蓄变} \tag{6.6}$$

式中　$Q_{湖库补}$——年湖库渗漏补给量，万 m³；

　　　$Q_{入湖库}$——年内入湖库的水量，万 m³；

　　　$P_{湖库}$——湖库水面面积上的年降水量，万 m³；

　　　$E_{0湖库}$——湖库水面面积上的年蒸发量，万 m³；

　　　$Q_{出湖库}$——年内出湖库的水量，m³；

　　　$E_{浸}$——年内湖库周边浸润带的蒸散发量，万 m³；

　　　$Q_{蓄变}$——年末与年初湖库蓄水量之差，万 m³。

5. 渠系渗漏补给量

渠系是指干、支、斗、农、毛各级渠道的统称。渠系水位一般均高于其岸边的地下水水位，故渠系水一般均补给地下水。渠系渗漏补给量只计算到干渠、支渠两级，按下式计算

$$Q_{渠系补} = mQ_{渠首引} \tag{6.7}$$

式中　$Q_{渠系补}$——年渠系渗漏补给量，万 m^3；

　　　m——渠系渗漏补给系数，无量纲；

　　　$Q_{渠首引}$——年干渠渠首引水量，万 m^3。

渠系渗漏补给系数可用下式计算

$$m = (1-\eta)\gamma \tag{6.8}$$

式中　η——渠系水有效利用系数；

　　　γ——渠系渗漏补给地下水的水量与渠系损失水量的比值。

6. 渠灌田间入渗补给量

渠灌田间入渗补给量包括斗、农、毛 3 级渠道的渗漏补给量和渠灌水进入田间的入渗补给量两部分，可按下式计算

$$Q_{渠灌补} = \beta_{渠} Q_{渠田} \tag{6.9}$$

式中　$Q_{渠灌补}$——年渠灌田间入渗补给量，万 m^3；

　　　$\beta_{渠}$——渠灌田间入渗补给系数，无量纲；

　　　$Q_{渠田}$——年斗渠渠首引水量，万 m^3。

对于水稻田，在水稻生长期内，田间的地表面始终处于积水状态，积水包括降水和渠灌水。积水除水面蒸发消耗和通过排水渠排出田间外，还形成对地下水的补给。水稻田水稻生长期渠灌田间入渗补给量可按下式计算

$$Q_{水田渠灌补} = 10^{-1} Y \phi F_{水} t' \tag{6.10}$$

$$Y = Q_{渠田}/(P + Q_{渠田}) \tag{6.11}$$

式中　$Q_{水田渠灌补}$——年水稻田水稻生长期渠灌田间入渗补给量，万 m^3；

　　　$Q_{渠田}$——年水稻田水稻生长期斗渠渠首引水量，万 m^3。

　　　P——年水稻田水稻生长期降水量，万 m^3。

　　　ϕ——稳渗率，mm/d；

　　　$F_{水}$——年水稻田面积，km^2；

　　　t'——年水稻生长期，d。

7. 人工回灌补给量

根据回灌方式，分别采用不同计算方法。

(1) 借助井孔进行人工回灌，称为点式回灌。以进入井孔的水量作为人工回灌补给量。

(2) 借助河渠进行人工回灌，称为线式回灌。可分别按计算河道渗漏补给量和渠系渗漏补给量计算人工回灌补给量。

(3) 借助湖库或田面进行人工回灌，称为面式回灌。可分别按计算湖库渗漏补给量或渠灌田间入渗补给量计算人工回灌补给量。

6.3 平原区地下水资源量计算

8. 地表水体补给量

地表水体补给量包括河道渗漏补给量（含河道对傍河地下水水源地的补给量）、湖库渗漏补给量、渠系渗漏补给量、渠灌田间入渗补给量、以地表水为水源的人工回灌补给量。为满足平原区与上游山丘区地下水重复计算量的评价要求，需计算地表水体补给量中由山丘区河川基流形成的部分。鉴于平原区地表水体补给量的水源主要来自上游山丘区，可采用下式近似计算由山丘区河川基流形成的地表水体补给量

$$Q_{基补} \approx \zeta Q_{表补} \tag{6.12}$$

式中 $Q_{基补}$——由山丘区河川基流形成的年地表水体补给量，万 m^3；

ζ——山丘区基径比，无量纲；

$Q_{表补}$——年地表水体补给量，万 m^3。

9. 井灌回归补给量

井灌回归补给量可按下式计算：

$$Q_{井归} = \beta^* Q_{农开} \tag{6.13}$$

式中 $Q_{井归}$——年井灌回归补给量，万 m^3；

β^*——井灌回归补给系数，无量纲；

$Q_{农开}$——用于农业灌溉的年地下水开采量，万 m^3。

10. 其他补给量

包括城镇管网漏损补给量、非地表水源的人工回灌补给量等。城镇管网漏损补给量可在调查的基础上，结合城镇管网漏损率等计算。非地表水源的人工回灌补给量见人工回灌补给量部分。

6.3.2 排泄量分析计算

1. 地下水实际开采量

地下水实际开采量采用调查、统计的方法计算。

2. 潜水蒸发量

潜水蒸发量可按下式计算

$$E_g = 10^{-1} C E_{601} F \tag{6.14}$$

式中 E_g——年潜水蒸发量，万 m^3；

C——潜水蒸发系数，无量纲；

E_{601}——E_{601}型蒸发器观测的年水面蒸发量，mm；

F——面积，km^2。

3. 河道排泄量

当河道内河水水位低于岸边地下水水位时，河道排泄地下水，排泄的水量称为河道排泄量。逐年河道排泄量的计算方法、计算公式和技术要求参见河道渗漏补给量的计算，各计算参数应采用当年值，缺乏资料的年份，可根据邻近年份的资料采用趋势法进行插补。

4. 侧向流出量

以地下潜流形式流出计算单元的水量称为侧向流出量。一般采用地下水动力学法计算，即沿计算单元的地下水下游边界切割计算剖面，计算侧向流出量。

5. 湖库排泄量

当湖泊、水库水位低于岸边地下水水位时,湖泊、水库排泄地下水,排泄的水量称为湖库排泄量。湖库排泄量的计算方法、计算公式和技术要求参见湖库渗漏补给量的计算。

6. 其他排泄量

包括矿坑排水量、基坑降水排水量等,可采取调查估算等方法确定。

6.3.3 地下水蓄变量分析计算

地下水蓄变量可按下式计算

$$\Delta W = 10^2 \times (Z_1 - Z_2) \mu F / T' \tag{6.15}$$

式中 ΔW——多年平均地下水蓄变量,万 m^3;为正值,即地下水储存量增加;反之为负值,即地下水储存量减少;

Z_1——时段年初的平均地下水埋深,m;可根据各地下水埋深监测井时段年初监测资料,采用面积加权法确定;

Z_2——时段年末的平均地下水埋深,m;可根据各地下水埋深监测井时段年末监测资料,采用面积加权法确定;

μ——Z_1 与 Z_2 之间岩土层的给水度,无量纲;

T'——评价年数,a;

F——面积,km^2。

6.3.4 水均衡分析

一般以平原Ⅱ级类型区为单元(矿化度 $M \leqslant 2g/L$ 的)进行水均衡分析,计算相对均衡差,以校验各项补给量、各项排泄量及地下水蓄变量计算成果的可靠性。无计算误差的水均衡公式为

$$Q_{总补} - Q_{总排} = \Delta W \tag{6.16}$$

考虑计算误差后,水均衡公式为

$$X = Q_{总补} - Q_{总排} - \Delta W \tag{6.17}$$

$$\delta = X / Q_{总补} \times 100\% \tag{6.18}$$

式中 $Q_{总补}$、$Q_{总排}$、ΔW、X——单位多年平均地下水总补给量、地下水总排泄量、地下水蓄变量、绝对均衡差,万 m^3;

δ——时段多年平均相对均衡差(无量纲,用百分数表示)。

当 $|\delta| \leqslant 15\%$ 时,计算单元的各项补给量、各项排泄量以及地下水蓄变量即可确定;当 $|\delta| > 15\%$ 时,则需要对计算单元的各项补给量、各项排泄量以及地下水蓄变量进行核算,必要时,对相关水文地质参数重新定量,直到满足 $|\delta| \leqslant 15\%$ 的要求。

本 章 小 结

地下水资源量分析计算结果可表达为多年平均及不同频率(20%、50%、75%和95%)地下水资源量。确定山丘区与平原区的地下水资源量的方法不同,山丘区地下水排

泄量即为地下水资源量，平原区通过计算补给量、排泄量来确定地下水资源量。山丘区排泄量包括河川基流量、山前泉水出流量、山前侧向流出量、河床潜流量、潜水蒸发量和地下水实际开采净消耗量，各项排泄量之和为总排泄量。平原区补给量包括降水入渗补给量、河道渗漏补给量、水库（湖泊、塘坝）渗漏补给量、渠系渗漏补给量、侧向补给量、渠灌入渗补给量、越流补给量、人工回灌补给量及井灌回归量，沙漠区还应包括凝结水补给量，各项补给量之和为总补给量；平原区排泄量包括潜水蒸发量、河道排泄量、侧向流出量、越流排泄量、地下水实际开采量等。

思 考 与 练 习

6.1 浅层地下水是指哪些地下水？

6.2 平原区地下水补给量包括哪些？

6.3 如何计算降水入渗补给量？

6.4 如何计算灌溉水田间入渗补给量？

6.5 如何计算渠系渗漏补给量？

6.6 如何计算河道、湖库渗漏补给量？

6.7 如何计算潜水蒸发量？

6.8 已知某河流可接受潜水的补给，该河段的长度为 6km，含水层平均厚度为 10m，平均水力坡度 1/160，平均渗透系数 0.001m/s，试估算单侧地下水日补给量。

6.9 已知某地亚砂土区，面积 20km^2，75％的年降水量为 600mm，求该年的降雨入渗补给量（以万 m^3 计）。

6.10 已知某灌区位于长江以南，地下水埋深小于 4m，渠首流量 2m^3/s，渠道长度 10km，渠道部分衬砌，渠床下为亚黏亚砂土，渠道入渗折扣系数 γ 为 0.4，流量衰减系数 α 为 0.051km^{-1}，求渠道入渗补给量。

6.11 某含水层的面积为 100km^2，若孔隙度为 30％，持水度为 10％，试问：

(1) 含水层的给水度；

(2) 当潜水面下降 4.5m 时，地下水的储存量将减少多少？

第7章 用水量分析计算

7.1 概　　述

7.1.1 基本概念

用水量及其过程是灌溉工程、城镇供水工程、跨流域调水工程以及综合利用水库工程水利计算的重要基础资料。水利工程建设就是要协调不同用水部门、不同时段间的供需矛盾。不同用水户的用水方式、数量与过程存在较大差异。用水量的分析计算，必须根据不同用水户的特点进行。

在最近一次的全国水资源综合规划中，将用水户分为生活、生产和生态环境三大类，生活和生产需水统称为经济社会需水。在《全国水资源综合规划技术细则》中，对用水户的分类及其层次结构作了细致的规定，见表7.1。

表7.1　用水户分类及其层次结构表

一级	二级	三级	四级	备　注
生活	生活	城镇生活	城镇居民生活	城镇居民生活用水，不包括公共用水
		农村生活	农村居民生活	农村居民生活用水，不包括牲畜用水
生产	第一产业	种植业	水田	水稻等
			水浇地	小麦、玉米、棉花、蔬菜、油料等
		林牧渔业	灌溉林果地	果树、苗圃、经济林等
			灌溉草场	人工草场、灌溉的天然草场、饲料基地等
			牲畜	大、小牲畜
			鱼塘	鱼塘补水
	第二产业	工业	高用水工业	纺织、造纸、石化、冶金等
			一般工业	采掘、食品、木材、建材、机械、电子、其他（包括电力工业中非火电部分）
			火电工业	循环式、直流式
		建筑业	建筑业	建筑业
	第三产业	商饮业	商饮业	商业、饮食业
		服务业	服务业	货运邮电业、其他服务业、城市消防、公共服务及城市特殊用水
生态环境	河道内	生态环境功能	河道基本功能	基流、冲沙、防凌、稀释净化等
			河口生态环境	冲淤保港、防潮压咸、河口生物等

7.1 概　述

续表

一级	二级	三级	四级	备　注
生态环境	河道内	生态环境功能	通河湖泊与湿地	通河湖泊与湿地等
			其他河道内	根据具体情况设定
	河道外	生态环境功能	湖泊湿地	湖泊、沼泽、滩涂等
		生态环境建设	美化城市景观	绿化用水、城镇河湖补水、环境卫生用水等
			生态环境建设	地下水回补、防沙固沙、防护林草、水土保持等

新的用水户分类方法，对以前沿用的分类方法，作了重新归并与调整，其中生活需水仅为生活用水中的城镇居民生活用水和农村居民生活用水，相当于以前的"小生活"概念，将牲畜用水计入农业用水中，将城镇公共用水中的建筑业和商饮业、服务业用水，分别计入第二、第三产业的生产用水中，城市绿化和河湖补水计入"美化城市景观"用水中。生产需水是指有经济产出的各类生产活动所需的水量，包括第一产业（种植业、林牧渔业）、第二产业（工业、建筑业）及第三产业（商饮业、服务业）用水量，对于河道内其他生产活动如水电、航运等，因其用水一般不消耗水资源的数量，与河道内生态需水一并作为河道内需水。生态环境需水分为维护生态环境功能和生态环境建设两类，并按河道内与河道外用水划分。表 7.1 中城镇为全口径统计中的城镇部分，包含国家行政设立的市和镇；城市为国家行政设立的建制市（不含建制镇），包括县级市、地级市、计划单列市等。

从用水组成看，生产用水一般占有很大比重，不同生产部门的用水性质不同，生产用水的计算必须分类区别对待，关于国民经济部门的分类有多种口径，表 7.2 列举了投入产出表的分类口径与统计年鉴分类口径。

表 7.2　　　　　　　　国民经济和生产用水行业分类表

三大产业	7 部门	17 部门	40 部门（投入产出表分类）
第一产业	农业	农业	农业
第二产业	高用水工业	纺织	纺织业、服装皮革羽绒及其他纤维制品制造业
		造纸	造纸印刷及文教用品制造业
		石化	石油加工及炼焦业、化学工业
		冶金	金属冶炼及压延加工业、金属制品业
	一般工业	采掘	煤炭采选业、石油和天然气开采业、金属矿采选业、非金属矿采选业、煤气生产和供应业、自来水生产和供应
		木材	木材加工及家具制造业
		食品	食品制造及烟草加工业
		建材	非金属矿物制品业
		机械	机械工业、交通运输设备制造业、电气机械及器材制造业、机械设备修理业
		电子	电子及通信设备制造业、仪器仪表及文化办公用机械制造业
		其他	其他制造业、废品及废料
	电力工业	电力	电力及蒸汽热水生产和供应业
	建筑业	建筑业	建筑业

续表

三大产业	7部门	17部门	40部门（投入产出表分类）
第三产业	商饮业	商饮业	商业、饮食业
	服务业	货运邮电业	货物运输及仓储业、邮电业
		其他服务业	旅客运输业、金融保险业、房地产业、社会服务业、卫生体育和社会福利业、教育文化艺术及广播电影电视业、科学研究事业、综合技术服务业、行政机关及其他行业

7.1.2 主要任务

水资源供需分析、水资源论证、供水工程水利计算等都需要用水量及其过程，用水量分析计算的任务是提供各个用户，不同水平年的需水量及其过程。用水户多种多样，用水量分析计算各有不同。进行城市供水工程水资源论证，需要计算城市综合用水量；建设项目水资源论证中大部分是工业项目取水论证，工业用水水平衡、工业用水水平度量、工业用水量预测是重要内容；农业灌溉用水是用水大户，水资源论证、水资源规划、灌溉工程水利计算都需要用到灌溉用水量。本教材侧重介绍城市综合用水量分析计算、工业用水量分析计算、灌溉用水量分析计算。

7.1.3 主要方法

不同用水量分析计算根据资料条件与计算要求，要采用不同的方法，主要有用水指标法、水量平衡法、趋势法等。

（1）用水指标法。用水指标法是利用单位用水量指标计算需水量的方法，单位用水量指标可以是城市人均综合取水量、城市单位建设用地综合取水量、万元工业增加值取水量、单位灌溉面积需水量等。采用城市人均综合取水量指标法、城市单位建设用地综合取水量指标法预测城市综合用水量；用万元工业增加值取水量预测工业需水量；采用灌溉定额法计算灌溉需水量。

（2）水量平衡法。在建设项目的水资源论证中，水平衡图十分重要，一个用水单元的总用水量，与消耗水量、排出水量和重复利用水量相平衡。在农田灌溉中，利用水量平衡，可以计算出灌溉需水量与农田排水量。

（3）趋势法。趋势法是根据用水量或者其主要影响因子的历史资料，分析其时间变化规律，预测未来状况。城市人口、工业增加值、工业用水量等都可以利用趋势法进行预测。

7.1.4 主要内容

为建设项目水资源论证、水资源供需分析等分析计算城市综合用水量、工业用水量、农田灌溉用水量。

（1）城市综合用水量分析计算。分析城市综合用水资料，得到城市人均综合取水量、城市单位建设用地取水量等用水指标，根据规划或者预测的不同水平年人口、用地面积，进一步计算得到不同水平年城市综合用水量。

(2) 工业用水量分析计算。分析工业项目各个用水单元的总用水量、消耗水量、排出水量和重复利用水量及其平衡关系;通过计算重复利用率、排水率、耗水率等指标去衡量建设项目的用水水平;测定用水量、消耗水量、排出水量,分析均衡关系与用水效率;用趋势法、指标法等预测工业用水量。

(3) 农业灌溉用水量分析计算。分析影响灌溉用水的因子,利用水量平衡原理,综合考虑降雨、植物蒸散发、下渗、排水、植物用水特性等,分析计算逐时段单位面积灌溉用水量,进一步统计分析得到不同频率的用水定额,结合规划的不同水平年的灌溉面积,计算得到不同水平年不同频率的灌溉用水过程。

7.2 城市综合用水量分析计算

7.2.1 城市用水分析

1. 城市用水定额

城市用水包括城市工业用水、生活用水和市政用水。城市工业用水是指工矿企业在生产过程中,用于制造、加工、冷却、空调、净化、洗涤等方面的用水。生活用水包括工业企业、机关、学校、旅馆、餐厅、浴室和家庭饮用、洗涤、烹调和清洁卫生等用水。市政用水主要是指浇洒道路、绿化和消防用水。居民生活用水量和公共建筑用水量统称为综合生活用水量。

随着社会经济的发展,城市化进程不断加快,城市取水量占总的取水量的比例越来越大;随着工业节水技术的应用和科技进步,在城市取水量中,工业用水量所占比例趋于减少,生活用水的比例相对增加,两者绝对数量随着节水水平的提高,未来有可能得到控制并趋向稳定;根据调查资料显示,我国城镇居民住宅用水中,冲厕用水所占比例最大,约占家庭总用水量的30%,其次为洗澡、烹饪(含饮用、洗涤)用水,各约占20%,洗衣用水超过10%,其他为清洁用水等。城镇公共用水当中,机关、学校、医院是用水大户;城市供水量则相对平稳,丰枯变化小,且水质要求比农业用水高。

用水定额是在一定期限内、一定约束条件下,在一定的范围内以一定核算单元所规定的用水水量限额。用水定额是人为规定的一种考核指标或衡量尺度,通常反映某种考核指标的平均先进水平。由此,用水定额应区别于实际发生的用水水量统计值。

用水定额可根据城市用水类别划分,其中主要有工业用水定额、城市生活或居住区生活用水定额、公共建筑用水定额及市政用水定额等。

制定用水定额是一种标准化工作。所谓标准化,是在经济、技术、科学及管理等社会实践中,对重复性事物和概念通过制定、发布和实施标准达到统一,以获得最佳秩序和社会效益。由此可见,用水定额制定也要体现标准制定的科学性、先进性、法规性和经济合理性。

2. 城市用水调查

用水调查的目的是获得用水资料的重要手段,是研究城市用水的重要基础工作。调查内容如下。

(1) 基本情况调查。首先要调查城市或一个工矿企业的基本情况，如人口、土地、职工人数、工业结构和布局，历年工业产值及主要工业产品、产量等。一般可按表7.3进行统计。

(2) 供排水情况。供水情况包括供水水源、供水方式、排水口和水质情况等。水源情况调查，除自来水用量可直接从自来水公司获得外，各单位自取的河水、地下水都要进行调查。

(3) 用水情况调查。用水情况包括用水部门，历年用水量，重复利用情况，水量平衡情况，供排水工程运行费用，用水存在的主要问题等。有工厂用水情况调查表、节约用水措施登记表和工业用水统计报表等。

7.2.2 城市人均综合取水量指标法预测

城市人均综合取水量指标法是目前较为常用的一种综合预测城市需用水量的方法。所谓综合取水量，是指城市各种取水量之和，即包括工业取水、居民生活取水、公共建筑物取水、市政取水、景观和娱乐取水、供热取水及消防取水等。规划水平年的取水量可用下式计算

$$W_z = aN \tag{7.1}$$

式中　W_z——城市综合日取水量，m^3；

a——城市人均日综合取水量，$m^3/(人·d)$；

N——城市用水人口数，人。

城市人均综合取水量与城市性质、规模、工业结构、城市化程度、水文气象等有关。对于一个特定城市，可以根据已经建成的城市用水与人口历史数据资料，用式（7.2）估算城市人均综合取水量为

$$a = \frac{W_z}{N} \tag{7.2}$$

城市人均综合取水量应根据城市特点、居民生活水平等因素确定。城市给水工程统一供给的用水量预测使用的城市人均综合取水量宜采用表7.3中的指标。可由专家预测法确定。

表 7.3　　　　　城市单位人口综合用水量指标　　　　单位：$m^3/(人·d)$

区域	城 市 规 模			
	特大城市	大城市	中等城市	小城市
一区	0.8～1.2	0.7～1.1	0.6～1.0	0.4～0.8
二区	0.6～1.0	0.5～0.8	0.35～0.7	0.3～0.6
三区	0.5～0.8	0.4～0.7	0.3～0.6	0.25～0.5

注　1. 特大城市指市区和近郊区非农业人口100万及以上的城市；大城市指市区和近郊区非农业人口50万及以上不满100万的城市；中等城市指市区和近郊区非农业人口20万及以上不满50万的城市；小城市指市区和近郊区非农业人口不满20万的城市。

2. 一区包括：贵州、四川、湖北、湖南、江西、浙江、福建、广东、广西、海南、上海、云南、江苏、安徽、重庆；二区包括：黑龙江、吉林、辽宁、北京、天津、河北、山西、河南、山东、宁夏、陕西、内蒙古河套以东和甘肃黄河以东的地区；三区包括：新疆、青海、西藏、内蒙古河套以西和甘肃黄河以西的地区。

3. 包括管网漏失水量。

7.2.3 城市单位建设用地综合取水量指标法预测

城市单位建设用地综合取水量指标法也是较为常用的一种综合预测城市需用水量的方法。综合取水量包括工业取水、居民生活取水、公共建筑物取水、市政取水、景观和娱乐取水、供热取水及消防取水等。

规划水平年的取水量可用下式计算

$$W_T = bF \tag{7.3}$$

式中 W_T——城市综合日取水量，m^3；

b——城市单位建设用地综合取水量，$m^3/(km^2 \cdot d)$；

F——城市建设用地面积，km^2。

城市单位建设用地综合取水量与城市用地性质、规模、工业结构、城市化程度等有关。对于一个特定城市区域，根据其历史数据整理出一个系列资料，可由专家预测法确定。

$$b = \frac{W_T}{F} \tag{7.4}$$

城市给水工程统一供给的用水量预测宜采用表 7.4 中的指标。

表 7.4　　　　　城市单位建设用地综合用水量指标　　　　单位：万 $m^3/(km^2 \cdot d)$

区域	城 市 规 模			
	特大城市	大城市	中等城市	小城市
一区	1.0～1.6	0.8～1.4	0.6～1.0	0.4～0.8
二区	0.8～1.2	0.6～1.0	0.4～0.7	0.3～0.6
三区	0.6～1.0	0.5～0.8	0.3～0.6	0.25～0.5

注　本表指标已包括管网漏失水量。

城市单位建设用地综合取水量随着用地特性不同用所变化，预测取水量时，可按照居住用地、城市公共设施用地、城市工业用地、其他用地等不同性质用地用水量指标确定。

(1) 城市居住用地用水量应根据城市特点、居民生活水平等因素确定。单位居住用地用水量可采用表 7.5 中的指标。

表 7.5　　　　　　单位居住用地用水量指标　　　　　单位：万 $m^3/(km^2 \cdot d)$

区域	城 市 规 模			
	特大城市	大城市	中等城市	小城市
一区	1.70～2.50	1.50～2.30	1.30～2.10	1.10～1.90
二区	1.40～2.10	1.25～1.90	1.10～1.70	0.95～1.50
三区	1.25～1.80	1.10～1.60	0.95～1.40	0.80～1.30

注　本表指标已包括管网漏失水量。

(2) 城市公共设施用地用水量应根据城市规模、经济发展状况和商贸繁荣程度以及公共设施的类别、规模等因素确定。单位公共设施用地用水量可采用表 7.6 中的指标。

表 7.6 单位公共设施用地用水量指标 单位：万 m³/(km²·d)

用地名称	用水量指标	用地名称	用水量指标
行政办公用地	0.50~1.00	教育用地	1.00~1.50
商贸金融用地	0.50~1.00	医疗、休疗养用地	1.00~1.50
体育、文化娱乐用地	0.50~1.00	其他公共设施用地	0.80~1.20
旅馆、服务业用地	1.00~1.50		

注 本表指标已包括管网漏失水量。

（3）城市工业用地用水量应根据产业结构、主体产业、生产规模及技术先进程度等因素确定。单位工业用地用水量可采用表 7.7 中的指标。

表 7.7 单位工业用地用水量指标 单位：万 m³/(km²·d)

用地名称	用水量指标	用地名称	用水量指标
一类工业用地	1.20~2.00	三类工业用地	3.00~5.00
二类工业用地	2.00~3.50		

注 1. 本表指标包括了工业用地中职工生活用水及管网漏失水量。
　　2. 一类工业用地：对居住和公共设施等环境基本无干扰和污染的工业用地，如电子工业、缝纫工业、工艺品制造工业等用地；二类工业用地：对居住和公共设施等环境有一定干扰和污染的工业用地，如食品工业、医药制造工业、纺织工业等用地；三类工业用地：对居住和公共设施等环境有严重干扰和污染的工业用地，如采掘工业、冶金工业、大中型机械制造工业、化学工业、造纸工业制革工业、建材工业等用地。

（4）城市其他用地用水量可根据用地特性采用表 7.8 中的指标。

表 7.8 单位其他用地用水量指标 单位：万 m³/(km²·d)

用地名称	用水量指标	用地名称	用水量指标
仓储用地	0.20~0.50	市政公用设施用地	0.25~0.50
对外交通用地	0.30~0.60	绿地	0.10~0.30
道路广场用地	0.20~0.30	特殊用地	0.50~0.90

注 本表指标已包括管网漏失水量。

7.3 工业用水量分析计算

工业用水是城市用水的一个重要组成部分。在整个城市用水中，工业用水所占比重较大，而且增长速度快，用水集中。工业生产大量用水，同时排放大量的工业废水，又是造成水体污染的主要污染源。世界性的用水危机首先在城市出现，而城市水源紧张主要是工业用水造成的。

水在工业生产中有多种用途：水是传递热量的介质，是工艺过程的溶剂、洗涤剂、吸收剂、萃取剂，水也可作为生产原料或反应物质的反应介质。工业部门利用水的热容量、热传导和可显着性等水的理化性质，从事正常生产。工业企业，按需水特点不同，有的仅使用了水的部分有益性质，有的则使用了全部有益性质。目前，没有哪个工业部门在没有水的情况会得到发展，因此，人们称"水是工业的血液"。一个城市工业用水的多少，不仅与工业发展的速度有关,而且还与工业的结构、工业生产的水平、节约用水的程度、用水管理水平、供水条件和水资源的多寡等因素有关。用水量不仅随部门不同而不同,而且与生产工艺有关,还受到水源、气候等条件的影响。

7.3.1 工业用水水平衡

一个地区,一个工厂,乃至一个车间的每台用水设备,在用水过程中水量收支保持平衡。即:一个用水单元的总用水量,与消耗水量、排出水量和重复利用水量相平衡。

$$Q_{总} = Q_{耗} + Q_{排} + Q_{重} \tag{7.5}$$

式中 $Q_{总}$——总用水量,在设备和工艺流程不变时,为一定值;

$Q_{耗}$——消耗水量;

$Q_{排}$——排水量;

$Q_{重}$——重复用水量。

在水资源分析计算中,必须区分水平衡中不同水量的含义,式(7.5)中的总用水量与通常所说的用水量含义上有所不同,通常所说的用水量指取用水量(或称补充水量),取用水量是城镇供水工程水利计算的基础。而总用水量为补充水量和重复用水量之和。即

$$Q_{总} = Q_{补} + Q_{重} \tag{7.6}$$

或

$$Q_{补} = Q_{总} - Q_{重}$$

从式(7.6)看出,只有当 $Q_{重}=0$ 时,总用水量才等于补充水量。在一个单元的用水过程中,若提高水的重复利用量,可使补充水量减少。由式(7.5)和式(7.6)可得

$$Q_{补} = Q_{耗} + Q_{排} \tag{7.7}$$

$Q_{耗}$ 在设备和工艺流程不变的情况下,其值比较稳定,一般情况下只占总用水量的 2%~5%,但诸如饮料、酿造等行业,产品中带走了一定数量的水量。$Q_{耗}$ 就比较高。

7.3.2 工业用水水平度量指标

一般通过以重复利用率、排水率、耗水率等指标衡量一个地区的用水水平。

1. 重复利用率 η

重复利用率为重复用水量占总用水量的百分比数。

$$\eta = \frac{Q_{重}}{Q_{总}} \times 100\% \tag{7.8}$$

或

$$\eta = \left(1 - \frac{Q_{补}}{Q_{总}}\right) \times 100\%$$

2. 排水率 P

排水率为排出水量占总用水量的百分比数。

$$P = \frac{Q_{排}}{Q_{总}} \times 100\% \tag{7.9}$$

3. 耗水率 r

耗水率为耗水量占总用水量的百分比数。

$$r=\frac{Q_{耗}}{Q_{总}}\times 100\% \tag{7.10}$$

上述 3 个指标是考核工业用水水平和水平衡计算的重要指标，也是地区用水规划和工业用水预测的依据之一，且有

$$\eta+P+r=100\% \tag{7.11}$$

【例 7.1】 某钢厂 2015 年引用新水 6600 万 m^3，工业用水重复利用率 85%，排水量 4200 万 m^3，若在现有设备和工艺条件下，采用闭路循环，求其重复利用率。

解：由式（7.8）有：

$$\eta=\left(1-\frac{Q_{补}}{Q_{总}}\right)\times 100\%$$

可得

$$Q_{总}=\frac{Q_{补}}{1-\eta}=\frac{6600}{1-0.85}=44000(万\ m^3)$$

排水率

$$P=\frac{Q_{排}}{Q_{总}}=\frac{4200}{44000}=9.55\%$$

根据式（7.11）可得耗水率

$$\gamma=(100-85-9.55)\%=5.45\%$$

由于耗水率相对稳定，在一定设备和工艺条件下，采用闭路循环，排水率为零，则最高重复利用率为

$$\eta=(100-5.45)\%=94.55\%$$

【例 7.2】 某化工厂有 3 种供水水源，其中，地下水用量 $435 m^3/h$，河水用量 $81 m^3/h$，自来水用量 $41 m^3/h$，地下水直接引入用水部门，河水先引入循环池，再通过循环池供给与地下水相同的部门，自来水独成系统，各水源与用户关系如图 7.1 所示。求该化工厂重复利用率、耗水率、排水率及排出率。

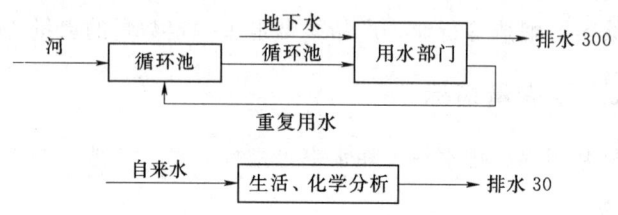

图 7.1 水源与用户关系图

解：依图 7.1，该厂总用水量：$Q_{总}=4241+435+41=4717(m^3/h)$

取用水量： $Q_{补}=435+81+41=557(m^3/h)$

重复用水量： $Q_{重}=Q_{总}-Q_{补}=4717-557=4160(m^3/h)$

排水量： $Q_{排}=300+30=330(m^3/h)$

耗水量： $Q_{耗}=Q_{补}-Q_{排}=557-330=227(m^3/h)$

重复利用率： $\eta=\frac{Q_{重}}{Q_{总}}=\frac{4160}{4717}\times 100\%=88.19\%$

排水率： $P=\frac{Q_{排}}{Q_{总}}=\frac{330}{4717}\times 100\%=7\%$

耗水率:
$$r = \frac{Q_{耗}}{Q_{总}} = \frac{227}{4717} \times 100\% = 4.81\%$$

排出率:
$$q = \frac{Q_{排}}{Q_{补}} \times 100\% = \frac{330}{557} \times 100\% = 59.2\%$$

或
$$q = \frac{P}{P+r} \times 100\% = \frac{7}{7+4.81} = 59.2\%$$

7.3.3 工业用水的分项测定和计算

不同行业的工业用水定额,是计算工业用水量的关键指标,我国工业各部门用水缺少计量装置,记录资料很不健全。为了提高用水量计算精度,常常需要现场测定企业的用水量,下面介绍几种简便的量测设施和简易测定方法。

1. 用水量测定

水表计量是最好的测定用水量方法。对于无水表的工厂,可以利用工厂的现有量水设备,用简便方法测定用水量。

(1) 利用水池、水塔储水设备测定供水量。在正常生产条件下,充满水池(或水塔)蓄满后,停止水泵运行,测定水池(或水塔)水位下降的速率。则单位时间内的用水量为

$$Q = BV \tag{7.12}$$

式中　B——水塔或水池的截面积;

V——水位下降的速度。

(2) 利用生产设备测定。有些工业生产部门具有水槽、桶等设备,可用其测定用水量。一般有两种测定法:①将槽、桶排水口临时堵塞,测定槽内水面上升的速度;②将补充槽、桶的进水管关闭,测定槽内水面下降速度。

$$Q = VB \tag{7.13}$$

式中　V——水面上升或下降的速度;

B——水面的面积(为水槽、桶的截面积)。

2. 排水量测定

在不具备流速仪测流条件时,测定工厂的排水量,可采用以下简便方法。

(1) 三角堰测定法。在排水明渠或排水管出口处的明渠段,安装三角量水堰,测定排水量。三角堰流量计算公式为

$$Q = Ch^{\frac{5}{2}} \tag{7.14}$$

式中　Q——过堰流量,L/s;

h——过堰水深,cm;

C——随 h 而变化的系数,见表 7.9。

表 7.9　　　　　　　　　系　数　C　取　值　表

h/cm	C	h/cm	C
<5.0	0.0142	15.1~20.0	0.0139
5.1~10.0	0.0141	20.1~25.0	0.0138
10.1~15.0	0.0140	25.1~30.0	0.0137

三角堰测流有一定的适用条件，在一些计算手册中已编制现成表格，可以直接参考查。

（2）浮标测定法。当工厂排水系统为地下暗管或集水廊道式排水，可采用浮标测定排水量。选取排水道的直线段，量测两个检查井的距离 S，在上一检查井中投入浮标，计时测定至下一检查井浮标出现时间 t，则水速度为

$$V = \frac{S}{t} \tag{7.15}$$

排水量为

$$Q_{排} = VB \tag{7.16}$$

式中　B——排水廊道过水断面面积；

　　　V——水流速度。

为消除测定偶然误差，一般浮标测定要连续测 2～3 次，分析确定测定值。

3. 耗水量的测定与计算

耗水量主要包括 3 个方面：

（1）生产过程中蒸发水量。蒸发损失量可以通过试验和计算求得。以冷却塔的循环冷却水的蒸发损失计算为例，可以分为水沫损失和蒸发损失。水沫损失，通风冷却形式不同，水沫损失不同，据试验资料，喷雾泵损失水量为 1.5%～5%，自然通风式损失水量为 0.3%～1.0%，强制通风式损失水量为 0.1%～0.3%。蒸发损失，与降温冷却幅度有关，可用热力学公式计算求得。

（2）生产过程中渗漏水量。渗漏损失水量，可以进行实测。测定日期可选在厂休日，将最末级阀关闭，其他各级阀门全部打开，测定其水量变化，即为渗漏损失水量。

（3）被产品带走的水量。产品携带水量，可通过设计资料和查阅有关资料估算。

7.3.4　工业用水量预测

工业用水的预测是一项非常复杂的工作，正确估算一个城市或地区的工业用水量是十分困难的，目前采用的一些方法均有特定的应用条件。

1. 趋势法

用历年工业用水增长率推算未来工业用水量。预测不同水平年的需水量计算式为

$$S_i = S_0 (1+d)^n \tag{7.17}$$

式中　S_i——预测的第 i 水平年工业需水量；

　　　S_0——基准年（起始年份）工业用水量；

　　　d——工业用水年平均增长率；

　　　n——从起始年份至第 i 水平年间隔年数。

2. 指标预测法

指标预测法将工业需水量的预测分成 3 步进行。

（1）建立不同工业部门万元增加值（或 GDP）取水量与产值（或 GDP）的相关关系。工业部门万元增加值（或 GDP）取水量与产值（或 GDP）的相关关系的表达形式有多种，最常采用的公式

$$\log Y = a \log X + b \tag{7.18}$$

式中　Y——万元增加值（或 GDP）用水量；

X——工业增加值(或 GDP);

a、b——待定参数。

在利用相关原理进行工业用水量预测时,也有利用用工业用水增长率和工业增加值增长率建立相关关系推算工业发展用水。工业用水增长率和工业增加值增长率之比,称为工业用水弹性系数。

(2) 第二步对不同水平年各行业的增加值(或 GDP)进行预测。

由经济规划部门提供,或采用趋势法预测。

(3) 第三步计算不同水平年不同工业部门的需水量。

指标法计算需水量公式

$$W = YA \tag{7.19}$$

式中　W——工业用水量;

　　　A——预测工业增加值(或 GDP)。

利用式 (7.18) 计算工业单位用水指标(定额)需要做合理性分析,在工业用水量预测时,实际是将分析指标(定额)外延(假定用水方式和工艺不变)。

3. 分行业重复利用率提高法

万元产值用水量和重复利用率,是衡量工业用水水平的两个综合指标。一般来说,一个地区或一个工矿企业单位,工业结构不发生根本变化时,万元增加值用水基本取决于重复利用率。随着重复利用率的不断提高,万元产值用水将不断下降。

重复利用率与万元产值用水的关系,可用水平衡式推导

$$\eta = \frac{Q_{重}}{Q_{总}} = \left(1 - \frac{Q_{补}}{Q_{总}}\right) \tag{7.20}$$

万元增加值用水量为

$$Y = \frac{Q_{补}}{A} \tag{7.21}$$

式中　A——增加值;

　　　Y——万元产值用水量。

对于同一行业,只要设备和工艺流程不变,生产相应数量的产品,所需的总用水量不变。所以,当两个不同时期,重复利用率分别为 η_1 和 η_2 时,有

$$1 - \eta_1 = \frac{Q_{1补}}{Q_{总}}$$

$$1 - \eta_2 = \frac{Q_{2补}}{Q_{总}}$$

可得

$$\frac{1-\eta_1}{1-\eta_2} = \frac{Q_{1补}}{Q_{2补}}$$

亦即

$$\frac{1-\eta_1}{1-\eta_2} = \frac{Y_1}{Y_2} \tag{7.22}$$

式中　$Q_{总}$——总用水量;

　　　$Q_{1补}$、Y_1——某一时间补充水量和万元增加值用水量;

$Q_{2补}$、Y_2——另一时间的补充水量和万元增加值用水量。

一个行业,如果已知现状用水重复利用率和万元增加值用水,根据该地水源条件,工业用水的水平,如能提出将来可达到的重复利用率,便可利用式(7.22)求出将来的万元增加值用水量。从而比较准确的推求将来的工业用水量。

7.4 灌溉用水量分析计算

7.4.1 作物田间需水量计算

1. 基本概念

灌溉用水计算中常遇到一些极易混淆的基本概念,这些概念可能导致计算上的错误,必须明确。

(1) 作物需水量。作物在生长期中主要消耗于维持正常生长的生理用水量称为作物需水量。它包括叶面蒸腾和棵间(土壤或水面)蒸发两个部分,这两部分合在一起简称腾发量。

(2) 作物田间耗水量。对于旱作物,其田间耗水量为作物需水量和土壤深层渗漏量之和;而对于水稻田来说,除水稻需水量和水田渗漏量外,还应包括秧田用水和泡田用水量。

(3) 田间灌溉用水量。除有效降雨之外,需由灌溉工程提供的水量称为田间灌溉用水量,简称为灌溉用水量。灌溉用水量即为灌溉工程的净供水量。

(4) 泡田用水量。水稻在插秧前的泡田期间,应提供的水量称为泡田水量,或称为泡田定额。

(5) 灌水定额。农作物一次灌水所需之水量称为灌水定额。一般以单位面积上的需水量来表示。

(6) 灌水模数。单位灌溉面积上所需要的净灌水流量叫做"净灌水模数",简称"灌水模数",又叫做"灌水率",其数值等于灌水定额除以本次灌水的时间。

(7) 灌溉定额。农作物在整个生长期中单位面积上所需的灌溉水量称为灌溉定额,它等于农作物在整个生长期中全部灌水定额之和。

(8) 灌溉制度。指农作物在播种前(或水稻栽秧前)及全生育期内的灌水次数、每次灌水日期和灌水定额及灌溉定额。例如水稻的灌溉制度是指水稻泡田日期、泡田水量、水稻栽秧后到收割各生育期所需控制的水层深浅、灌水日期、灌水次数、每次灌水定额及灌溉定额等。

(9) 耕地面积。种植农作物的实有面积。

(10) 播种面积。各种农作物种植面积的总和,称为播种面积。例如耕地面积 $5000hm^2$,先种早稻,早稻收割后再种晚稻,早稻种植面积为 $5000hm^2$,晚稻种植面积也为 $5000hm^2$,总和为 $10000hm^2$,因此播种面积为 $10000hm^2$。

(11) 复种指数。表示耕地面积在耕种方面的利用程度,其表达式为

$$\text{复种指数} = \frac{\text{播种面积}}{\text{耕地面积}}$$

例如耕地面积为 2000hm²，其中 1000hm² 种植双季水稻（即播种面积为 2000hm²），另外 1000hm² 种植春种秋收的一季作物（播种面积为 1000hm²），其复种指数为

$$\text{复种指数} = 3000/2000 = 1.5$$

（12）灌溉面积。一般系指由灌溉工程供水的耕地面积。灌溉面积上灌溉用水量的大小与灌溉标准、土壤气象条件、作物种类、播种面积等因素有关。

灌溉用水量可采用深度（mm）或体积（m³）或流量（m³/s）等单位。其中深度（mm）与单位面积上的体积（m³/hm²）之间的关系如下：

$$1 \text{m}^3/\text{hm}^2 = 0.1 \text{mm}$$

采用深度单位时，必须将各种作物灌溉用水量化成同一面积的深度（例如化为总耕地面积上的深度），否则不能直接进行加、减等代数运算。

2. 作物田间需水量估算方法

由大量灌溉试验资料可以看出，作物田间需水量的大小与气象（温度、日照、湿度、风速）、土壤含水状况、作物种类及其生长发育阶段、农业技术措施、灌溉排水方式等有关。这些因素对需水量的影响相互关联，错综复杂。因此，目前尚不能从理论上对作物田间需水量进行精确的计算。在生产实践中，一方面通过建立试验站，直接测定某些点上的作物田间需水量；另一方面可根据试验资料采用某些估算方法来确定作物田间需水量。现有估算方法，大体可归纳为两类：一类方法是建立作物田间需水量与其影响因素之间的经验关系；另一类方法是根据能量平衡原理，推求作物田间腾发消耗的能量，再由能量换算为相应作物的田间需水量，现将这两类方法简要介绍如下。

（1）经验公式法。经验公式法的基本思路是：首先分析与作物田间需水量关系密切的因素，其次在试验站观测两者同步资料，然后根据观测资料，分析它们之间的关系，并建立经验方程。由于经验方程形式比较简单，一般为线性方程或指数方程（指数方程可通过取对数化成线性方程），因而可根据试验站的观测资料采用图解法或线性回归分析求出方程中的系数，系数求得后，对于与试验站条件相似的地区，便可由所选因素，推求作物田间需水量，现选几种经验公式介绍如下。

1）以水面蒸发为参数的需水系数法（简称"α 值法"）。国内外大量灌溉试验资料表明，水面蒸发量能综合地反映各项气象因素的变化。作物田间需水量与水面蒸发量之间存在一定关系，并可用下列线性公式表示

$$E = \alpha E_0 + b \tag{7.23}$$

式中 E——某时段内（或全生育期）的作物田间需水量，以水层深度 mm 计；

E_0——同期水面蒸发量，以水层深度 mm 计，E_0 一般采用 E_{601} 蒸发皿的蒸发值；

α——需水系数，根据试验资料分析确定；

b——经验常数，单位同 E，根据试验资料分析确定，有时可取 $b=0$。

该法只要求具有水面蒸发量资料，即可计算作物田间需水量。由于水面蒸发资料比较容易获得，所以它为我国水稻产区广泛采用。但该法中未考虑非气象因素（如土壤、水文地质、农业技术措施、水利措施等），因而在使用时应注意分析这些因素对 α 值的影响。

2) 以气温为参数的需水系数法（简称"β 值法"）。气温是影响作物生长和产量的主要因素之一。在某些情况下，用气温作参数也能衡量作物需水量的大小。例如，我国南方某些地区曾采用下列公式估算水稻田间需水量，即

$$E=\beta T+b \tag{7.24}$$

式中　E——水稻在某时段内（或全生育期）的田间需水量，以水层深度 mm 计；

　　　T——同期当地日平均气温的累积值，℃，简称积温；

　　　β——需水系数，mm/℃；

　　　b——经验常数，单位同 E，有时可取 $b=0$。

南方湿润地区，积温对腾发量影响较大，一般 β 值法能取得较为满意的结果。在干旱和半干旱地区，对腾发量起决定作用的是热风而不是积温，这些地区，不宜采用 β 值法。

3) 以多种因素为参数的公式。上述各种单因素法的优点是计算简单，但是作物田间需水量与多种因素有关，为了克服单因素法使用上存在的缺陷，人们曾研究过多种因素，并探索它们与作物田间需水量之间的数量关系，以温度和水面蒸发为参数的公式为

$$E=\sum \beta_i \phi_i = \sum \beta_i (\bar{t}_i + 50)\sqrt{E_0} \tag{7.25}$$

式中　E——水稻全生育期总需水量，mm；

　　　β_i——水稻各生育阶段的耗水系数，可根据试验资料求得；

　　　ϕ_i——水稻各生育阶段中，消耗于腾发的太阳能累积值。

$$\phi_i = (\bar{t}_i + 50)\sqrt{E_0} \tag{7.26}$$

式中　$\bar{t}_i$——水稻各生育阶段的日平均气温，℃；

　　　E_0——E_{601} 蒸发皿的水面蒸发值，mm。

（2）能量平衡法。作物在腾发（包括植株蒸腾和株间蒸发）过程中，无论是体内液态水的输送，或是腾发面上水分的汽化和扩散，都需要消耗能量。作物需水量的大小与腾发消耗能量密切相关。腾发过程中的能量消耗，主要是以热能形式进行的。例如气温为 25℃时，每腾发 1g 的水大约需消耗 2470J 的热量。因此只要测算出腾发消耗的热量，便可求出相应的作物田间需水量。

彭曼（Penman）根据热量平衡原理，先推求腾发所消耗的能，然后再将能量折算为水量，提出计算公式如下。

$$E_p = \frac{1}{L} \times \frac{\left(\dfrac{\Delta}{\gamma}\right)H_0 + LE_a}{1+\left(\dfrac{\Delta}{\gamma}\right)} \tag{7.27}$$

式中　E_p——作物腾发量（即作物田间需水量），mm；

　　　L——腾发单位重量的水所需热量，J/g，该值随气温而变，当气温为 25℃时 L 为 2470J/g；

　　　Δ——气温-水汽压关系曲线上的斜率；

　　　γ——湿度常数；

　　　H_0——地面净辐射，J/(cm²·d)，可用专门气象仪器测定；

　　　E_a——干燥力，mm/d，即蒸发面上的温度等于气温时的蒸发量。

对于自由水面

7.4 灌溉用水量分析计算

$$E_a = 0.35(0.5 + 5u/800)(e_s - e) \tag{7.28}$$

对于矮秆作物

$$E_a = 0.35(1 + 5u/800)(e_s - e) \tag{7.29}$$

式中　u——风速，m/s；

　　　e_s——饱和水汽压，hPa；

　　　e——实际水汽压，hPa。

该式所求得的作物田间需水量，是在土壤水分充足，作物覆盖茂密条件下的最大可能腾发量，即所谓潜在腾发量。当不同作物于不同生育阶段达不到上述条件时，应根据作物和土壤的具体情况折算为实际腾发量。

目前，能量平衡法在欧美一些国家采用较多，且有所发展。尽管该方法本身还有待进一步完善，但现有试验资料已表明，它是从理论上研究作物田间需水量的一种可行途径。

由上述可知，各种作物在生育期间田间需水量的大小，决定于作物种类、气象条件、土壤含水状况及农业技术措施等各种因素。由于这些因素之间相互又有联系，因而对作物田间需水量的影响比较复杂，还由于各种分析计算方法主要都是依据灌溉试验站的观测资料，所以试验站的工作十分重要。

3. 作物田间耗水量计算

灌区综合用水过程是指为保证灌区各种作物正常发育生长需要从外界引入田间的综合灌水过程。编制综合用水过程的主要内容有：①单种作物田间耗水量计算；②单种作物田间灌水量计算；③灌区各种作物综合灌溉用水过程计算。

首先介绍作物田间耗水量计算。旱作物和水稻田作物田间耗水量可分别用下式计算：

旱作物：田间耗水量＝作物需水量＋土壤深层渗漏量

水稻：田间耗水量＝作物需水量＋水田渗漏量＋育秧水＋泡田水

关于作物需水量的计算方法上面已进行详细讨论，下面补充说明水田渗漏量、育秧水和泡田水如下。

（1）水田渗漏量。水田渗漏包括田埂渗漏和田面渗漏两部分。田埂渗漏决定于田埂的质量和养护状况及田块的位置，分散的、位置较高的田块应予考虑。对于连片的、面积较大的稻田，田埂渗漏的水量只是从一个格田进入另一个格田，对整块农田来说，水量损耗甚微。一般所谓水田渗漏主要指田面渗漏部分，它取决于土壤质地、地下水位高低、水田位置、排灌措施等因素。由于影响水田渗漏的因素较多，土层质地往往又不均匀，因而很难从理论上进行推算，生产实践中均以实测和调查方法确定。根据江苏太湖湖西地区的调查资料，不同土质的渗漏情况见表 7.10。

表 7.10　　　　　　　　　　水稻田日渗漏量　　　　　　　　　　单位：mm/d

土壤种类	地下水位距地面深/m			
	0.5	1.0	1.5	2.0
黏壤土	0.9	1.4	2.0	2.5
中壤土	1.5	2.6	3.8	4.9
砂壤土	3.3	6.3	9.3	12.3

多年种植水稻的水田，一般在田面以下 20cm 左右处，存在有一透水性较弱的土层，即所谓"犁底层"。由于"犁底层"的影响，砂性大的稻田的渗漏量也会大大减小，稻田平均日渗漏量，一般为 2~3mm。丘陵地区的稻田大多属于重黏土，土壤差异不明显，其差别主要决定于稻田的类型。实际资料表明，磅田日平均渗漏量一般为 1~2mm，冲田为 0~1mm，畈田为 0.5~1.5mm。平原圩区稻田多为轻黏土，但地下水位很高，日平均渗漏量一般为 0.5~1.0mm。

(2) 育秧水。水稻的栽培过程，可分为秧田期和本田期两个阶段：

1) 秧田期：从播种、发芽、出苗、到移栽前，一般历时 30~40d。秧田面积与大田面积之比约为 1:7~1:10。

2) 本田期：从秧苗移栽，经返青、分蘖、拔节、孕穗、抽穗、乳熟至黄熟。

育秧水可用下式表示：

$$育秧水 = 秧田耗水量 - 有效降雨量$$

其中秧田耗水量等于秧田日耗水量乘以秧龄期。有效降雨量等于秧田期降雨乘以利用系数。中小雨利用系数可取 0.5~0.7。由于 1hm² 秧田可插 7~10hm² 大田，所以每公顷大田分摊的育秧水只是秧田用水的 1/7~1/10。

(3) 泡田水。水稻在插秧前需耕翻耙平土地，在田间建立一定水层，这部分水量称为泡田水，其数值大小与土壤性质、泡前土壤湿度、地下水位高低、泡田方法、泡田天数有关。一般黏土和黏壤土为 750~1200m³/hm²；中壤土和砂壤土为 1050~1800m³/hm²；轻砂壤土为 1200~2400m³/hm²。

7.4.2 水稻灌溉用水量计算

1. 稻田田面水层

为了不影响水稻正常生长，给生长创造适宜的条件，必须在田间经常维持一定的水层深度。起控制作用的田间水层深度有以下 3 种：

(1) 适宜下限 (h_{min})。它表示田间最低水深，作用是控制作物不致因田间水深不足，失水凋萎影响产量，当田间实际水深低于下限时，应及时灌溉。

(2) 适宜上限 (h_{max})。它表示在正常情况下，田间允许（最优）的最大水深。

(3) 雨后最大蓄水深度 (h_p)：在不明显影响作物正常生长的情况下，为提高降雨的利用率，允许雨后短期田间蓄水的极限水深（即耐淹深度）。超过 h_p 时，应及时排水。

全国各地自然条件不同，水稻品种、灌溉方式及生产经验也不一样，因而田面水层的适宜下限、适宜上限、雨后最大蓄水深度往往会存在一定差异，一般应根据当地情况选用。

2. 水稻田水量平衡计算

水稻田水量平衡方程为

$$h_2 = h_1 + P - \alpha_1 \alpha_2 E_{601} - F + h_i - R \tag{7.30}$$

式中　　R——为水田排水量，mm；

α_1、P、E_{601}——符号意义同水面产流；

α_2——水田蒸发折算系数，与作物不同时期的需水量有关；

h_i——水田灌溉水量,以深度计,mm;

h_1、h_2——时段初、末田面水层深度,mm;

P——时段内降雨量,mm。

当 $h_2 < h_{min}$ 时,则表示本时段内必须进行灌溉:

$$h_{min} - h_2 \leqslant m \leqslant h_{max} - h_2$$

当 $h_2 > h_p$ 时,则表示本时段内必须排水:

$$C = h_2 - h_p$$

根据水稻田间耗水过程、降雨过程,通过上述水量平衡方程计算,便可求得各旬灌溉用水量。

7.4.3 旱作物灌溉用水量计算

1. 土壤湿润层水量平衡方程

为了促进旱作物正常生长,要求土壤在作物根系活动层内保持一定的含水量。根系活动的范围称之为土壤湿润层。土壤湿润层的水量平衡方程为

$$W_2 = W_1 + P' + K + m - E \tag{7.31}$$

式中 W_1——时段初湿润层储水量,mm 或 m³/hm²;

W_2——时段末湿润层储水量,mm 或 m³/hm²;

P'——时段内有效降雨量,mm 或 m³/hm²,降雨量与降雨有效利用系数之积;

K——时段内地下水补给量,mm 或 m³/hm²;

m——时段内灌溉水量,mm 或 m³/hm²;

E——时段内作物田间需水量,mm 或 m³/hm²。

2. 湿润层深度与适宜含水量

一般说来,不同作物、不同生育阶段对土壤湿润层的深度、适宜含水量的要求是不一样的,表 7.11 为河南引黄灌溉试验场关于小麦的观测资料。表 7.12 为几种旱作物的一般土壤湿润层深度和适宜含水率。

表 7.11 小麦各生育阶段土壤湿润层深度和适宜含水率

生育阶段	土壤湿润层深度/cm	占干土重/%			占田间持水率/%
		青沙土	两合土	黏土	
出苗—返青	40	15~17	17~19	20~22	70~80
返青—拔节	60	15~17	17~19	20~22	70~80
拔节—抽穗	80	17~19	19~22	20~25	80~90
抽穗—乳熟	60	15~17	17~19	20~22	70~80
乳熟—黄熟	60	13~15	14~17	17~20	60~70
全生长期		15~19	17~22	20~25	70~90

土层含水率达到毛细管最大持水能力时,最大悬着毛管水的平均含水率,称为该土层的田间持水率(或田间持水量)。因小于凋萎系数的土壤含水量不能被作物吸收,故土壤允许最小含水率应大于凋萎系数。

土壤最小储水量可用 W_{min} 表示，北京地区的经验认为可取田间持水率的 60%。土壤允许最大含水率以不造成深层渗漏为原则，可采用土壤田间持水量，作物允许最大储水量用 W_{max} 表示。土壤湿润层含水量应经常保持在 W_{min} 与 W_{max} 之间。

表7.12 几种旱作物的土壤湿润层深度和适宜含水率

作物名称	土壤湿润层深度/cm	土壤适宜含水量（以田间持水量%计）
冬小麦	30～70	65～90
棉花	40～80	50～80
玉米	40～80	60～80
花生	30～40	40～70
甘蔗	40～60	50～70

3. 旱作物灌溉用水计算

(1) 播前用水。

一般按下式计算

$$m_0 = 100(\beta_{max} - \beta_0)\gamma h \tag{7.32}$$

式中 m_0——播前用水量，m^3/hm^2；

100——单位换算系数；

β_{max}——土壤最大持水率，以占干土重的百分数计；

β_0——播前计划湿润层实际含水率，%；

γ——湿润层土壤干容量，t/m^3；

h——计划湿润层厚度，m。

(2) 生育期用水。前面已经介绍式 (7.25) 为土壤湿润层水量平衡方程式

$$W_2 = W_1 + P' + K + m - E \tag{7.33}$$

其中有效降雨量 P' 为降水量中扣除地面径流量和深层渗漏量以后，蓄存在湿润层中，可供作物利用的水量。实践中，常用下面简化公式计算

$$P' = \sigma P \tag{7.34}$$

式中 P——降雨量；

σ——降雨有效利用系数，它与降雨总量、降雨强度、土壤性质等因素有关，一般应通过试验测定。河南、山西资料表明可取 $\sigma=0.7～0.8$。

地下水补给量 K，与地下水埋藏深度、土壤性质、作物种类有关，某些地区经验表明，地下水埋深在 1～2m 之内，可考虑地下水利用量占总耗水量 20% 左右，地下水埋深超过 3m 可不予考虑。

当式 (7.25) 中时段末湿润层计算蓄水量 W_2 小于 W_{min} 时，表明本时段应进行灌溉，其灌溉水量至少为 $m = W_{min} - W_2$，最多为 $m = W_{max} - W_2$。这样，逐旬依次连续进行计算，便可求得旱作物的灌溉用水过程。

7.4.4 灌区综合灌溉用水过程计算

任何一种作物某次（或某时段）灌水定额求出后，就可根据该作物的种植面积，用下

式求得净灌溉用水量

$$M_{净} = m\omega \tag{7.35}$$

式中 $M_{净}$——净灌溉用水量，m^3；
　　m——灌水定额，m^3/hm^2；
　　ω——灌溉面积，hm^2。

一个灌区内作物往往种类很多，每种作物灌水定额求出后，以各种作物种植面积比例为权重，将同一时期各种作物的灌水定额进行加权平均，即可求得全灌区的综合灌水定额。计算公式如下

$$m_{综净} = \sum_{i=1}^{n} a_i m_i \tag{7.36}$$

式中 $m_{综净}$——某时段全灌区综合净灌水定额，m^3/hm^2 或 mm；
　　m_i——第 i 种作物在同时段内的灌水定额，m^3/hm^2 或 mm；
　　a_i——第 i 种作物灌溉面积占全灌区灌溉面积的比值；
　　n——作物种类数。

全灌区某时段净灌溉用水量 $M_{净}$ 由下式计算

$$M_{净} = m_{综净} \omega \tag{7.37}$$

式中 ω——全灌区的灌溉面积。

全灌区某时段毛灌溉用水量 $M_{毛}$ 由下式求得

$$M_{毛} = \frac{M_{净}}{\eta_{水}} \tag{7.38}$$

式中 $\eta_{水}$——灌溉水量利用系数，为田间净耗水量与渠道引水量之比，它反映了渠系的水量损失。$\eta_{水}$ 值与渠系长度、灌溉流量、沿渠土壤、水文地质条件、工程质量及管理水平有关，一般可取 0.6~0.8。目前已建成的某些灌区，实际上只有 0.45~0.6。

整个生育期各时段综合灌水定额之和，即为灌区综合灌溉定额。全年各时段灌区灌溉用水之和，即为灌区年灌溉用水量。

7.4.5 不同水平年不同保证率灌溉用水量的估算

未来不同水平年的灌溉用水量估算，主要考虑因素：①灌溉面积的发展速度；②不同保证率情况下的不同灌溉方式；③不同作物的灌溉定额及组成；④灌溉水利用系数提高程度等 4 个因素。

（1）不同水平年的灌溉面积。一般由计划部门根据农业发展需要与可能提出，但供水条件是限制灌溉面积发展的主要因素。不同保证率的来水与可供水量是不同的，某一枯水年的可供水量在不能同时满足工业、生活和灌溉用水需要时，一般优先满足城市生活和工业用水需要，限制灌溉面积的发展，其限制面积可用下式计算

$$\omega = \frac{W_{供}}{M_{综}} \tag{7.39}$$

式中 $W_{供}$——不同水平年某一保证率用于灌溉的可供水量；
　　$M_{综}$——不同水平年某一保证率的综合毛灌溉定额；

ω——不同水平年某一保证率的灌溉面积。

上述计算面积确定需要在供水规划中综合研究、统筹考虑。

（2）不同灌溉方式影响。不同水平年不同保证率条件下，确定不同作物组成和不同灌溉方式的净灌溉定额，可根据当地灌溉试验站分析历年资料基础上提出，或借用相邻地区灌溉试验分析资料。由于先进灌水技术不断推广应用，综合灌溉定额将呈现下降趋势。

（3）作物种植结构。作物组成制定和调整，由农业计划部门根据需要与可能提供。当受水源条件限制，经过用水水量平衡分析，有必要进行作物组成调整，限制耗水量多的作物发展（如水稻），调整后的作物组成都会影响综合灌溉定额。

（4）渠系利用系数。渠系利用系数与工程配套、防渗措施、用水管理、输水方式等有关。不同水平年渠系利用系数提高程度应该根据具体措施进行典型调查分析。渠系水利用系数正确估计对确定灌溉用水量影响较大。我国部分大中型灌区渠系水利用系数有测验统计数字，要根据现有的渠系水利用系数对未来不同水平年提高程度有一个确切估算，尽量避免主观任意性。对新建灌区的渠系水利用系数应有明确规定，采取措施提高渠系水利用系数。

（5）经济灌溉定额。所谓经济灌溉定额是指单位水量的增产量最大的灌溉用水量。在灌溉工程设计或区域水资源供需分析中，灌溉定额和计算灌溉面积的取值大小对供需平衡起着决定性的作用。特别是北方干旱缺水地区，这种影响更大。倘若在水量供需平衡中，不同保证率情况仍按丰产灌溉定额和同样的灌溉面积计算农业用水的话，则缺水程度将很大。

目前比较趋近一致的意见是：在干旱缺水的北方地区，部分农田计算农业用水，要考虑用经济灌溉定额，或节水定额，以此来衡量地区的水资源供需平衡问题。

本 章 小 结

对已经建设的城市进行用水分析，分析城市人均综合用水量、城市单位建设用地综合用水量、不同用地性质的单位用地的用水量等用水指标，根据预测或规划的城市人口与用地面积，估算出城市综合用水量，为城市水资源论证、水资源规划、供水工程水利计算等提供用水资料。分析工业用水水平衡、计算工业用水水平度量指标、分项测定和计算各单元工业用水、采用指标法与趋势法预测工业用水量，为建设项目水资源论证及水资源规划提供工业用水资料。采用水量平衡原理，计算作物田间需水量、水稻灌溉用水量、旱作物灌溉用水量等，为灌溉工程水资源论证、水资源规划提供不同水平年不同保证率灌溉用水量资料。用水包括的内容比较广泛，还有河道内外生态环境用水、养殖业用水、发电用水等，限于篇幅和要求，本教材未介绍，读者可参考相关资料。

思 考 与 练 习

7.1 全国水资源综合规划中，将用水户分为哪几大类？

7.2 用水单元的水量平衡方程是什么？

思考与练习

7.3 工业用水水平度量指标有哪些？如何计算？

7.4 工业用水量预测有哪些方法？

7.5 灌水定额是指什么？灌溉定额是指什么？二者有什么关系？

7.6 什么是灌溉制度？

7.7 水稻灌溉用水量如何计算？

7.8 某城市 2015 年人口为 45 万，人口年增长率控制在 0.4%，2015 年每人每天用水 180L，规划 2020 年每人每天用水 210L，计算 2015 年生活用水量，预测 2020 年生活需水量。

7.9 某县 2014 年工业增加值为 256 亿元，预测 2014—2020 年工业增加值年增长率 9%，控制 2020 年万元工业增加值用水量为 15m³/万元，预测该县 2020 年的工业需水量。

7.10 某市 2015 年 GDP 为 540 亿元，预测 2015—2020 年 GDP 年增长率 8%，2020—2030 年 GDP 年增长率 6%，控制 2020 年及 2030 年万元 GDP 用水量分别为 70m³ 与 40m³，预测该市 2020 年及 2030 年的 COD 需水量。

第8章 可供水量分析计算

8.1 概 述

8.1.1 基本概念

水资源分析计算中,需计算可供水量,并与需水量比较,进行供需分析,以便计算出分区的余、缺水量和各项开发利用指标,为编制国土整治计划、江河综合规划、地区水利规划、城乡供水和工农业发展规划,以及水资源论证及水资源优化配置等提供科学的依据。

可供水量是指在不同水平年、不同保证率(或不同频率)的情况下,考虑需水要求,供水的工程设施可提供的水量。供水工程设施通常为蓄水工程、引水工程、提水工程(也称为扬水工程)、地下水开发工程、调水工程等。

蓄水工程一般指拦蓄地表径流的措施,常见的蓄水工程有调蓄地表径流的水库工程、塘堰工程等,有了蓄水工程就可在径流量大于需水量的时期,将多余水量暂时蓄起来,在径流量满足不了需水量的时期,将蓄水工程内积蓄的水供给用水部门。引水工程是借重力作用把水资源从源地输送到用户的措施,常见的引水工程有河道、渠道、管道等。提水工程是指利用扬水泵站从河道、湖泊等地表水体提水满足用户用水的措施,提水工程主要是大、中、小型泵站。地下水开发工程是指通过集水与提水从地下含水层取水满足用户用水的措施,常见的地下水开发工程有管井、大口井、复合井、辐射井、渗渠、坎儿井及相关提水设施等。调水工程通常指跨流域调水满足用户用水的措施,是通过人工方式对流域之间水量余缺进行合理调配的方式,调水工程一般是蓄水工程、引水工程、提水工程的组合。

水平年是指反映经济社会发展对用水需求水平的年份,一般可以分为现状水平年、近期水平年,远期水平年等。供水工程是可以长期使用的工程,不仅需要分析计算其是否满足现状用水需求,还需要分析计算其是否满足未来一定时期内的用水需求,各用水部门的需水量随着国民经济的发展而逐年增长,因此,必须通过论证,合理选定未来的某一年份作为分析计算的水平年,对该年各用水部门的用水量作出预测,并以此作为分析计算供水工程可供水量的依据。水平年的选择应根据供水工程的重要程度和工程寿命确定,一般应与国民经济五年计划分界年份相一致。

保证率是指供水工程投入运用后的多年期间用水部门的正常用水得到保证的程度,常以百分数表示。保证率通常有年保证率和历时保证率两种形式。年保证率指多年期间正常工作年数(即运行年数与允许破坏年数之差)占总运行年数的百分比,所谓破坏年数,包括不能维持正常工作的任何年份,不论该年内缺水时间的长短和缺水数量的多少。历时保证率是指多年期间正常工作的历时（日、旬或月）占总运行历时的百分比。采用什么形式的保证率，可视用水特性、水库调节性能及分析计算要求等因素而定。如灌溉水库的供水保证率常采用年保证率；航运和径流式水电站，由于它们的正常工作是以天数表示的，故一般采用历时保证率。

8.1.2 主要任务

水资源论证、水资源规划需要知道可供水量，通过径流调节计算，确定蓄水工程可供水量；根据引水控制工程规模，用水力学方法计算引水控制工程的引水能力；对枯水流量分析计算，确定引水工程水源的可供水量；分析流量历时曲线，满足取水、水力发电、航运和木材流放等工程设计对流量的持续历时的要求。

8.1.3 主要方法

不同供水工程设施，可供水计算内容不同，可供水计算方法也不一样，蓄水工程、引水工程可供水量分析计算主要采用径流调节计算法、水力学法、频率分析法。

（1）径流调节计算法。径流调节就是借助水库的调节作用，按用水要求重新分配河川天然径流，实质是进行来水和用水的对照和平衡：当来水大于用水时，水库蓄水；当来水小于用水时，水库供水。通过调节计算研究天然来水、各部门的用水与水库库容三者之间的关系。根据不同保证率的来水量过程、蓄水工程的兴利调节能力、不同水平年需水特性，利用水量平衡原理调节计算，确定蓄水工程可供水量。

（2）水力学法。引水控制工程主要是堰闸，其引水能力可采用水力学公式计算，自由出流与淹没出流采用的公式不一样，不同的堰闸形式采用的水力计算公式也有差异。

（3）频率分析法。采用频率分析法对枯水流量资料进行处理，年枯水流量频率曲线的绘制与时段径流频率曲线的绘制基本相同，也常采用P-Ⅲ型频率曲线适线。当设计断面缺径流资料时，设计枯水流量主要借助于参证站延长系列或成果移置。

8.1.4 主要内容

针对不同的水资源开发利用设施，采用不同方法计算可供水量。主要包括蓄水工程可供水量计算、引水控制工程引水能力计算、枯水径流量分析计算等。

（1）蓄水工程可供水量计算。采用第5章介绍的方法推求不同保证率来水量过程，计算水库水量损失，根据预测的需水量过程概化得到各个月需水量占年需水量的比例作为需水特性，利用水量平衡原理，采用试算法确定蓄水工程在不同水平年、不同保证率情况下，考虑需水特性的可供水量。

（2）引水控制工程引水能力计算。根据引水控制工程的形式，采用合适的水力计算公式，计算引水工程的引水能力。

（3）枯水径流量分析计算。对枯水流量资料进行审查选样，资料不足时进行插补展延，通过频率分析，得到枯水流量频率曲线。

8.2 蓄水工程可供水量计算

8.2.1 径流调节概念

众所周知，河川径流在一年之内或者在年际之间的丰枯变化都是很大的。我国河流年内洪水季的水量往往要占全年来水总量的 70%～80%。河川径流的剧烈变化，给人类带来很多不利的后果，如汛期大洪水容易造成灾害，而枯水期水少，不能满足兴利需要。因此，无论是为了消除或减轻洪水灾害，还是为了满足兴利需要，都要求采取措施，对天然径流进行控制和调节。

为兴利而提高枯水径流的水量调节，称为兴利调节，或称枯水调节；为削减洪峰流量，利用水库拦蓄洪水，以消除或减轻下游洪涝灾害的调节，称为洪水调节。

利用水库调节径流，是河流综合治理和水资源综合开发利用的一个重要技术措施。通过径流调节，消除或减轻洪灾和干旱灾害，更有效地利用水资源，充分发挥河流水资源在国民经济建设中的重大作用。

河川天然径流量在季节和年际间的分配很不均匀，地区分布也不平衡，往往与需水的时空分布不匹配，不利于区域经济社会的持续发展，径流调节是人为改变河川天然径流在时间上分配的措施，通过人工调节，可使水量按时间需要重新分配，在各时段内按需使用。其主要方式是利用水库（或湖泊）在丰水期蓄水，在高水位期弃水，在其他时期按用水需要供水。在径流调节计算中，来水与用水之间矛盾具体表现形式并不相同，需要对径流调节进一步的划分，以便在调节计算中掌握其特点区别处理。

1. 按调节周期长短划分

（1）日调节。在一昼夜内，河中天然流量一般几乎保持不变（只在洪水涨落时变化较大），而用户的需水要求往往变化较大。如果在一昼夜里某些时段内来水有余，可蓄存在水库里；而在其他时段内来水不足，需要水库放水补给。这种径流调节，水库中的水位涨落在一昼夜内完成一个循环，即调节周期为 24h，故称日调节。

日调节的特点是将均匀的来水调节成变动的用水，以适应电力负荷的需要。所需要的水库调节库容不大，一般小于枯水日来水量的一半。

（2）周调节。在枯水季节里，河中天然流量在一周内的变化也是很小的，而用水部门由于假日休息，用水量减少，因此，可利用水库将周内假日的多余水量蓄存起来，在其他工作日用。这种调节称周调节，它的调节周期为一周，它所需的调节库容一般不超过一天的来水量。周调节水库一般也可进行日调节，这时水库水位除了一周内的涨落大循环外，还有日变化。

（3）年调节。在一年内，河川流量有明显的季节性变化，洪水期流量很大，水量过剩，甚至可能造成洪水灾害；而枯水期流量很小，不能满足综合用水的要求。利用水库将洪水期内的一部分（或全部）多余水量蓄存起来，到枯水期放出以提高供水量。这种对年内丰、枯季的径流进行重新分配的调节就叫做年调节，它的调节周期为一年。

水库的兴利库容能够蓄纳设计枯水年丰水期的全部余水量时，称为完全年调节；若兴利库容相对较小，不足以蓄纳设计枯水年丰水期的全部余水量而产生弃水时，称为不完全年调节，或季调节。这是规划设计中划分水库调节性能所采用的界定。必须指出，从水库实际运行看，这种划分是相对的，完全年调节遇到比设计枯水年径流量更丰的年份，就不可能达到完全年调节。年调节水库一般都同时可进行周调节和日调节。

（4）多年调节。当水库容积大，丰水年份蓄存的多余水量，不仅用于补充年内供水，而且还可用以补充相邻枯水年份的水量不足，这种能进行年与年之间的水量重新分配的调节，叫做多年调节。这时水库可能要经过几个丰水年才蓄满，所蓄水量分配在几个连续枯水年份里用掉。因此，多年调节水库的调节周期长达若干年，而且不是一个常数。多年调节水库，同时也进行年调节、周调节和日调节。

水库属何种调节类型，可用水库库容系数 β 来初步判断。水库库容系数 β 为水库库容调节与多年平均年水量 W_0 的比值，即 $\beta = V_{\text{兴}}/W_0$。具体可参照下列经验系数判断调节类型：$\beta > 30\% \sim 50\%$ 多属多年调节；$3\% \sim 5\% \leqslant \beta < 20\% \sim 25\%$ 多属年调节；$\beta < 2\% \sim 3\%$ 属日调节。

2. 按两水库相对位置和调节方式划分

（1）补偿调节。水库至下游用水部门取水地点之间常见有较大的区间面积，区间入流显著而不受水库控制，为了充分利用区间来水量，水库应配合区间流量变化补充放水，尽可能使水库放水流量与区间入流量的合成流量等于或接近于下游用水要求。这种视水库下游区间来水流量大小，控制水库补充放水流量的调节方式，称为补偿调节。

（2）梯级调节。布置在同一条河流上多座水库，其形状像是由上而下的阶梯，称为梯级水库。梯级水库的特点是水库之间存在着水量的直接联系（对水电站来说有时还有水头的影响，称水力联系），上级水库的调节直接影响到下游各级水库的调节。在进行下级水库的调节计算时，必须考虑到流入下级水库的来水量是由上级水库调节和用水后而下泄的水量与上下两级水库间的区间来水量两部分组成。梯级调节计算一般自上而下逐级进行。当上级调节性能好，下级水库调节性能差时，可考虑上级水库对下级水库进行补偿调节，以提高梯级总的调节水量。对梯级水库进行的径流调节，简称梯级调节。

（3）径流电力补偿调节。位于不同河流上但属同一电力系统联合供电的水电站群，可以根据它们所在流域的水文特性及各自的调节性能差别，通过电力联系来进行相互之间的径流补偿调节，以提高水库群总的水利水电效益。这种通过电力联系的补偿调节就叫做径流电力补偿调节。

（4）反调节。为了缓解上游水库进行径流调节时给下游用水部门带来的不良影响，在下游适当地点修建水库对上游水库的下泄流量过程进行重新调节，称为反调节，又称再调节。河流综合利用中，经常出现上游水库为水力发电进行日调节造成下泄流量和下游水位的剧烈变化而对下游航运带来不利影响；水电站年内发电用水过程与下游灌溉用水的季节性变化不一致，修建反调节水库有助于缓解这些矛盾。

8.2.2 径流调节计算原理

蓄水工程改变了径流形成的条件，对天然径流起一定的调节作用，有利于防洪兴利。蓄水工程可供水量计算主要依据径流调节计算原理。水库蓄水量变化过程的计算称为径流

调节计算。它首先将整个调节周期划分为若干较小的计算时段，然后逐时段进行水量平衡计算，单时段水量平衡公式为

$$V_t - V_{t-1} = (Q_{入,t} - \sum Q_{用,t} - Q_{蒸,t} - Q_{渗,t} - Q_{弃,t})\Delta T \tag{8.1}$$

式中　V_t、V_{t-1}——第 t 时段末、初水库的蓄水量，m^3；

　　　$Q_{入,t}$——第 t 时段平均入库流量，m^3/s；

　　　$\sum Q_{用,t}$——第 t 时段各用水部门的综合用水流量，m^3/s；

　　　$Q_{蒸,t}$——第 t 时段蒸发损失，m^3/s；

　　　$Q_{渗,t}$——第 t 时段渗漏损失，m^3/s；

　　　$Q_{弃,t}$——第 t 时段的无益弃水流量，m^3/s；

　　　ΔT——计算时段长，s。

时段 ΔT 的长短，根据调节周期的长短及入流和需水变化情况而定。对于日调节水库，ΔT 可取小时为单位；年调节水库 ΔT 可加长，一般枯水季按月，洪水期按旬或更短的时段。选择时段过长会使计算所得的调节流量或调节库容产生较大的误差，且总是偏于不安全。选择时段越短，计算工作量越大。

8.2.3　径流调节计算任务与方法

1. 径流调节计算任务

径流调节周期是指水库从死水位开始蓄水，达到正常蓄水位后又消落到死水位的历时。不同调节性能的水库具有不同的调节周期，如日调节水库的调节周期为一日（24h），年调节水库的调节周期为一年。

径流调节的任务就是借助水库的调节作用，按用水要求重新分配河川天然径流。调节计算主要是研究天然来水、各部门的用水与水库库容三者之间的关系。调节计算的实质是进行来水和用水的对照和平衡：当来水大于用水时，水库蓄水；当来水小于用水时，水库供水。

从分析水库水量平衡式可以看出，径流调节计算可概括为完成如下三类任务：

（1）根据用水部门的要求，求所需兴利库容。

（2）根据已定的兴利库容，求所能提供的水量。

（3）找出天然来水、各部门用水与兴利库容三者之间的关系，或是找出保证率、可供水量与兴利库容三者之间的关系。

2. 径流调节计算方法分类

径流调节计算的方法根据所应用的河川径流特性可分为两大类。第一类是利用径流的时历特性进行计算的方法，叫做时历法，也有称为长系列法；第二类是利用径流的统计（频率）特性进行计算的方法，叫做代表年法，也称为数理统计法。

时历法采用按时序排列的实测径流系列作为入库径流过程进行水库径流调节计算，其特点是利用已出现的径流过程的时序特性反映未来的径流变化特性。时历法又分为列表法和模拟计算法：列表法是直接利用过去观测到的径流资料（即流量过程），以列表形式进行计算的方法；模拟计算法则是在电子计算机上进行模拟运行的调节计算法。在水库径流调节计算实践中，广泛地采用时历法。时历法的计算结果，给出调节后的利用流量、水库

存蓄水量、弃水量以及水库水位等因素随时序的变化过程。根据调节计算结果，通过统计分析，可以得到不同频率的可供水量、满足一定保证率的需水所要求的兴利库容等。

代表年法是先采用数理统计法得到径流的统计特性，推求不同频率的年径流量，根据保证率选择合适的代表年，对其进行适当处理，得到代表该频率的年径流的年内分配过程，以此径流年内分配过程与需水过程进行调节计算，推求一定保证率的可供水量或者满推求满足一定保证率的需水所要求的兴利库容等。

8.2.4 水库水量损失

水库建成蓄水后，因改变河流天然状况及库内外水力条件而引起额外的水量损失，主要包括蒸发损失和渗透损失，在寒冷地区还有可能有结冰损失。

1. 水库的蒸发损失

水库蓄水后，使库区形成广阔水面，原有的陆面蒸发变为水面蒸发。由于流入水库的径流资料是根据建库前坝址附近观测资料整编得出，其中已计入陆面蒸发部分。因此，计算时段 Δt（年、月）水库的蒸发损失是指由陆面面积变为水面面积所增加的额外蒸发量 $\Delta W_{蒸}$（以 m^3 计），即

$$\Delta W_{蒸}=1000(E_{水}-E_{陆})(F_{库}-f) \tag{8.2}$$

式中　$E_{水}$——计算时段 Δt 内库区水面蒸发强度，以水层深度（mm）计；

　　　$E_{陆}$——计算时段 Δt 内库区陆面蒸发强度，以水层深度（mm）计；

　　　$F_{库}$——计算时段 Δt 内水库平均水面面积，km^2；

　　　f——建库以前库区原有天然河道水面及湖泊水面面积，km^2；

　　　1000——单位换算系数，$1mm \cdot km^2 = 10^6/10^3 m^3 = 10^3 m^3$。

水库水面蒸发可根据水库附近蒸发站或气象站蒸发资料折算成自然水面蒸发，即

$$E_{水}=\alpha E_{器} \tag{8.3}$$

式中　$E_{器}$——水面蒸发器实测水面蒸发，mm；

　　　α——水面蒸发器折算系数，一般为 0.65～0.80。

陆面蒸发，尚无较成熟的计算方法，在水库设计中常采用多年平均降雨量 h_0 和多年平均径流深 y_0 之差，作为陆面蒸发的估算值。

$$E_{陆}=h_0-y_0 \tag{8.4}$$

2. 渗漏损失

建库之后，由于水库蓄水，水位抬高，水压力的增大改变了库区周围地下水的流动状态，因而产生了水库的渗漏损失。水库的渗漏损失主要包括下面几个方面：

(1) 通过能透水的坝身（如土坝、堆石坝等）的渗漏，以及闸门、水轮机等的漏水。

(2) 通过坝基及绕坝两翼的渗漏。

(3) 通过库底、库周流向较低的透水层的渗漏。

一般可按渗漏理论的达西公式估算渗漏的损失量。计算时所需的数据（如渗漏系数、渗径长度等）必须根据库区及坝址的水文地质、地形、水工建筑物的型式等条件来决定，而这些地质条件及渗流运动均较复杂，往往难以用理论计算的方法获得较好的成果。因此，在生产实际中，常根据水文地质情况，定出一些经验性的数据，作为初步估算渗漏损

失的依据。

在水库运行的最初几年,渗漏损失往往较大(大于上述经验数据),因为初蓄时,为了湿润土壤及抬高地下水位需要额外损失水量。水库运行多年之后,因为库床泥沙颗粒间的空隙逐渐被水内细泥或黏土淤塞,渗漏系数变小,同时库岸四周地下水位逐渐抬高,渗漏量减少。

8.2.5 蓄水工程供水能力计算

蓄水工程可供水量系指在不同水平年,不同保证率情况下,考虑需水情况下,蓄水工程可提供的水量。蓄水工程可供水量取决于不同保证率的来水量过程、蓄水工程的兴利调节能力(水库兴利库容)、不同水平年需水特性。不同保证率来水量过程由第5章介绍的方法推求,不同水平年需水特性根据未来经济社会发展状况,预测不同水平年需水量过程,根据预测的需水量过程概化得到各个月需水量占年需水量的比例作为需水特性。可供水量计算时采用试算的方法,先假设某一需水量,根据需水特性,可以得到需水过程,应用水量平衡方程

$$V_t - V_{t-1} = (Q_{入,t} - \sum Q_{用,t} - Q_{蒸,t} - Q_{渗,t} - Q_{弃,t}) \cdot \Delta T \tag{8.5}$$

计算水库兴利库容里蓄水变化情况,蓄水期开始的时候,水库兴利库容里蓄水量取为0,在计算过程中,如果水库兴利库容里蓄水量超过兴利库容,则多余的水作为弃水,如果各个月的蓄水量中最小的刚好为0,则假设的需水量即为可供水量;如果各个月的蓄水量中最小的大于0,说明可供水量大于假设的需水量;如果各个月的蓄水量中最小的小于0,说明可供水量小于假设的需水量;都要重新假设蓄水量进行调节计算,直到各个月的蓄水量中最小的刚好为0。

蓄水工程可供水量计算可以用代表年法与长系列法。

【例 8.1】 用代表年法计算某水库可供水量。

某水库兴利库容 1.5 亿 m^3,通过频率计算得到 75% 保证率年来水量 55350 万 m^3,根据未来经济社会发展状况,预测得到供水区域规划水平年需水量过程,由预测的需水量过程概化得到各个月需水量占年需水量的比例作为需水特性,此需水为毛需水,包括水库的损失,根据水量平衡原理调节计算可以得到水库可供水量为 44443 万 m^3。具体见表 8.1。如果需水量大于 44443 万 m^3,年末蓄水量出现负值,不能保证供水;如果需水量小于 44443 万 m^3,年末蓄水量最小值大于零,没有充分利用来水。兴利库容越大,可供水量越大。不同保证率的来水过程,不同的需水特性,计算得到的可供水量是不同的。

表 8.1 典型年法计算某水库可供水量计算表

月份	来水量 /万 m^3	用水分配比 /%	用水量 /万 m^3	余缺水量 /万 m^3	月末蓄水量 /万 m^3	弃水量 /万 m^3
6					0	
7	15000	16.8	7460	7540	7540	0
8	13000	10.8	4796	8204	15000	744
9	5400	3.1	1386	4014	15000	4014

续表

月份	来水量 /万 m³	用水分配比 /%	用水量 /万 m³	余缺水量 /万 m³	月末蓄水量 /万 m³	弃水量 /万 m³
10	6200	3.6	1599	4601	15000	4601
11	2400	1.9	853	1547	15000	1547
12	1000	2.8	1226	−226	14774	0
1	1200	3.6	1599	−399	14376	0
2	1000	4.8	2132	−1132	13244	0
3	1300	10.6	4689	−3389	9855	0
4	2150	15.6	6928	−4778	5077	0
5	2900	14.4	6395	−3495	1582	0
6	3800	12.1	5382	−1582	0	0
合计	55350		44443	10907		10907

8.3 引水工程可供水量分析计算

8.3.1 计算原理

引水工程通过河道、渠道、管道等把水资源从源地输送到用户。引水工程的可供水量取决于水源的径流过程、河道（渠道、管道）输水能力、涵闸等引水控制工程过水能力、需水量过程。考虑到径流过程与需水过程随时间变化的特性，需要分时段计算引水工程可供水量，引水工程年可供水量为各个时段可供水量之和。各个时段可供水量取时段水源径流量、相应水文条件（水位）下的河道（渠道、管道）时段输水量、相应水文条件（水位）下的引水控制工程时段引水量、时段需水量 4 项的最小值。时段水源径流量、相应水文条件（水位）下的河道（渠道、管道）时段输水量、相应水文条件（水位）下的引水控制工程时段引水量、时段需水量不独立，存在响应关系。如果时段水源径流量不能满足需水量，则水源径流量与水源水位都影响可供水量；如果时段水源径流量可以满足需水量，则水源水位影响可供水量。时段水源径流量采用第 5 章介绍的方法计算；河道（渠道、管道）时段输水量根据河道（渠道、管道）断面尺寸与水位资料，采用水力学公式计算；时段需水量采用第 7 章介绍的方法计算，如果有其他水源（当地径流、回归水、库塘蓄水等）辅助供应，需引水量在预测的区域需水量里应减掉这部分量；引水控制工程时段引水量根据水位资料与引水控制工程规模，采用水力学公式计算。本节主要介绍引水控制工程时段引水量。

8.3.2 引水控制工程引水能力计算

不同形式的引水控制工程，采用的水力学公式有差异，但是基本方法相同，本教材以宽顶堰闸孔出流为例介绍计算方法。宽顶堰闸孔出流有两种情况：当下游水位较低，使闸孔下游发生远驱式水跃，这时下游水位不影响闸孔流量，为自由出流；当下游水位较高时，使闸孔下游发生淹没式水跃，以致影响闸孔出流，为淹没出流。

当出流方式为自由出流时，由 $Q=AV$ 可以推导出

$$Q=\mu_0 be\sqrt{2gH_0} \tag{8.6}$$

式中　μ_0——流量系数，由试验确定；
$\quad\quad\ b$——闸孔宽度；
$\quad\quad\ e$——闸门开度；
$\quad\quad\ g$——重力加速度；
$\quad\quad H_0$——闸前总水头。

$$H_0=H+\frac{\alpha_0 v_0}{2g} \tag{8.7}$$

式中　H——闸前水深；
$\quad\quad v_0$——闸前流速；
$\quad\quad \alpha_0$——系数。

当出流方式为淹没出流时，流量公式为

$$Q=\sigma_0\mu_0 be\sqrt{2gH_0} \tag{8.8}$$

式中　σ_0——宽顶堰闸孔出流的淹没系数，可查表得知；
$\quad\quad \mu_0$——宽顶堰闸孔自由出流流量系数。

闸前水深根据水源水位与闸底板高程计算，闸前流速由水源流量与河道断面特性计算，闸孔宽度根据实际情况确定，闸门开度根据闸门开启情况确定，流量系数、淹没系数等根据试验或者观测资料确定，出流方式根据下游水位判断。

8.3.3　枯水径流量分析计算

枯水流量亦称最小流量，是河川径流的一种特殊形态。枯水流量往往制约着城市的发展规模、灌溉面积、通航的容量和时间，同时，也是决定水电站保证出力的重要因素。

按设计时段的长短，枯水流量又可分为瞬时、日、旬、月、……最小流量，其中又以日、旬、月最小流量对水资源利用工程的规划设计关系最大。

时段枯水流量与时段径流在分析方法上没有本质区别，主要在选择方法有所不同。时段径流在时序上往往是固定的，而枯水流量则在一年中选其最小值，在时序上是变动的。此外，在一些具体环节上也有一些差异。

1.有实测水文资料时的枯水流量计算

当设计代表站有长系列实测径流资料时，可按年最小选样原则，选取一年中最小的时段径流量，组成样本系列。

枯水流量采用不足概率，即以小于和等于该径流的概率来表示，它和年最大选样的概率有的关系。因此在系列排队时按由小到大排列。除此之外，年枯水流量频率曲线的绘制与时段径流频率曲线的绘制基本相同，也常采用 P-Ⅲ 型频率曲线适线。图8.1为某水文站不同天数的枯水流量频率曲线的示例。

年枯水流量频率曲线，在某些河流上，特别是在干旱半干旱地区的小河流上，还会出现时段径流量为零的现象。此处介绍一种简易的实用方法。

8.3 引水工程可供水量分析计算

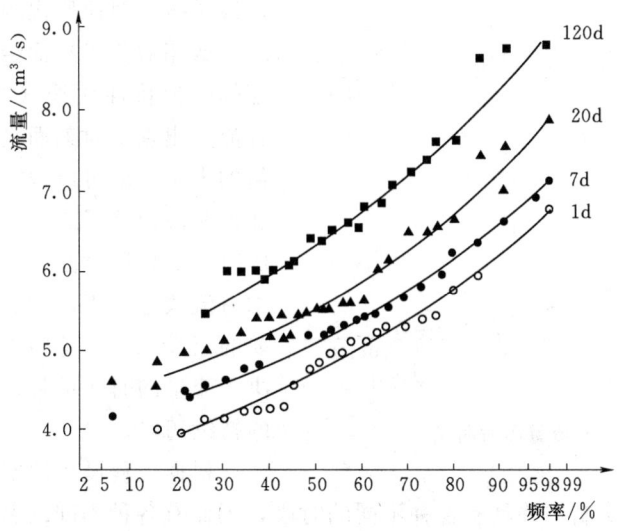

图 8.1 某水文站枯水流量频率

设系列的全部项数为，其中非零项数为，零值项数为。首先把项非零资料视作一个独立系列，按一般方法求出其频率曲线。然后通过下列转换。即可求得全部系列的频率曲线。其转换关系为

$$p_{\text{设}} = \frac{k}{n} p_{\text{非}} \tag{8.9}$$

式中 $p_{\text{设}}$——全系列的设计频率；

$p_{\text{非}}$——非零系列的相应频率。

在枯水流量频率曲线上，往往会出现在两端接近 20% 和 90% 处曲线转折现象。在 20% 以下的部分是河网及潜水逐渐枯竭，径流主要靠深层地下水补给。在 90% 以上部分，可能是某些年份有地表水补给，枯水流量偏大所致。

2. 短缺水文资料时的枯水流量估算

当设计断面缺径流资料时，设计枯水流量主要借助于参证站延长系列或成果移置。但枯水流量较之固定时段的径流，其时程变化更为稳定。因此，在与参证站建立径流相关时，效果会更好一些。或者说，条件可以适当放宽。例如，当设计站只有少数几年资料，与参证站的相似性较好时，也可建立较好的枯水流量相关关系。在这种情况下，甚至可以不进行设计站的径流系列延长和频率分析，而直接移用参证站的频率分析成果，经上述相关关系，转化为本站的相应频率的设计枯水流量。

在设计站完全没有径流资料的情况下，还可以临时进行资料的补充收集工作，以应需要。如果能施测一个枯水季的流量过程，则对于建立 30d 以下时段的枯水流量关系，有很大用处；如果只研究日最小流量，那么在枯水期只施测几次流量（如 10 次流量），就可以与参证站径流建立相关关系。

8.3.4 流量历时曲线

径流的分配过程除用上述的流量过程表示外，还可用所谓流量历时曲线来表示。这种

曲线是按其时段所出现的流量数值及其历时（或相对历时）而绘成的，说明径流分配的一种特性曲线（图 8.2）。如不考虑各流量出现的时刻而只研究所出现流量数值的大小，就可以很方便地由曲线上求得在该时段内等于或大于某流量数值出现的历时。流量历时曲线在水力发电、航运和木材流放等工程设计的水利计算中有着重要的意义，因为这些工程的设计，不仅取决于流量的时序更替，而且还取决于流量的持续历时。

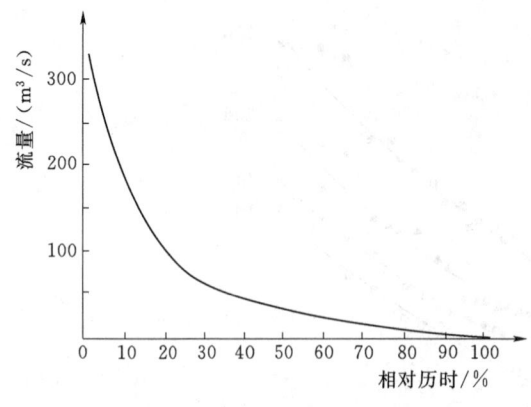

图 8.2 日流量历时曲线

根据工程设计的不同要求，历时曲线可以用不同的方法绘制，并具有各种不同的时段，因而有各种不同的名称。

1. 多年综合日流量历时曲线

多年综合日流量历时曲线是根据所有各年份的实测日平均流量资料绘成的，它能反映流量在多年期间的历时情况。

在工程设计中，有时要求绘制丰水年（或枯水年）的综合日流量历时曲线，它是根据各丰水年（或枯水年）的实测平均流量资料绘成的。

此外，还有所谓丰水期（枯水期、灌溉期）的综合日流量历时曲线，它是根据所有各年丰水期（枯水期、灌溉期）的实测日平均流量资料绘成的。

2. 典型年日流量历时曲线

代表年日流量历时曲线是根据某一年份的实测日平均流量资料绘成的。曲线的纵坐标为日平均流量或其相对值（模比系数），横坐标则为历时日数或相对历时（占全年的百分数）。

在工程设计中，常常需要各种典型年（丰水年、中水年、枯水年）的日流量历时曲线。绘制代表年日流量历时曲线时，典型年的选择应按照以前所述选择典型年的原则来进行。

3. 平均日流量历时曲线

平均日流量历时曲线是以各年同历时的日平均流量的平均值为纵坐标，其相应历时为横坐标点绘的曲线。平均历时曲线是一种虚拟的曲线。与综合历时曲线相比，它的上部较低而下部较高，中间则大致与综合曲线重合。利用平均历时曲线的这种性质，有人建议一种根据平均历时曲线来绘制综合历时曲线的简化方法，即在历时为 10%~90% 的范围内，用平均曲线的作图方法作图；在历时小于 10% 和历时大于 90% 的两端，则根据实测年份中绝对最大和最小日流量数值目估定线。

在有实测径流资料时，日流量历时曲线的绘制方法已在水文测验学中讲述，本书不再重复。

当缺乏实测径流资料时，综合或代表年日流量历时曲线的绘制，可按水文比拟法来进行，即把相似流域以模比系数为纵坐标的日流量历时曲线直接移用过来，再以设计流域的多年平均流量（用间接方法求出）乘纵坐标的数值，就得出设计流域的日流量历时曲线。

在选择相似流域时，必须使决定历时曲线形状的气候条件和径流天然调节程度相似。

天然调节程度是由一些地方性因素，如流域面积大小、湖泊率、森林率、地质和水文地质条件来决定。对于天然调节程度较大的流域，历时曲线比较平直。对于调节程度较小的流域，历时曲线则比较陡峻。

本 章 小 结

可供水量计算是比较复杂的问题，不同的水资源利用工程，可供水量计算内容与方法不同。蓄水工程可供水量表达为不同水平年、不同保证率的情况下，考虑需水要求，蓄水工程设施可提供的水量，根据水量平衡原理，根据试算法可确定蓄水工程可供水量。引水工程可供水量根据主要影响因素，可表达为引水控制工程的引水能力与引水水源的不同频率的水量等，用水力学法计算引水控制工程的引水能力；引水水源的水量可以用不同频率的枯水流量表示，根据枯水径流量资料进行频率计算得到不同频率的枯水流量。提水工程的可供水量取决于提水工程规模与水源的水量及水位，与引水工程类似。

思 考 与 练 习

8.1 什么是径流调节？

8.2 径流调节有什么作用？

8.3 径流调节如何分类？

8.4 设计水平年是什么？如何确定？

8.5 设计保证率是什么？

8.6 蓄水工程调节计算的基本原理是什么？

8.7 水库水量损失包括哪些？如何计算？

8.8 蓄水工程供水能力是指什么？

8.9 洪水调节计算与兴利调节计算二者的异同。

8.10 水库设计年来水量和年用水量的年内分配见表1，试求不计损失时的兴利库容（以 m^3 计）。

表1　　　　　　　　水库调节计算表　　　　　　　单位：$(m^3/s)\cdot$月

月份	$W_来$	$W_用$	$W_来 - W_用$		月末蓄水量	$W_弃$
			+	−		
5	95	35				
6	50	35				
7	20	35				
8	65	30				
9	18	40				

续表

月份	$W_{来}$	$W_{用}$	$W_{来}-W_{用}$		月末蓄水量	$W_{弃}$
			+	−		
10	12	40				
11	30	30				
12	35	30				
1	28	35				
2	22	35				
3	31	30				
4	27	35				
合计						

第9章 河流水质分析计算

9.1 概 述

9.1.1 基本概念

地球上的水在太阳辐射作用下，不停地从水面、陆面和植物表面蒸发，化为水汽上升到高空，然后被气流带到其他地区，在适当的条件下凝结，形成降水，降落到地面上，然后在重力作用下，一部分渗入地下转化为土壤水和地下径流，一部分形成地表径流，汇入江河、湖泊，除蒸发外，最后都将回归大海。自然界中水的这种不断蒸发、输送、凝结、降水、产流、汇流的往复循环，即蒸发、降水径流、蒸发……称为水文循环，或自然界的水分循环。

在水文循环中，水与各种各样的物质接触，使那些物质混入或溶入其中，并经历着不断的物理、化学、生物等变化过程。水体中存在着种类繁多的不同物质，当某些物质超过一定限度，危害人类生存和生态平衡，影响水的用途时，称水体受到了污染。

水体中存在的可能造成污染的物质称作污染物。

从水文循环的过程可知，水体的污染可以发生在水文循环的各个环节上。例如降水形成中，若 SO_4^{2-}、NO_3^- 等溶入过多，使 pH 值低于 5.6，则可导致酸雨；沿河流有大量的工厂废水和城镇生活污水排入，可能形成局部河段或整条河流污染；挟带过多的氮（N）、磷（P）等植物营养素的农田径流进入湖泊和水库，长期富集时，可能出现富营养化污染；地面污水大量渗入地下，可使地下水污染。

从水文循环中还可看到，根据引起水体污染的原因可将水体污染分为两大类：一类是由于自然地理因素引起的，称自然污染；另一类是人为因素引起的，称人为污染。二者相比，后者的影响是主要的，是水污染防治的主要对象。

自然污染指特殊的地质构造或其他自然条件，使一个地区的某些化学元素富集（如存在铀矿、砷矿、汞矿等），或天然植物在腐烂过程中产生某些有毒物质等，地面地下径流将这些元素大量带入河流、湖泊。

人为污染指由于人类活动造成的污染，如大量的工业废水不加处理而直接排放，农药、化肥随降雨径流进入水体等。

污染物一方面在水文循环中进入水体和发生演变，另一方面在运动中自然地减少、消失或无害化，称自净。水的污染浓度自然降低而恢复到较清洁的能力，称水的自净能力。当水体的自净能力大于污染物进入水体的强度时，水质将不断得到改善，趋于良好状态；反之，水质将恶化，严重者将导致污染。

在满足水体规定的环境质量标准下，每年允许的最大纳污量，称水体环境容量。水体环境容量是一个随机变量,水体环境容量年内分配是不均匀的。

水体自净是一个物理、化学、生物作用的极其复杂的过程。

物理净化过程,是指污染物在水体中混合、稀释、沉淀、吸附、凝聚、向大气挥发和病菌死亡等物理作用下使污染浓度降低的现象,例如污水排入河流后,在下游不远的地方污染浓度会大大降低,就主要是混合、稀释的结果。

化学净化过程,是指污染物在水中由于分解和化合、氧化与还原、酸碱反应等化学作用下,致使污染浓度降低或毒性丧失的现象,例如水在流动中大气里的氧气不断溶入,使铁锰等离子氧化成难溶的盐类而沉淀,从而减少了它们在水中的含量。

生物净化过程,是水体内的微生物群,在它们分泌的各种酶的作用下,使污染物发生分解和转化为无害物质的现象,例如有机物在细菌作用下,部分转化为菌体,部分转化为无机物;接着细菌又成为水中原生动物的食料,原生动物又成为后生动物、高等水生动物的食品,无机物为植物吸收,这样有机物便逐步转化为无机物和高等水生生物,达到无害化,从而起到净化作用。污水处理厂,就是依据水体的自净规律,人为地在一个很小的范围内营造一套有利于水体自净的优良条件,使污水在很短的时间内得以净化。

9.1.2 主要任务

水资源质量是水资源的一个重要属性,水环境保护是水利的一个重要工作内容。河流水质分析计算主要包括划分水功能区,依照河流水质标准对河流水质进行评价;应用河流水质模型分析取水对纳污能力的影响,退水对河流水质的影响。

9.1.3 主要方法

河流水质分析计算主要进行河流水质评价及应用河流水质模型计算取水与退水对河流水质的影响,采用的主要方法有河流水质评价法与河流水质模型法。

(1) 河流水质评价法。通过搜集水质资料数据,确定评价要素(水质参数),选择评价方法,依据水功能区水质标准,通过计算分析,得出评价结论,准确地反映河流水质污染状况,找出主要污染物的影响,为水资源保护、水污染防治和水质管理提供依据。

(2) 河流水质模型法。根据由水流连续性原理、能量守恒原理、物质转化与平衡原理而建立的水质模型的基本方程,建立用于中小河流的零维与一维水质模型,利用水质模型定量计算取水及排水对河流水质的影响。

9.1.4 主要内容

河流水质分析计算的主要内容包括河流水质评价、水功能区纳污能力计算、河流水质时空变化计算。

(1) 河流水质评价。依据水域使用要求,划分水功能区,确定水质标准,根据实测或者预测水质浓度,利用感官性状评价或者污染指数法,定性定量评价河流水质状况。

(2) 水功能区纳污能力计算。应用一维稳态河流水质模型,分析计算中小河流水功能区纳污能力,定量计算由于取水改变河流水文条件导致的纳污能力的变化。

(3) 河流水质时空变化计算。应用一维稳态河流水质模型,分析计算点源进入河流以后，沿河水质的定量变化。

9.2 河流水质评价

9.2.1 水质指标

水环境质量概括起来有物理、化学和生物学3方面的性质，并通过不同的指标定性定量地反映，这些指标称为水质指标。水中污染物多种多样，使水质指标也多种多样，有的指标直接用某种污染物表示，如汞、镉、铁、酚等等；有些则综合反映若干污染物共同的影响结果，如生化需氧量（BOD）、总氮（N）、总磷（P）、酸碱强度（pH）等。后者是综合性的水质指标，反映的是某类性质的污染物的多少，如 BOD 可反映水中可生化降解的有机物的浓度高低。

为反映各种指标的大小，需要相应的度量单位。对于以重量表示的污染物浓度，度量单位常以 mg/L 计，表示每升水中包含多少毫克的污染物；温度以℃计，细菌浓度以个/L 计，放射性污染浓度以 Ci/L 计等等，视不同性质的指标采用相应的度量单位。

下面介绍几种常见的水质指标。

(1) 溶解氧（DO）。溶解氧指溶解在水中的分子氧 O_2，其含量以每升水中溶解的分子氧的毫克数表示，即 mg/L，可采用温克勒氏法、溶解氧电极法和溶氧仪测定。水中溶解氧的多少，是反映水质好坏的一个重要指标。DO 大，有利于水中动植物的正常繁衍生息，保持清洁的水环境状态；反之，将引起水质恶化。

(2) 生化需氧量（BOD）。在有溶解氧的条件下，水中可分解的有机物由于好氧微生物的作用分解而无机化，这个过程所需要的氧量，称生化需氧量（BOD），以每升水中有机物生化降解消耗的氧的毫克数表示，即 mg/L。水中有机物完全经过生物氧化分解的过程需要很长时间，因此，在实际工作中通常是用被检测的水体，在水温 20℃的有氧条件下经过 5d 消耗的溶解氧量来表示生化需氧量，称之为五日生化需氧量（BOD_5）。BOD_5 是 BOD 的一部分，BOD_5 约为 BOD 的 70%～80%，能相对地反映出水中的有机物含量，因此也是评价水中有机物含量的重要指标。

(3) 化学需氧量（COD）。化学需氧量是指应用化学方法，通过强氧化剂（如重铬酸钾、高锰酸钾）氧化水中有机物所需要的氧量，仍以氧的 mg/L 表示。化学需氧量测定快速，但所用强氧化剂不同测得的结果将不同。当用重铬酸钾作强氧化剂时，测得的化学需氧量称铬法化学需氧量，记为 COD_{Cr}，习惯上称化学需氧量 COD；当用高锰酸钾作强氧化剂时，测得的化学需氧量称锰法化学需氧量，记为 COD_{Mn}，习惯上称高锰酸盐指数或耗氧量。

重铬酸钾法氧化的实际上是水样中的还原性物质，既包括有机物，也包括无机性的还原物。因污水中有机物的含量大大多于无机性还原物，因此测得的 COD 可认为是有机污染的指标。当还原性无机物的含量较多时，会因它们也能被重铬酸钾氧化而使测得的结果偏高。高锰酸钾法比重铬酸钾法简便快速，但测得的数值不能代表水中有机物质可被氧化的全部含量。一般情况是，水中的含碳有机物在测定条件下易被高锰酸钾氧化，而含氮有机物就较难分解。因此，同样的污水，COD_{Cr}值将比COD_{Mn}值大得多，如汉江某些监测站分析，COD_{Cr}为COD_{Mn}的3～4倍。

(4) 总需氧量（TOD）和总有机碳（TOC）。总需氧量是指水中的还原性物质，主要是有机物，在铂催化剂中于900℃下燃烧，完全氧化时所需的氧量，结果以O_2的mg/L计。TOD值能反映出几乎全部有机物质经燃烧后变成CO_2、H_2O、NO、SO_2、……时所需要的氧量。它比BOD、COD都更接近于理论的总需氧量。

总有机碳是指水中有机物所含的碳元素总量，可由总有机碳测定仪简便迅速测定，结果以C的mg/L计。对于一般的生活污水，通常认为BOD_5与TOC在数值上大致相等，但也有些研究指出：BOD_5为1.35～2.62TOC，平均为1.85TOC。

TOD对TOC的比例关系可以大致反映水中有机物的组分。对于含碳（不含氮）化合物，因为一个碳原子消耗二个氧原子，$O_2/C=2.67$，因此理论上说，TOD=2.67TOC。如果某水样的TOD/TOC接近于2.67，可以认为水中有机物主要是含碳（不含氮）有机物；如果TOD/TOC大于0.4，则应考虑水样中有较多的含S、P有机物存在；当TOD/TOC小于2.6时，应考虑水样中硝酸盐和亚硝酸盐含量较大的可能性。

(5) 总氮（N）。氮是仅次于碳、氢、氧的又一生物元素，尤其是形成蛋白质的重要元素，存在于几乎所有的动植物生命过程中。水中氮元素的多少对水环境状态具有非常重要的影响，因此常常被作为水环境评价的一项重要的综合指标。

(6) 总磷（P）。随着合成洗涤剂用量的增加，三聚磷酸盐作为合成洗涤剂的添加剂，使生活污水的含磷量比以往大大增加；有机磷农药和含磷化肥的大量使用，又使雨水径流中的含磷量提高。这些都使天然水体的含磷量有所增长，当磷的浓度超过一定限度，就会引起水体的富营养化，所以天然水和废水中磷浓度的测定，也是一个非常重要的水质指标。天然水和废水中的磷绝大多数以各种形式的磷酸盐存在，也有有机磷的化合物。

(7) 酸碱强度pH值。水的pH值用来表示水的酸碱强度，它是最常用的水质指标之一。pH值是溶液中氢离子浓度的负对数，可用比色测定法或电位测定法测量，是一个无单位数。pH值为7时，水溶液为中性；pH值大于7为酸性；pH值小于7为碱性。水的用途不同，pH值将有不同的要求。如饮用水的pH值必须在6.5～8.5之间，锅炉给水的pH值需保持在7.0～8.5之间等等。

9.2.2 水功能区划分

水是人类生活和生产所必需的重要资源，但出于自然的、社会的、经济的和历史的原因考虑，对不同的水域将赋予不同的功能，可按其主体功能划分为不同的水功能区。水体功能不同，要求的水质标准也不同。要求的水质标准视相应的水体功能而定，如果水质达不到规定的标准，也就难以达到所要求的功能。例如有的水域被划为保护区、保留区、开发利用区，有的被明确规定为饮用水区，或渔业用水区、工业用水区、农业用水区，或景观娱乐用水区等。我们不能要求所有的水域都能满足各种用水功能，那样做是不科学的，也不符合实际。很显然，要求水体的功能越强，水质标准将愈高，为此，用于水资源保护所付出的代价也越大。所以，在水环境保护规划时，首要的任务就是综合各种条件，合理确定各水体的功能。

依据国民经济发展规划和水资源综合利用规划，结合区域水资源开发利用现状和社会需求，科学合理地在相应水域划定具有特定功能、满足水资源合理开发利用和保护要求并能够发挥最佳效益的区域（即水功能区）；确定各水域的主导功能及功能顺序，制定水域功能不遭破坏的水资源保护目标；通过各功能区水资源保护目标的实现，保障水资源的可持续利用。

中国水功能区划分两级体系：一级区分水域水源保护区、缓冲区、开发利用区及其保护区；二级区分饮用水源区、工业用水区、农业用水区、渔业用水区、景观娱乐用水区、过渡区和排污控制区。这种分区可使水资源开发利用更趋合理，以求取得最佳效益，促进经济社会可持续发展。

不同的水功能区水质要求要符合相应的水质标准。

9.2.3 河流水质标准

许多国家都根据本国的实际情况，针对水体功能要求，制定了一系列的水质标准。例如我国制定的《地表水环境质量标准》《生活饮用水水质标准》《渔业水质标准》《农田灌溉用水水质标准》等等。

依据地表水水域环境功能和保护目标，按功能高低依次划分为5类，见表9.1。

表 9.1　　　　　　　　　　地表水环境功能分类

Ⅰ类	主要适用于源头水、国家自然保护区
Ⅱ类	主要适用于集中式生活饮用水地表水源地一级保护区、珍稀水生生物栖息地、鱼虾类产卵场、仔稚幼鱼的索饵场等
Ⅲ类	主要适用于集中式生活饮用水地表水源地二级保护区、鱼虾类越冬场、洄游通道、水产养殖区等渔业水域及游泳区
Ⅳ类	主要适用于一般工业用水区及人体非直接接触的娱乐用水区
Ⅴ类	主要适用于农业用水区及一般景观要求水域

我国在《地面水环境质量标准》(GB 3838—1988)、《地表水环境质量标准》（GHZB 1—1999）基础上，2002年颁布了现行的《地表水环境质量标准》（GB 3838—2002）。该标准包括的水质评价指标项目有109项，其中基本水质指标项目24项，集中式生活饮用水地表水源地补充项目5项，集中式生活饮用水地表水源地特定项目80项，表9.2为24项基本水质指标。

对应地表水5类水域功能，将地表水环境质量标准基本项目标准值分为5类，不同功能类别分别执行相应类别的标准值。同一水域兼有多类使用功能的，执行最高功能类别对应的标准值。

9.2.4 河流水质评价方法

水质评价的目的是准确地反映水质污染状况，找出主要污染物的影响，为水资源保护、水污染防治和水质管理提供依据。水质评价一般包括现状评价、回顾评价和预断评价，分别回答现在、过去、未来的水污染状况。水质评价工作步骤，大致可以概括为：搜

表 9.2　　　　　　　　　地表水环境质量标准基本项目标准限值　　　　　　　　单位：mg/L

序号	分类　标准值　项目		Ⅰ类	Ⅱ类	Ⅲ类	Ⅳ类	Ⅴ类
1	水温/℃		人为造成的环境水温变化应限制在：周平均最大温升不大于1，周平均最大温降不大于2				
2	pH值（无量纲）		6～9				
3	溶解氧	≥	饱和率90%（或7.5）	6	5	3	2
4	高锰酸盐指数	≤	2	4	6	10	15
5	化学需氧量（COD）	≤	15	15	20	30	40
6	五日生化需氧量（BOD_5）	≤	3	3	4	6	10
7	氨氮（NH_3-N）	≤	0.15	0.5	1.0	1.5	2.0
8	总磷（以P计）	≤	0.02（湖、库0.01）	0.1（湖、库0.025）	0.2（湖、库0.05）	0.3（湖、库0.1）	0.4（湖、库0.2）
9	总氮（湖、水库，以N计）	≤	0.2	0.5	1.0	1.5	2.0
10	铜	≤	0.01	1.0	1.0	1.0	1.0
11	锌	≤	0.05	1.0	1.0	2.0	2.0
12	氟化物（以F^-计）	≤	1.0	1.0	1.0	1.5	1.5
13	硒	≤	0.01	0.01	0.01	0.02	0.02
14	砷	≤	0.05	0.05	0.05	0.1	0.1
15	汞	≤	0.00005	0.00005	0.0001	0.001	0.001
16	镉	≤	0.001	0.005	0.005	0.005	0.01
17	铬（六价）	≤	0.01	0.05	0.05	0.05	0.1
18	铅	≤	0.01	0.01	0.05	0.05	0.1
19	氰化物	≤	0.005	0.05	0.02	0.2	0.2
20	挥发酚	≤	0.002	0.002	0.005	0.01	0.1
21	石油类	≤	0.05	0.05	0.05	0.5	1.0
22	阴离子表面活性剂	≤	0.2	0.2	0.2	0.3	0.3
23	硫化物	≤	0.05	0.1	0.2	0.5	1.0
24	粪大肠菌群/(个/L)	≤	200	2000	10000	20000	40000

集资料数据，确定评价要素（水质参数），选择评价方法，计算分析，得出结论。下面介绍几种基本的水质评价方法。

1. 感官性状评价

在水质评价过程中，往往可根据水体的颜色、味道、臭味、透明度（或浑浊度）进行直观的评价，判断水体是否遭受污染及污染的轻重，即对水体感官性状的评价常是判定水体污染的直接依据。感官性状评价又称为物理评价，主要有以下几个指标。

（1）颜色。纯净的水在水浅时是无色的，深时为浅蓝色。当水中含有污染物时，水体颜色有所变化。如含低铁化合物为浅绿色，含高铁化合物呈黄色；油类污染是在阳光照耀下水表面泛出各种色泽；洪水季节泥沙含量升高，水体颜色随泥沙呈黄色。因此可根据水体颜色判别水体的清洁程度。

(2) 味道。纯净的水应无味。当水中含有污染物时会产生异味。例如受海水污染会出现咸味。一般不能用品尝方法判别，而多与测嗅结合。

(3) 臭味。清洁的水无任何气味，被污染的水常可闻到不同的气味，可给人以直观的印象。一般评定臭味的方法有两种：一是经验法，即根据人对水中气味的反映，将臭味的强度分为6级，二是嗅阈法。水中某种气味能被嗅出的最低浓度称为嗅阈浓度。将水样稀释到嗅阈浓度的稀释倍数称嗅阈值，即水样稀释到刚能觉察的稀释倍数，其值大小代表强度。

(4) 透明度（或浑浊度）。透明度是指水清澈的程度。浑浊度与之相反。水中悬浮物和胶体物质愈多透明度愈小，浑浊度愈大。

2. 污染指数法

这种水质评价方法的特点是用各种污染物质的相对污染值，进行数学上的归纳与统计，得出一个较简单的数值，用以代表水体的污染程度，也可用它进行水体污染的分类和分级。污染指数法主要有单因子评价指数和多因子评价指数两种方法。

(1) 单因子评价指数法。当评价某水质参数（i）对人体健康和水环境的影响程度时，直接采用监测的浓度值不能全面反映污染的程度，为了表示该污染物对水环境质量产生的等效影响程度，常采用该污染物在水中的实测浓度与其在水中环境标准的允许浓度（评价标准）进行比较，求得单参数的污染指数。常采用算术平均值法，即

$$P_i = \frac{C_i}{S_i} \tag{9.1}$$

$$P = \sum_{i=1}^{n} \frac{P_i}{n} \tag{9.2}$$

式中 P_i——某种污染物的相对污染值；

C_i——某种污染物实测浓度值；

S_i——某种污染物的评价标准；

P——某种污染物的污染指数；

n——某种污染物的实测次数。

P_i为一无量纲值，表示了该污染物在环境中超过评价标准的程度。当$P>1$时说明该污染物超过评价标准，不能满足环境质量要求。当$P<1$时则能满足环境质量要求。

式(9.1)适用于有上限的污染物。对于有下限的污染物，例如DO

当
$$\left.\begin{array}{l} DO > 8\text{mg/L 时}, P_i = 0 \\ DO = 4 \sim 8\text{mg/L 时}, P_i = 1 - \dfrac{C_i - S_i}{S_i} \\ DO < 4\text{mg/L 时}, P_i = 1 + (S_i - C_i) \end{array}\right\} \tag{9.3}$$

对于具有最高、最低标准的污染物，例如pH值，则

$$P_i = \frac{C_i - 7}{S_{\text{最高或最低}} - 7} \tag{9.4}$$

（2）多因子评价指数法。污染的水体中大多含有多种污染物，而单因子评价指数常因为其所选参数缺乏代表性而不能真实反映实际水质，在实际工作中多采用多因子评价指数代替之。所谓多因子即指能综合反映水质特征的多种参数的组合。方法很多，归纳如下。

1）叠加型指数。此法是将几个单项污染指数进行叠加，其计算公式为

$$I = \sum_{i=1}^{n} P_i = \sum_{i=1}^{n} \frac{C_i}{S_i} \tag{9.5}$$

式中　I——综合污染指数。

此法采用的参数视水体的具体情况而定，以 I 值大小进行分级，计算简单，但对取不同的参数的水体缺乏可比性，同时不能区别不同污染物的不同影响。

2）均值型指数。

$$I = \frac{1}{n} \sum_{i=1}^{n} P_i \tag{9.6}$$

此法解决了参数多少不同的问题，但仍未考虑各污染物有害程度的不同及个别参数浓度过高的影响。

3）加权叠加型指数。

$$I = \sum_{i=1}^{n} W_i P_i \tag{9.7}$$

式中　W_i——第 i 项污染物的权重值。

$$\sum_{i=1}^{n} W_i = 1 \tag{9.8}$$

此法用权重考虑了不同污染物对环境影响的差异，但权重值多凭经验确定，如通过咨询、征求专家意见进行评分确定，带有一定的主观随意性。

4）加权均值型指数。

$$I = \frac{1}{n} \sum_{i=1}^{n} W_i P_i \tag{9.9}$$

这是与加权叠加型指数相应的另一种形式。

5）均方根型指数。

$$I = \sqrt{\frac{1}{n} \sum_{i=1}^{n} P_i^2} \tag{9.10}$$

当 $P_i > 1$ 时，P_i 越大，P_i^2 越大；当 $P_i < 1$ 时，P_i 越小，P_i^2 越小，因此，此式突出了超过标准值的项目的污染指数的影响。

9.3　河流水质模型

9.3.1　河流水质迁移转化基本方程

目前总是用一些水质指标来集中反映水体的污染特性。这些水质指标有反映污染物浓度的综合指标（如 BOD_5、BOD、COD）、溶解氧浓度、藻类浓度、水温、浊度，等等。反

映这些污染物在水体中运动、变化基本规律的方程称之为水质迁移转化基本方程。它是针对微元水体由水流连续性原理、能量守恒原理、物质转化与平衡原理而建立的，这些都是建立水质模型最基本的方程。在此基础上，结合不同污染物的不同特点，便可进一步建立相应的水质数学模型，如河流有机物与溶解氧模型（简称 BOD-DO 模型）、水库温度模型、河流温度模型、水库富营养化模型、河流综合水质模型，等等，然后根据未来的排污情况对水体污染进行预测。水质迁移转化基本方程是一个相当复杂的微分方程，除在某些情况下能求得解析解外，一般都需要采用数值解法计算。

河流、湖泊、水库、河口等水体的污染问题，严格地说，都是三维结构。但实际上，往往可以根据混合情况，将某些水体的水质计算简化为二维、一维乃至零维来处理。例如一条中小河流的较长河段，其横向和竖向的污染浓度基本均匀，这时只考虑纵向（水流方向）的浓度变化就足以达到水质管理的要求。又如混合基本均匀的小型浅水湖泊，则可视作零维结构对待。这样既能保持要求的精度，又使计算工作大大简化。

1. 零维水质迁移转化基本方程

如果将一个单元水体，如一个水库、一个湖泊、一个河段，看成完全混合的、水质浓度一致的反应单元。根据水量平衡原理可以得到水量平衡基本方程。

$$\frac{dV}{dt}=Q_I-Q \tag{9.11}$$

式中　Q_I——反应单元的入流流量，m^3/s；

　　　Q——流出反应单元的流量，m^3/s；

　　　V——反应单元的蓄水体积，m^3；

　　　t——时间，s。

污染物进入该单元水体后，由于反应单元内的搅拌混合作用，污染物瞬间即均匀分散至整个反应单元内。依据质量平衡原理建立水质迁移转化基本方程。

$$\frac{dVC}{dt}=Q_I C_I-QC+V\sum S_i \tag{9.12}$$

式中　C_I——进入该单元水体的污染浓度，mg/L（相当于 g/m^3）；

　　　C——反应单元内的污染浓度，也是流出反应单元的水体浓度，mg/L；

　　　$\sum S_i$——反应单元的源漏项，表示各种作用（如生物降解作用，沉降作用等）使单位水体的某项污染物在单位时间内的变化量，$g/(m^3 \cdot s)$。增加时取正号，称源；减少时取负号，称漏。

将式（9.11）代入式（9.2），可以得到浓度变化的微分方程。

$$\frac{dC}{dt}=\frac{Q_I}{V}C_I-\frac{Q_I}{V}C+\sum S_i \tag{9.13}$$

式（9.11）～式（9.13）是依据水量平衡和质量平衡原理建立的非稳态情况的基本方程。非稳态是指流量、污染浓度不稳定，随时间而变化的情况。反之，流量、浓度均不随时间而变化，则称稳态情况。后者实际上是前者的一种特例。

稳态时，$\frac{dV}{dt}=0$，水量平衡基本方程成为：$Q=Q_I=$ 常量。

即反应单元的出流等于入流，保持恒定，反应单元没有调节作用，蓄水量保持不变。

稳态时，$\dfrac{dC}{dt}=0$，零维水质迁移转化基本方程成为

$$\frac{Q_I}{V}C_I-\frac{Q_I}{V}C+\sum S_i=0 \tag{9.14}$$

2. 一维水质迁移转化基本方程

对于河流来说，其深度和宽度相对于它的长度是非常小的，排入河流的污水，经过一段距排污口很短的距离，便可在断面上混合均匀。因此，绝大多数的河流水质计算常常简化为一维水质问题，即假定污染浓度在断面上均匀一致，只随流程变化。

(1) 水流运动基本方程。

连续方程

$$\frac{\partial A}{\partial t}+\frac{\partial Q}{\partial x}=0 \tag{9.15}$$

动力方程

$$-\frac{\partial z}{\partial x}=\frac{u}{g}\frac{\partial u}{\partial x}+\frac{1}{g}\frac{\partial u}{\partial t}+\frac{u^2}{C_n^2 R} \tag{9.16}$$

式中　Q——流量；

　　　　x——距离；

　　　　z——水位；

$\dfrac{\partial z}{\partial x}$——代表水面坡降；

　　　　u——流速；

$\dfrac{u}{g}\dfrac{\partial u}{\partial x}$——迁移加速度引起的惯性项坡降；

$\dfrac{1}{g}\dfrac{\partial u}{\partial t}$——当地加速度引起的惯性项坡降；

C_n、R——分别为河段的谢才系数和水力半径；

$\dfrac{u^2}{C_n^2 R}$——摩阻坡降；

　　　　A——河流过水断面面积。

由水文气象和河段地形等资料，联解连续方程、动力方程，可求得河段的水位 z、流量 Q、流速 u、水深 H 等水力因素沿流程 x 和时间 t 的变化。这步工作常在解算水质迁移转化方程之前完成，作为求解水质方程的条件给出。但当水质因素（如水温）对水流运动有明显影响时，则要同时联解水流、水质方程。

(2) 水质基本方程。

一维水质迁移转化基本方程

$$\frac{\partial CA}{\partial t}+\frac{\partial CQ}{\partial x}=\frac{\partial}{\partial x}\left(E\frac{\partial CA}{\partial x}\right)+\sum S_i A \tag{9.17}$$

对于均匀河段，式 (9.17) 可写为

$$\frac{\partial C}{\partial t}+u\frac{\partial C}{\partial x}=\frac{\partial}{\partial x}\left(E\frac{\partial C}{\partial x}\right)+\sum S_i \tag{9.18}$$

式中 E——河段水流的纵向离散系数。

如果纵向离散系数 E 为常数,可得最常看到的河流一维水质迁移转化基本方程形式:

$$\frac{\partial C}{\partial t}+u\frac{\partial C}{\partial x}=E\frac{\partial^2 C}{\partial x^2}+\sum S_i \tag{9.19}$$

对于均匀河段当流量和排污稳定时,各断面的污染浓度不随时间变化,即 $\frac{\partial C}{\partial t}=0$,则得稳态的一维迁移转化基本方程为

$$u\frac{\mathrm{d}C}{\mathrm{d}x}=E\frac{\mathrm{d}^2 C}{\mathrm{d}x^2}+\sum S_i \tag{9.20}$$

9.3.2 水质迁移转化基本方程的解析解

1. 零维水质情况的解析解

对面积小、深度不大、封闭性强的小湖(库),污染物进入该水域后,滞留时间长,加之湖流、风浪等的作用,湖(库)水与污染物可得到比较充分的混合,使整个水体的污染浓度基本均匀。此时,可近似采用零维水质迁移转化基本方程计算和预测湖(库)的污染变化。下面分稳态条件与非稳态条件讨论求解零维水质迁移化基本方程。

稳态条件下,$Q_I=Q$,于是

$$\frac{Q}{V}C_I-\frac{Q}{V}C+\sum S_i=0 \tag{9.21}$$

如果源漏项仅考虑微生物降解,一般认为符合一阶反应动力学关系,则源漏项用下式计算。

$$\sum S_i=-k_1 C \tag{9.22}$$

式中 k_1——降解系数,s^{-1};单位也可以用 d^{-1},需要注意公式中其他量纲的统一,时间用 d。

零维水质迁移化基本方程变为

$$Q(C_I-C)-VK_1 C=0$$

由此得均匀混合水体中污染浓度为

$$C=\frac{C_I}{1+\frac{K_1 V}{Q}}=\frac{C_I}{1+K_1 T} \tag{9.23}$$

$$T=\frac{V}{Q} \tag{9.24}$$

式中 T——入流水量在该水体容积中的滞留时间,s 或者 d。

如果不考虑降解,有:$C=Q_I$。

如果污水排放进入河流以后在断面很快完全混合,可以用不考虑降解的零维水质迁移化基本方程的解求混合以后的流量与浓度。

$$Q_I=Q=Q_h+Q_p$$

$$C=\frac{Q_h C_h+Q_p C_p}{Q_h+Q_p} \tag{9.25}$$

式中 Q_h、C_h——上游河流流入断面的流量与浓度;

Q_p、C_p——排放口流入断面的流量与浓度。

应用式（9.25）的时候需要注意单位的一致性。当已知上游河流流入断面的流量与浓度、排放口排放的控制浓度，如果断面要求控制浓度不超过 C_S，则：

$$\frac{Q_h C_h + Q_p C_p}{Q_h + Q_p} \leqslant C_S \tag{9.26}$$

可以求出排放口最多允许排入河流的污废水流量，进一步根据排放浓度，就可以计算得到一定时段内允许排入河流的污染物量。

非稳态条件的零维水质迁移转化方程为

$$\frac{dC}{dt} = \frac{Q_I}{V} C_I - \frac{Q_I}{V} C + \sum S_i \tag{9.27}$$

如果 $Q = Q_I =$ 常量，在 $t = 0$ 时 $C = C_0$ 的条件下，零维水质迁移转化方程（9.13）的解为

$$C = \frac{C_I}{1 + K_1 T} \left[1 - e^{-(\frac{1}{T} + K_1)t} \right] + C_0 e^{-(\frac{1}{T} + K_1)t} \tag{9.28}$$

2. 一维河流水质基本方程的稳态解析解

在某些情况下，例如对于河流中的一个均匀河段，当具有足够简单的源漏项和边界条件时，可以用解析方法求解基本方程。

对于一个均匀河段，如果污染物在河流中只进行一级降解反应，源漏项为 $\sum S_i = -K_1 C$，可得下面的一维均匀河段的水质迁移转化基本方程

$$\frac{\partial C}{\partial t} + u \frac{\partial C}{\partial x} = E \frac{\partial^2 C}{\partial x^2} - K_1 C \tag{9.29}$$

当 $\frac{\partial C}{\partial t} = 0$ 时，即稳定状态，得到如下的常微分方程

$$\frac{d^2 C}{dx^2} - \frac{u}{E} \frac{dC}{dx} - \frac{K_1}{E} C = 0 \tag{9.30}$$

这是一个典型的一阶常微分方程，当 $x = 0$ 时，$C = C_0$，代入上式，得基本方程的稳态解为

$$C = C_0 \exp\left[\frac{ux}{2E}(1 - m)\right] \tag{9.31}$$

$$m = \sqrt{1 + 4K_1 \frac{E}{u^2}} \tag{9.32}$$

对于一般不受潮汐影响的内陆河流，扩散、离散作用相对于移流作用常常很小，$\frac{4K_1 E}{u^2} = 0$，排污对上游（$x < 0$）的浓度变化没有影响，此时可直接解得排污引起的下游浓度变化为

$$C = C_0 \exp\left(-\frac{K_1 x}{u}\right) \tag{9.33}$$

上式就是河流水质分析中常用的预测方程。

9.4 应 用

9.4.1 取水对水功能区纳污能力的影响

在水资源论证中需要计算取水对水域纳污能力的影响，对于中小型河流，可采用河流一维模型来计算水域纳污能力。设定取水口位于水域上游，控制断面位于取水口下游，距离为 x，根据《水域纳污能力计算规程》（SL 348—2006）规定，在排放口位置不确定的情况下，采用近似纳公式计算污能力。

$$M = Q_h(C_S - C_h e^{-k_1 \frac{x}{u}}) \tag{9.34}$$

式中 M——水域纳污能力，g/s；
 Q_h——河流断面的流量，m³/s；
 C_h——河流起始断面的本底浓度，mg/L；
 C_S——控制断面目标浓度，mg/L；
 x——沿河段的纵向距离，km；
 k_1——污染物综合衰减系数，1/d；
 u——河段平均流速，km/d。

根据取水前后河流流量的变化，可以计算得到建设项目取水以后水域纳污能力的变化。

【例 9.1】 皖水水厂拟从皖水取水，取水口位于铁路桥下游约 510m 处，项目取水规模 2.5 万 m³/d，根据相关水文资料统计分析，经年降水量进行修正得出取水前皖水 90%保证率最枯月流量为 2.72m³/s，项目取水流量为 0.29m³/s，河段平均流速 0.35m/s，取水以后对流速没有影响，取水后其他参数未发生变化。

水质指标采用 COD，根据资料分析 CO 综合衰减系数为 $0.1d^{-1}$，水域长度 10km，河流起始断面的 CO 本底浓度 17mg/L，控制断面目标浓度 20mg/L，通过计算可知，在皖水 90%保证率条件下，水域原有纳污能力 304.6t/a，项目取水后水域纳污能力 272.2t/a，项目取水造成水域纳污能力减少 32.4t/a，水域纳污能力下降 10.6%。

9.4.2 退水对河流水质影响分析计算

通过在河流上设置排放口排放污废水，建设项目退水进入河流会对河流水质产生影响，中小河流可用一维河流水质模型预测。

$$C_0 = \frac{C_p Q_p + C_h Q_h}{Q_p + Q_h} \tag{9.35}$$

$$C = C_0 \exp\left(-\frac{Kx}{u}\right) \tag{9.36}$$

式中 Q_h、C_h——上游河流流入断面的流量与浓度；
 Q_p、C_p——排放口流入断面的流量与浓度；
 C_0——初始断面污染物浓度，mg/L；

u——河流平均流速，km/d；

K——污染物降解速率系数，1/d；

x——纵向距离，km。

【例 9.2】 都市生物质发电厂拟在川东港设置排放口，川东港河河宽 100~60m，河深 1.0~2.0m，平均流速为 0.12m/s，正常水深 2.5~3.5m。川东港河流域面积 380km^2，$P=90\%$月平均流量 1.92m^3/s。根据电厂试运行资料，项目废水排放 COD 浓度在 22.8~67mg/L 之间，平均浓度 37.4mg/L，年废水排放量不超过 109950m^3，为了分析不利情况下对水环境的影响，排放口排放 COD 浓度取 67mg/L。

根据环境监测站近 3 年 12 次的监测资料，川东港 COD 浓度在 23.8~29.5mg/L 之间，平均浓度为 27mg/L，受纳水体水功能区水质标准为Ⅳ类，按照《地表水环境质量标准》（GB 3838—2002）Ⅳ类标准中的数据，COD 为 30mg/L。河流水质背景浓度取 29.5mg/L。

根据试验资料，川东港污染物降解速率系数为 0.01d^{-1}。

根据水质模型可以计算得到排放口下游水质变化情况，见表 9.3，建设项目实施前后主要断面的 COD 浓度预测值见表 9.4。

表 9.3 排放口下游水质变化计算结果

距离/m	COD/(mg/L)	距离/m	COD/(mg/L)
0	29.56803	5500	29.41159
500	29.55378	6000	29.39741
1000	29.53953	6500	29.38324
1500	29.52528	7000	29.36907
2000	29.51105	7500	29.35491
2500	29.49682	8000	29.34076
3000	29.4826	8500	29.32661
3500	29.46839	9000	29.31248
4000	29.45418	9500	29.29834
4500	29.43998	10000	29.28422
5000	29.42578		

表 9.4 各预测断面 COD 浓度预测值　　　　　　　　　　　　　　　　单位：mg/L

项目	断面名称	本底值	贡献值	叠加值
COD	污水排口处	29.5	0.068032	29.56803
	排放口下游 500m	29.48578	0.067999	29.55378
	排放口下游 1000m	29.47156	0.067966	29.53953

从表 9.4 可见，该建设项目排放的废水对预测断面 COD 浓度基本没有什么影响。因此，本项目的实施对川东港的水质不会造成不良影响，不会降低目前水环境的使用功能。

本 章 小 结

从水文勘测技能要求出发，主要介绍水质指标、水功能区划分、水质标准、河流水质评价方法，应用河流水质迁移转化基本方程的解析解，分析计算取水对水功能区纳污能力的影响，退水对河流水质影响。河流水质分析计算内容很广泛，有专门教材，需要时可参考。

思 考 与 练 习

9.1 什么是自然污染？什么是人为污染？

9.2 什么是自净？什么是自净能力？

9.3 什么是物理净化过程？什么是化学净化过程？什么是生物净化过程？

9.4 常见的水质指标有哪些？

9.5 零维水质迁移转化基本方程及其解是什么？

9.6 一维水质迁移转化基本方程及其稳态解是什么？

9.7 分析离散系数对于一维水质问题稳态解的影响。

9.8 某一均匀河段，水流稳态、排污稳态，排污进入河流后能很快均匀混合，河流原有 BOD_5 浓度为 $4mg/L$，稳定流量 $15m^3/s$，排污口污水的 BOD_5 浓度为 $80mg/L$，排污口在控制断面，控制断面的 BOD_5 浓度控制在 $12mg/L$ 内，求每年允许排放 BOD_5 是多少？

9.9 某一均匀河段，小河流，水流稳态，可以不考虑离散，断面平均流速 $u=8.64km/d$，河流降解系数为 $k_1=0.2d^{-1}$，上断面的 BOD_5 浓度为 $10mg/L$，求起码经过多少距离以后 BOD_5 低于 $6mg/L$？

附 表

附表 1 P-Ⅲ型频率曲线的离均系数 Φ_p 值表

C_s \ $P/\%$	0.01	0.1	0.2	0.33	0.5	1	2	5	10	20	50	75	90	95	99	$P/\%$ \ C_s
0.0	3.72	3.09	2.88	2.71	2.58	2.33	2.05	1.64	1.28	0.84	0.00	−0.67	−1.280	−1.640	−2.330	0.0
0.1	3.94	3.23	3.00	2.82	2.67	2.40	2.11	1.67	1.29	0.84	−0.02	−0.68	−1.270	−1.620	−2.250	0.1
0.2	4.16	3.38	3.12	2.92	2.76	2.47	2.16	1.70	1.30	0.83	−0.03	−0.69	−1.260	−1.590	−2.180	0.2
0.3	4.38	3.52	3.24	3.03	2.86	2.54	2.21	1.73	1.31	0.82	−0.05	−0.70	−1.240	−1.550	−2.100	0.3
0.4	4.61	3.67	3.36	3.14	2.95	2.62	2.26	1.75	1.32	0.82	−0.07	−0.71	−1.230	−1.520	−2.030	0.4
0.5	4.83	3.81	3.48	3.25	3.04	2.68	2.31	1.77	1.32	0.81	−0.08	−0.71	−1.220	−1.490	−1.960	0.5
0.6	5.05	3.96	3.60	3.35	3.13	2.75	2.35	1.80	1.33	0.80	−0.10	−0.72	−1.200	−1.450	−1.880	0.6
0.7	5.28	4.10	3.72	3.45	3.22	2.82	2.40	1.82	1.33	0.79	−0.12	−0.72	−1.180	−1.420	−1.810	0.7
0.8	5.50	4.24	3.85	3.55	3.31	2.89	2.45	1.84	1.34	0.78	−0.13	−0.73	−1.170	−1.380	−1.740	0.8
0.9	5.73	4.39	3.97	3.65	3.40	2.96	2.50	1.86	1.34	0.77	−0.15	−0.73	−1.150	−1.350	−1.660	0.9
1.0	5.96	4.53	4.09	3.76	3.49	3.02	2.54	1.88	1.34	0.76	−0.16	−0.73	−1.130	−1.320	−1.590	1.0
1.1	6.18	4.67	4.20	3.86	3.58	3.09	2.58	1.89	1.34	0.74	−0.18	−0.74	−1.100	−1.280	−1.520	1.1
1.2	6.41	4.81	4.32	3.95	3.66	3.15	2.62	1.91	1.34	0.73	−0.19	−0.74	−1.080	−1.240	−1.450	1.2
1.3	6.64	4.95	4.44	4.05	3.74	3.21	2.67	1.92	1.34	0.72	−0.21	−0.74	−1.060	−1.200	−1.380	1.3
1.4	6.87	5.09	4.56	4.15	3.83	3.27	2.71	1.94	1.33	0.71	−0.22	−0.73	−1.040	−1.170	−1.320	1.4
1.5	7.09	5.23	4.68	4.24	3.91	3.33	2.74	1.95	1.33	0.69	−0.24	−0.73	−1.020	−1.130	−1.260	1.5
1.6	7.31	5.37	4.80	4.34	3.99	3.39	2.78	1.96	1.33	0.68	−0.25	−0.73	−0.990	−1.100	−1.200	1.6
1.7	7.54	5.50	4.91	4.43	4.07	3.44	2.82	1.97	1.32	0.66	−0.27	−0.72	−0.970	−1.060	−1.140	1.7
1.8	7.76	5.64	5.01	4.52	4.15	3.50	2.85	1.98	1.32	0.64	−0.28	−0.72	−0.940	−1.020	−1.090	1.8
1.9	7.98	5.77	5.12	4.61	4.23	3.55	2.88	1.99	1.31	0.63	−0.29	−0.71	−0.920	−0.980	−1.040	1.9
2.0	8.21	5.91	5.22	4.70	4.30	3.61	2.91	2.00	1.30	0.61	−0.31	−0.71	−0.895	−0.949	−0.989	2.0
2.1	8.43	6.04	5.33	4.79	4.37	3.66	2.93	2.00	1.29	0.59	−0.32	−0.70	−0.869	−0.914	−0.945	2.1
2.2	8.65	6.17	5.43	4.88	4.44	3.71	2.96	2.00	1.28	0.57	−0.33	−0.69	−0.844	−0.879	−0.905	2.2
2.3	8.87	6.30	5.53	4.97	4.51	3.76	2.99	2.01	1.27	0.55	−0.34	−0.68	−0.820	−0.849	−0.867	2.3
2.4	9.08	6.42	5.63	5.05	4.58	3.81	3.02	2.01	1.26	0.54	−0.35	−0.68	−0.795	−0.820	−0.831	2.4
2.5	9.30	6.55	5.73	5.13	4.65	3.85	3.04	2.01	1.25	0.52	−0.36	−0.67	−0.772	−0.791	−0.800	2.5
2.6	9.51	6.67	5.82	5.20	4.72	3.89	3.06	2.01	1.23	0.50	−0.36	−0.66	−0.748	−0.764	−0.769	2.6
2.7	9.72	6.79	5.92	5.28	4.78	3.93	3.09	2.01	1.22	0.48	−0.37	−0.65	−0.726	−0.736	−0.740	2.7

续表

C_s \ P/%	0.01	0.1	0.2	0.33	0.5	1	2	5	10	20	50	75	90	95	99	C_s
2.8	9.93	6.91	6.01	5.36	4.84	3.97	3.11	2.01	1.21	0.46	−0.380	−0.640	−0.702	−0.710	−0.714	2.8
2.9	10.14	7.03	6.10	5.44	4.90	4.01	3.13	2.01	1.20	0.44	−0.390	−0.630	−0.680	−0.687	−0.690	2.9
3.0	10.35	7.15	6.20	5.51	4.96	4.05	3.15	2.00	1.18	0.42	−0.390	−0.620	−0.658	−0.665	−0.667	3.0
3.1	10.56	7.26	6.30	5.59	5.02	4.08	3.17	2.00	1.16	0.40	−0.400	−0.600	−0.639	−0.644	−0.645	3.1
3.2	10.77	7.38	6.39	5.66	5.08	4.12	3.19	2.00	1.14	0.38	−0.400	−0.590	−0.621	−0.625	−0.625	3.2
3.3	10.97	7.49	6.48	5.74	5.14	4.15	3.21	1.99	1.12	0.36	−0.400	−0.580	−0.604	−0.606	−0.606	3.3
3.4	11.17	7.60	6.56	5.80	5.20	4.18	3.22	1.98	1.11	0.34	−0.410	−0.570	−0.587	−0.588	−0.588	3.4
3.5	11.37	7.72	6.65	5.86	5.25	4.22	3.23	1.97	1.09	0.32	−0.410	−0.550	−0.570	−0.571	−0.571	3.5
3.6	11.57	7.83	6.73	5.93	5.30	4.25	3.24	1.96	1.08	0.30	−0.410	−0.540	−0.555	−0.556	−0.556	3.6
3.7	11.77	7.94	6.81	5.99	5.35	4.28	3.25	1.96	1.06	0.28	−0.420	−0.530	−0.540	−0.541	−0.541	3.7
3.8	11.97	8.05	6.89	6.05	5.40	4.31	3.26	1.94	1.04	0.26	−0.420	−0.520	−0.525	−0.526	−0.526	3.8
3.9	12.16	8.15	6.97	6.11	5.45	4.34	3.27	1.93	1.02	0.24	−0.410	−0.506	−0.512	−0.513	−0.513	3.9
4.0	12.36	8.25	7.05	6.18	5.50	4.37	3.27	1.92	1.00	0.23	−0.410	−0.495	−0.500	−0.500	−0.500	4.0
4.1	12.55	8.35	7.13	6.24	5.54	4.39	3.28	1.91	0.98	0.21	−0.410	−0.484	−0.488	−0.488	−0.488	4.1
4.2	12.74	8.45	7.21	6.30	5.59	4.41	3.29	1.90	0.96	0.19	−0.410	−0.473	−0.476	−0.476	−0.476	4.2
4.3	12.93	8.55	7.29	6.36	5.63	4.44	3.29	1.88	0.94	0.17	−0.410	−0.462	−0.465	−0.465	−0.465	4.3
4.4	13.12	8.65	7.36	6.41	5.68	4.46	3.30	1.87	0.92	0.16	−0.400	−0.453	−0.455	−0.455	−0.455	4.4
4.5	13.30	8.75	7.43	6.46	5.72	4.48	3.30	1.85	0.90	0.14	−0.400	−0.444	−0.444	−0.444	−0.444	4.5
4.6	13.49	8.85	7.50	6.52	5.76	4.50	3.30	1.84	0.88	0.13	−0.400	−0.435	−0.435	−0.435	−0.435	4.6
4.7	13.67	8.95	7.57	6.57	5.80	4.52	3.30	1.82	0.86	0.11	−0.390	−0.426	−0.426	−0.426	−0.426	4.7
4.8	13.85	9.04	7.63	6.63	5.84	4.54	3.30	1.80	0.84	0.09	−0.390	−0.417	−0.417	−0.417	−0.417	4.8
4.9	14.04	9.13	7.70	6.68	5.88	4.55	3.30	1.78	0.82	0.08	−0.380	−0.408	−0.408	−0.408	−0.408	4.9
5.0	14.22	9.22	7.77	6.73	5.92	4.57	3.30	1.77	0.80	0.06	−0.379	−0.400	−0.400	−0.400	−0.400	5.0
5.1	14.40	9.31	7.84	6.78	5.95	4.58	3.30	1.75	0.78	0.05	−0.374	−0.392	−0.392	−0.392	−0.392	5.1
5.2	14.57	9.40	7.90	6.83	5.99	4.59	3.30	1.73	0.76	0.03	−0.369	−0.385	−0.385	−0.385	−0.385	5.2
5.3	14.75	9.49	7.96	6.87	6.02	4.60	3.29	1.72	0.74	0.02	−0.363	−0.377	−0.377	−0.377	−0.377	5.3
5.4	14.92	9.57	8.02	6.91	6.05	4.62	3.29	1.70	0.72	0.00	−0.358	−0.370	−0.370	−0.370	−0.370	5.4
5.5	15.10	9.66	8.08	6.96	6.08	4.63	3.28	1.68	0.70	−0.01	−0.353	−0.364	−0.364	−0.364	−0.364	5.5
5.6	15.27	9.74	8.14	7.00	6.11	4.64	3.28	1.66	0.67	−0.03	−0.349	−0.357	−0.357	−0.357	−0.357	5.6
5.7	15.45	9.82	8.21	7.04	6.14	4.65	3.27	1.65	0.65	−0.04	−0.344	−0.351	−0.351	−0.351	−0.351	5.7
5.8	15.62	9.91	8.27	7.08	6.17	4.67	3.26	1.63	0.63	−0.05	−0.339	−0.345	−0.345	−0.345	−0.345	5.8
5.9	15.78	9.99	8.32	7.12	6.20	4.68	3.25	1.61	0.61	−0.06	−0.334	−0.339	−0.339	−0.339	−0.339	5.9
6.0	15.94	10.07	8.38	7.15	6.23	4.68	3.24	1.59	0.59	−0.07	−0.329	−0.333	−0.333	−0.333	−0.333	6.0
6.1	16.11	10.15	8.43	7.19	6.26	4.69	3.23	1.57	0.57	−0.08	−0.325	−0.328	−0.328	−0.328	−0.328	6.1
6.2	16.28	10.22	8.49	7.23	6.28	4.70	3.22	1.55	0.55	−0.09	−0.320	−0.323	−0.323	−0.323	−0.323	6.2
6.3	16.45	10.30	8.54	7.26	6.30	4.70	3.22	1.53	0.53	−0.10	−0.315	−0.317	−0.317	−0.317	−0.317	6.3
6.4	16.61	10.38	8.60	7.30	6.32	4.71	3.21	1.51	0.51	−0.11	−0.311	−0.313	−0.313	−0.313	−0.313	6.4

附 表

附表 2　　P-Ⅲ 型频率曲线的模比系数 k_p 值表

(1) $C_s = 2C_v$

C_v \ $P/\%$	0.01	0.1	0.2	0.33	0.5	1	2	5	10	20	50	75	90	95	99	$P/\%$ \ C_s
0.05	1.20	1.16	1.15	1.14	1.13	1.12	1.11	1.08	1.06	1.04	1.00	0.97	0.94	0.92	0.89	0.10
0.10	1.42	1.34	1.31	1.29	1.27	1.25	1.21	1.17	1.13	1.08	1.00	0.93	0.87	0.84	0.78	0.20
0.15	1.67	1.54	1.48	1.46	1.43	1.38	1.33	1.26	1.20	1.12	0.99	0.90	0.81	0.77	0.69	0.30
0.20	1.92	1.73	1.67	1.63	1.59	1.52	1.45	1.35	1.26	1.16	0.99	0.86	0.75	0.70	0.59	0.40
0.22	2.04	1.82	1.75	1.70	1.66	1.58	1.50	1.39	1.29	1.18	0.98	0.84	0.73	0.67	0.56	0.44
0.24	2.16	1.91	1.83	1.77	1.73	1.64	1.55	1.43	1.32	1.19	0.98	0.83	0.71	0.64	0.53	0.48
0.25	2.22	1.96	1.87	1.81	1.77	1.67	1.58	1.45	1.33	1.20	0.98	0.82	0.70	0.63	0.52	0.50
0.26	2.28	2.01	1.91	1.85	1.80	1.70	1.60	1.46	1.34	1.21	0.98	0.82	0.69	0.62	0.50	0.52
0.28	2.40	2.10	2.00	1.93	1.87	1.76	1.66	1.50	1.37	1.22	0.97	0.79	0.66	0.59	0.47	0.56
0.30	2.52	2.19	2.08	2.01	1.94	1.83	1.71	1.54	1.40	1.24	0.97	0.78	0.64	0.56	0.44	0.60
0.35	2.86	2.44	2.31	2.22	2.13	2.00	1.84	1.64	1.47	1.28	0.96	0.75	0.59	0.51	0.37	0.70
0.40	3.20	2.70	2.54	2.42	2.32	2.16	1.98	1.74	1.54	1.31	0.95	0.71	0.53	0.45	0.30	0.80
0.45	3.59	2.98	2.80	2.65	2.53	2.33	2.13	1.84	1.60	1.35	0.93	0.67	0.48	0.40	0.26	0.90
0.50	3.98	3.27	3.05	2.88	2.74	2.51	2.27	1.94	1.67	1.38	0.92	0.64	0.44	0.34	0.21	1.00
0.55	4.42	3.58	3.32	3.12	2.97	2.70	2.42	2.04	1.74	1.41	0.90	0.59	0.40	0.30	0.16	1.10
0.60	4.85	3.89	3.59	3.37	3.20	2.89	2.57	2.15	1.80	1.44	0.89	0.56	0.35	0.26	0.13	1.20
0.65	5.33	4.22	3.89	3.64	3.44	3.09	2.74	2.25	1.87	1.47	0.87	0.52	0.31	0.22	0.10	1.30
0.70	5.81	4.56	4.19	3.91	3.68	3.29	2.90	2.36	1.94	1.50	0.85	0.49	0.27	0.18	0.08	1.40
0.75	6.33	4.93	4.52	4.19	3.93	3.50	3.06	2.46	2.00	1.52	0.82	0.45	0.24	0.15	0.06	1.50
0.80	6.85	5.30	4.84	4.47	4.19	3.71	3.22	2.57	2.06	1.54	0.80	0.42	0.21	0.12	0.04	1.60
0.90	7.98	6.08	5.51	5.07	4.74	4.15	3.56	2.78	2.19	1.58	0.75	0.35	0.15	0.08	0.02	1.80

续表

(2) $C_s = 3C_v$

C_v \ $P/\%$	0.01	0.1	0.2	0.33	0.5	1	2	5	10	20	50	75	90	95	99	C_s \ $P/\%$
0.20	2.02	1.79	1.72	1.67	1.63	1.55	1.47	1.36	1.27	1.16	0.98	0.86	0.76	0.71	0.62	0.60
0.25	2.35	2.05	1.95	1.88	1.82	1.72	1.61	1.46	1.34	1.20	0.97	0.82	0.71	0.65	0.56	0.75
0.30	2.72	2.32	2.19	2.10	2.02	1.89	1.75	1.56	1.40	1.23	0.96	0.78	0.66	0.60	0.50	0.90
0.35	3.12	2.61	2.46	2.33	2.24	2.07	1.90	1.66	1.47	1.26	0.94	0.74	0.61	0.55	0.46	1.05
0.40	3.56	2.92	2.73	2.58	2.46	2.26	2.05	1.76	1.54	1.29	0.92	0.70	0.57	0.50	0.42	1.20
0.42	3.75	3.06	2.85	2.69	2.56	2.34	2.11	1.81	1.56	1.31	0.91	0.69	0.55	0.49	0.41	1.26
0.44	3.94	3.19	2.97	2.80	2.65	2.42	2.17	1.85	1.59	1.32	0.91	0.67	0.54	0.47	0.40	1.32
0.45	4.04	3.26	3.03	2.85	2.70	2.46	2.21	1.87	1.60	1.32	0.90	0.67	0.53	0.47	0.39	1.35
0.46	4.14	3.33	3.09	2.90	2.75	2.50	2.24	1.89	1.61	1.33	0.90	0.66	0.52	0.46	0.39	1.38
0.48	4.34	3.47	3.21	3.01	2.85	2.58	2.31	1.93	1.65	1.34	0.89	0.65	0.51	0.45	0.38	1.44
0.50	4.55	3.62	3.34	3.12	2.96	2.67	2.37	1.98	1.67	1.35	0.88	0.64	0.49	0.44	0.37	1.50
0.52	4.76	3.76	3.46	3.24	3.06	2.75	2.44	2.02	1.69	1.36	0.87	0.62	0.48	0.42	0.36	1.56
0.54	4.98	3.91	3.60	3.36	3.16	2.84	2.51	2.06	1.72	1.36	0.86	0.61	0.47	0.41	0.36	1.62
0.55	5.09	3.99	3.66	3.42	3.21	2.88	2.54	2.08	1.73	1.36	0.86	0.60	0.46	0.41	0.36	1.65
0.56	5.20	4.07	3.73	3.48	3.27	2.93	2.57	2.10	1.74	1.37	0.85	0.59	0.46	0.40	0.35	1.68
0.58	5.43	4.23	3.86	3.59	3.38	3.01	2.64	2.14	1.77	1.38	0.84	0.58	0.45	0.40	0.35	1.74
0.60	5.66	4.38	4.01	3.71	3.49	3.10	2.71	2.19	1.79	1.38	0.83	0.57	0.44	0.39	0.35	1.80
0.65	6.26	4.81	4.36	4.03	3.77	3.33	2.88	2.29	1.85	1.40	0.80	0.53	0.41	0.37	0.34	1.95
0.70	6.90	5.23	4.73	4.35	4.06	3.56	3.05	2.40	1.90	1.41	0.78	0.50	0.39	0.36	0.34	2.10
0.75	7.57	5.68	5.12	4.69	4.36	3.80	3.24	2.50	1.96	1.42	0.76	0.48	0.38	0.35	0.34	2.25
0.80	8.26	6.14	5.50	5.04	4.66	4.05	3.42	2.61	2.01	1.43	0.72	0.46	0.36	0.34	0.34	2.40

续表

(3) $C_s = 3.5C_v$

C_v \ $P/\%$	0.01	0.1	0.2	0.33	0.5	1	2	5	10	20	50	75	90	95	99	$P/\%$ \ C_s
0.20	2.06	1.82	1.74	1.69	1.64	1.56	1.48	1.36	1.27	1.16	0.98	0.86	0.76	0.72	0.64	0.70
0.25	2.42	2.09	1.99	1.91	1.85	1.74	1.62	1.46	1.34	1.19	0.96	0.82	0.71	0.66	0.58	0.88
0.30	2.82	2.38	2.24	2.14	2.06	1.92	1.77	1.57	1.40	1.22	0.95	0.78	0.67	0.61	0.53	1.05
0.35	3.26	2.70	2.52	2.39	2.29	2.11	1.92	1.67	1.47	1.26	0.93	0.74	0.62	0.57	0.50	1.22
0.40	3.75	3.04	2.82	2.66	2.53	2.31	2.08	1.78	1.53	1.28	0.91	0.71	0.58	0.53	0.47	1.40
0.42	3.95	3.18	2.95	2.77	2.63	2.39	2.15	1.82	1.56	1.29	0.90	0.69	0.57	0.52	0.46	1.47
0.44	4.16	3.33	3.08	2.88	2.73	2.48	2.21	1.86	1.59	1.30	0.89	0.68	0.56	0.51	0.46	1.54
0.45	4.27	3.40	3.14	2.94	2.79	2.52	2.25	1.88	1.60	1.31	0.89	0.67	0.55	0.50	0.45	1.58
0.46	4.37	3.48	3.21	3.00	2.84	2.56	2.28	1.90	1.61	1.31	0.88	0.66	0.54	0.50	0.45	1.61
0.48	4.60	3.63	3.35	3.12	2.94	2.65	2.35	1.95	1.64	1.32	0.87	0.65	0.53	0.49	0.45	1.68
0.50	4.82	3.78	3.48	3.24	3.06	2.74	2.42	1.99	1.66	1.32	0.86	0.64	0.52	0.48	0.44	1.75
0.52	5.06	3.95	3.62	3.36	3.16	2.83	2.48	2.03	1.69	1.33	0.85	0.63	0.51	0.47	0.44	1.82
0.54	5.30	4.11	3.76	3.48	3.28	2.91	2.55	2.07	1.71	1.34	0.84	0.61	0.50	0.47	0.44	1.89
0.55	5.41	4.20	3.83	3.55	3.34	2.96	2.58	2.10	1.72	1.34	0.84	0.60	0.50	0.46	0.44	1.92
0.56	5.55	4.28	3.91	3.61	3.39	3.01	2.62	2.12	1.73	1.35	0.83	0.60	0.49	0.46	0.43	1.96
0.58	5.80	4.45	4.05	3.74	3.51	3.10	2.69	2.16	1.75	1.35	0.82	0.58	0.48	0.46	0.43	2.03
0.60	6.06	4.62	4.20	3.87	3.62	3.20	2.76	2.20	1.77	1.36	0.81	0.57	0.48	0.45	0.43	2.10
0.65	6.73	5.08	4.58	4.22	3.92	3.44	2.94	2.30	1.83	1.36	0.78	0.55	0.46	0.44	0.43	2.28
0.70	7.43	5.54	4.98	4.56	4.23	3.68	3.12	2.41	1.88	1.37	0.75	0.53	0.45	0.44	0.43	2.45
0.75	8.16	6.02	5.38	4.92	4.55	3.92	3.30	2.51	1.92	1.37	0.72	0.50	0.44	0.43	0.43	2.62
0.80	8.94	6.53	5.81	5.29	4.87	4.18	3.49	2.61	1.97	1.37	0.70	0.49	0.44	0.43	0.43	2.80

续表

(4) $C_s = 4C_v$

$P/\%$ C_v	0.01	0.1	0.2	0.33	0.5	1	2	5	10	20	50	75	90	95	99	$P/\%$ C_s
0.20	2.10	1.85	1.77	1.71	1.66	1.58	1.49	1.37	1.27	1.16	0.97	0.85	0.77	0.72	0.65	0.80
0.25	2.49	2.13	2.02	1.94	1.87	1.76	1.64	1.47	1.34	1.19	0.96	0.82	0.72	0.67	0.60	1.00
0.30	2.92	2.44	2.30	2.18	2.10	1.94	1.79	1.57	1.40	1.22	0.94	0.78	0.68	0.63	0.56	1.20
0.35	3.40	2.78	2.60	2.45	2.34	2.14	1.95	1.68	1.47	1.25	0.92	0.74	0.64	0.59	0.54	1.40
0.40	3.92	3.15	2.92	2.74	2.60	2.36	2.11	1.78	1.53	1.27	0.90	0.71	0.60	0.56	0.52	1.60
0.42	4.15	3.30	3.05	2.86	2.70	2.44	2.18	1.83	1.56	1.28	0.89	0.70	0.59	0.55	0.52	1.68
0.44	4.38	3.46	3.19	2.98	2.81	2.53	2.25	1.87	1.58	1.29	0.88	0.68	0.58	0.54	0.51	1.76
0.45	4.49	3.54	3.25	3.03	2.87	2.58	2.28	1.89	1.59	1.29	0.87	0.68	0.58	0.54	0.51	1.80
0.46	4.62	3.62	3.32	3.10	2.92	2.62	2.32	1.91	1.61	1.29	0.87	0.67	0.57	0.53	0.51	1.84
0.48	4.86	3.79	3.47	3.22	3.04	2.71	2.39	1.96	1.63	1.30	0.86	0.66	0.56	0.53	0.51	1.92
0.50	5.10	3.96	3.61	3.35	3.15	2.80	2.45	2.00	1.65	1.31	0.84	0.64	0.55	0.52	0.50	2.00
0.52	5.36	4.12	3.76	3.48	3.27	2.90	2.52	2.04	1.67	1.31	0.83	0.63	0.55	0.52	0.50	2.08
0.54	5.62	4.30	3.91	3.61	3.38	2.99	2.59	2.08	1.69	1.31	0.82	0.62	0.54	0.52	0.50	2.16
0.55	5.76	4.39	3.99	3.68	3.44	3.03	2.63	2.10	1.70	1.31	0.82	0.62	0.54	0.52	0.50	2.20
0.56	5.90	4.48	4.06	3.75	3.50	3.09	2.66	2.12	1.71	1.31	0.81	0.61	0.53	0.51	0.50	2.24
0.58	6.18	4.67	4.22	3.89	3.62	3.19	2.74	2.16	1.74	1.32	0.80	0.60	0.53	0.51	0.50	2.32
0.60	6.45	4.85	4.38	4.03	3.75	3.29	2.81	2.21	1.76	1.32	0.79	0.59	0.52	0.51	0.50	2.40
0.65	7.18	5.34	4.78	4.38	4.07	3.53	2.99	2.31	1.80	1.32	0.76	0.57	0.51	0.50	0.50	2.60
0.70	7.95	5.84	5.21	4.75	4.39	3.78	3.18	2.41	1.85	1.32	0.73	0.55	0.51	0.50	0.50	2.80
0.75	8.76	6.36	5.65	5.13	4.72	4.03	3.36	2.50	1.88	1.32	0.71	0.54	0.51	0.50	0.50	3.00
0.80	9.62	6.90	6.11	5.53	5.06	4.30	3.55	2.60	1.91	1.30	0.68	0.53	0.50	0.50	0.50	3.20

附表 3　瞬时单位线 S 曲线查用表

n t/K	1.0	1.1	1.2	1.3	1.4	1.5	1.6	1.7	1.8	1.9	2.0	2.1	2.2	2.3	2.4	2.5	2.6	2.7	2.8	2.9	3.0
0	0	0	0	0	0	0	0	0	0	0	0	0	0	0	0	0	0	0	0	0	0
0.1	0.095	0.072	0.054	0.041	0.030	0.022	0.017	0.012	0.009	0.007	0.005	0.003	0.002	0.002	0.001	0.001	0	0	0	0	0
0.2	0.181	0.147	0.118	0.095	0.075	0.060	0.047	0.036	0.029	0.022	0.018	0.014	0.010	0.008	0.006	0.004	0.003	0.002	0.002	0.001	0.001
0.3	0.259	0.218	0.182	0.152	0.126	0.104	0.086	0.069	0.057	0.045	0.037	0.030	0.024	0.019	0.015	0.012	0.010	0.007	0.006	0.005	0.004
0.4	0.330	0.285	0.244	0.209	0.178	0.150	0.127	0.107	0.089	0.074	0.061	0.051	0.042	0.034	0.028	0.023	0.019	0.015	0.012	0.010	0.008
0.5	0.393	0.346	0.305	0.266	0.230	0.198	0.171	0.146	0.126	0.106	0.090	0.076	0.065	0.054	0.045	0.037	0.031	0.025	0.022	0.018	0.014
0.6	0.451	0.403	0.360	0.318	0.281	0.237	0.216	0.188	0.164	0.142	0.122	0.104	0.090	0.076	0.065	0.055	0.046	0.039	0.033	0.028	0.023
0.7	0.503	0.456	0.411	0.369	0.331	0.294	0.261	0.231	0.200	0.178	0.156	0.136	0.117	0.101	0.088	0.075	0.065	0.056	0.044	0.039	0.034
0.8	0.551	0.505	0.461	0.418	0.378	0.340	0.306	0.273	0.243	0.216	0.191	0.169	0.149	0.130	0.113	0.098	0.086	0.074	0.064	0.056	0.047
0.9	0.593	0.549	0.505	0.464	0.423	0.385	0.349	0.315	0.285	0.255	0.228	0.202	0.180	0.160	0.141	0.124	0.109	0.096	0.084	0.073	0.063
1.0	0.632	0.589	0.547	0.506	0.466	0.428	0.392	0.356	0.324	0.293	0.264	0.238	0.213	0.190	0.170	0.151	0.134	0.118	0.104	0.092	0.080
1.1	0.667	0.626	0.585	0.545	0.506	0.468	0.431	0.396	0.363	0.331	0.301	0.273	0.247	0.222	0.200	0.179	0.160	0.143	0.127	0.113	0.100
1.2	0.699	0.660	0.621	0.582	0.544	0.506	0.470	0.436	0.400	0.368	0.337	0.308	0.281	0.255	0.231	0.219	0.188	0.169	0.151	0.135	0.121
1.3	0.728	0.691	0.654	0.616	0.579	0.543	0.506	0.471	0.447	0.405	0.373	0.343	0.315	0.288	0.262	0.239	0.216	0.196	0.171	0.159	0.143
1.4	0.753	0.719	0.684	0.648	0.612	0.577	0.541	0.507	0.473	0.440	0.408	0.378	0.348	0.321	0.294	0.269	0.246	0.224	0.203	0.184	0.167
1.5	0.777	0.744	0.711	0.677	0.643	0.608	0.574	0.540	0.507	0.474	0.442	0.411	0.382	0.353	0.326	0.300	0.275	0.252	0.231	0.210	0.191
1.6	0.798	0.768	0.736	0.704	0.671	0.638	0.605	0.572	0.539	0.507	0.475	0.444	0.414	0.385	0.357	0.331	0.305	0.281	0.258	0.237	0.217
1.7	0.817	0.789	0.759	0.729	0.698	0.666	0.634	0.602	0.570	0.538	0.507	0.476	0.446	0.417	0.389	0.361	0.335	0.310	0.287	0.264	0.243
1.8	0.835	0.808	0.781	0.752	0.722	0.692	0.661	0.630	0.599	0.568	0.537	0.507	0.477	0.448	0.419	0.392	0.365	0.330	0.315	0.292	0.269
1.9	0.850	0.826	0.800	0.773	0.745	0.716	0.687	0.657	0.627	0.596	0.566	0.536	0.507	0.478	0.449	0.421	0.395	0.368	0.343	0.319	0.296
2.0	0.865	0.842	0.818	0.792	0.766	0.739	0.710	0.682	0.653	0.623	0.594	0.565	0.536	0.507	0.478	0.451	0.423	0.397	0.372	0.347	0.323
2.1	0.878	0.856	0.834	0.810	0.785	0.759	0.733	0.706	0.679	0.649	0.620	0.592	0.565	0.535	0.507	0.479	0.452	0.425	0.400	0.375	0.350
2.2	0.890	0.870	0.849	0.826	0.803	0.778	0.753	0.727	0.700	0.673	0.645	0.618	0.590	0.562	0.534	0.507	0.480	0.453	0.427	0.402	0.377
2.3	0.900	0.882	0.862	0.841	0.819	0.796	0.772	0.748	0.722	0.696	0.669	0.642	0.615	0.588	0.560	0.533	0.507	0.480	0.454	0.429	0.404
2.4	0.909	0.895	0.875	0.855	0.835	0.813	0.790	0.767	0.742	0.717	0.692	0.665	0.639	0.613	0.586	0.559	0.533	0.507	0.481	0.455	0.430

续表

t/K \ n	1.0	1.1	1.2	1.3	1.4	1.5	1.6	1.7	1.8	1.9	2.0	2.1	2.2	2.3	2.4	2.5	2.6	2.7	2.8	2.9	3.0
2.5	0.918	0.902	0.886	0.868	0.849	0.828	0.807	0.784	0.761	0.737	0.713	0.688	0.662	0.636	0.610	0.584	0.558	0.532	0.506	0.481	0.456
2.6	0.926	0.912	0.896	0.879	0.861	0.842	0.822	0.801	0.779	0.756	0.733	0.708	0.684	0.659	0.634	0.608	0.582	0.557	0.532	0.506	0.482
2.7	0.933	0.920	0.905	0.890	0.873	0.855	0.836	0.816	0.796	0.774	0.751	0.728	0.704	0.680	0.656	0.631	0.606	0.581	0.556	0.531	0.506
2.8	0.939	0.928	0.914	0.899	0.884	0.867	0.849	0.831	0.811	0.790	0.769	0.747	0.724	0.701	0.677	0.653	0.629	0.604	0.579	0.555	0.531
2.9	0.945	0.934	0.922	0.908	0.894	0.878	0.862	0.844	0.825	0.806	0.785	0.764	0.742	0.720	0.697	0.674	0.650	0.626	0.602	0.578	0.554
3.0	0.950	0.940	0.929	0.916	0.903	0.888	0.873	0.856	0.839	0.820	0.801	0.781	0.760	0.738	0.716	0.694	0.671	0.648	0.624	0.600	0.577
3.1	0.955	0.946	0.935	0.924	0.911	0.898	0.883	0.868	0.851	0.834	0.815	0.796	0.776	0.756	0.734	0.713	0.691	0.668	0.645	0.622	0.599
3.2	0.959	0.951	0.941	0.930	0.919	0.906	0.893	0.878	0.863	0.846	0.829	0.811	0.792	0.772	0.752	0.731	0.709	0.688	0.665	0.643	0.620
3.3	0.963	0.955	0.946	0.936	0.926	0.914	0.902	0.888	0.873	0.858	0.841	0.824	0.806	0.787	0.768	0.748	0.727	0.706	0.685	0.663	0.641
3.4	0.967	0.959	0.951	0.942	0.932	0.921	0.910	0.897	0.883	0.869	0.853	0.837	0.820	0.802	0.783	0.764	0.744	0.724	0.703	0.682	0.660
3.5	0.970	0.963	0.956	0.947	0.938	0.928	0.917	0.905	0.892	0.879	0.864	0.849	0.832	0.815	0.798	0.779	0.760	0.741	0.721	0.700	0.679
3.6	0.973	0.967	0.960	0.952	0.944	0.934	0.924	0.913	0.901	0.888	0.874	0.860	0.844	0.828	0.811	0.794	0.776	0.757	0.738	0.718	0.697
3.7	0.975	0.970	0.963	0.956	0.948	0.940	0.930	0.920	0.909	0.897	0.884	0.870	0.856	0.840	0.824	0.807	0.790	0.772	0.753	0.734	0.715
3.8	0.978	0.973	0.967	0.960	0.953	0.945	0.936	0.926	0.916	0.905	0.893	0.880	0.866	0.851	0.846	0.820	0.804	0.786	0.768	0.750	0.731
3.9	0.980	0.975	0.970	0.964	0.957	0.950	0.941	0.932	0.923	0.912	0.901	0.889	0.876	0.862	0.848	0.834	0.817	0.800	0.783	0.765	0.747
4.0	0.982	0.977	0.973	0.967	0.961	0.954	0.946	0.938	0.929	0.919	0.908	0.897	0.885	0.872	0.858	0.844	0.829	0.813	0.796	0.779	0.762
4.2	0.985	0.981	0.977	0.973	0.967	0.962	0.955	0.948	0.940	0.931	0.922	0.912	0.901	0.890	0.877	0.864	0.851	0.837	0.822	0.806	0.790
4.4	0.988	0.985	0.981	0.977	0.973	0.968	0.962	0.956	0.949	0.942	0.934	0.925	0.915	0.905	0.894	0.883	0.870	0.857	0.844	0.830	0.815
4.6	0.990	0.987	0.985	0.981	0.975	0.973	0.963	0.963	0.957	0.951	0.944	0.936	0.928	0.919	0.909	0.899	0.888	0.876	0.864	0.851	0.837
4.8	0.992	0.990	0.987	0.985	0.981	0.978	0.974	0.969	0.964	0.958	0.952	0.946	0.938	0.930	0.922	0.913	0.903	0.892	0.881	0.870	0.857
5.0	0.993	0.992	0.990	0.987	0.984	0.981	0.978	0.974	0.970	0.965	0.960	0.954	0.947	0.940	0.933	0.925	0.916	0.907	0.897	0.886	0.875
5.5	0.996	0.995	0.994	0.992	0.990	0.988	0.986	0.983	0.980	0.977	0.973	0.969	0.965	0.960	0.955	0.949	0.942	0.935	0.928	0.920	0.912
6.0	0.998	0.997	0.996	0.995	0.994	0.993	0.991	0.989	0.987	0.985	0.983	0.980	0.977	0.973	0.969	0.965	0.961	0.956	0.950	0.944	0.938
7.0	0.999	0.999	0.998	0.998	0.998	0.997	0.996	0.996	0.995	0.994	0.993	0.991	0.990	0.988	0.986	0.984	0.982	0.980	0.977	0.974	0.970
8.0			0.999	0.999	0.999	0.999	0.999	0.998	0.998	0.997	0.997	0.996	0.996	0.995	0.994	0.993	0.992	0.991	0.989	0.988	0.986
9.0								0.999	0.999	0.999	0.999	0.999	0.998	0.998	0.997	0.997	0.997	0.996	0.995	0.995	0.994

续表

t/K \ n	3.0	3.1	3.2	3.3	3.4	3.5	3.6	3.7	3.8	3.9	4.0	4.1	4.2	4.3	4.4	4.5	4.6	4.7	4.8	4.9	5.0
0.5	0	0	0	0	0	0	0	0	0	0	0	0	0	0	0	0	0	0	0	0	0
1.0	0.014	0.012	0.010	0.008	0.006	0.005	0.004	0.003	0.003	0.002	0.002	0.001	0.001	0.001	0.001	0.001					
1.1	0.080	0.070	0.061	0.053	0.046	0.040	0.035	0.030	0.026	0.022	0.019	0.016	0.014	0.012	0.010	0.009	0.007	0.006	0.005	0.004	0.004
1.2	0.100	0.088	0.077	0.068	0.060	0.052	0.045	0.040	0.034	0.030	0.026	0.022	0.019	0.016	0.014	0.012	0.010	0.009	0.008	0.006	0.005
1.3	0.121	0.107	0.095	0.084	0.074	0.066	0.058	0.051	0.044	0.039	0.034	0.029	0.026	0.022	0.019	0.017	0.014	0.012	0.011	0.009	0.008
1.4	0.143	0.128	0.114	0.102	0.091	0.081	0.071	0.063	0.056	0.049	0.043	0.038	0.033	0.029	0.025	0.022	0.019	0.017	0.014	0.012	0.011
1.5	0.167	0.150	0.135	0.121	0.109	0.097	0.087	0.077	0.069	0.061	0.054	0.047	0.042	0.037	0.032	0.028	0.025	0.022	0.019	0.016	0.014
1.6	0.191	0.173	0.157	0.142	0.128	0.115	0.103	0.092	0.083	0.074	0.066	0.058	0.052	0.046	0.040	0.036	0.031	0.028	0.024	0.021	0.019
1.7	0.217	0.198	0.180	0.164	0.148	0.134	0.121	0.109	0.098	0.088	0.079	0.070	0.063	0.056	0.050	0.044	0.039	0.035	0.031	0.027	0.024
1.8	0.243	0.223	0.204	0.186	0.170	0.154	0.140	0.127	0.115	0.103	0.093	0.084	0.075	0.067	0.060	0.054	0.048	0.043	0.038	0.033	0.030
1.9	0.269	0.248	0.228	0.210	0.192	0.175	0.160	0.146	0.132	0.120	0.109	0.098	0.089	0.080	0.072	0.064	0.058	0.051	0.046	0.041	0.036
2.0	0.296	0.274	0.253	0.234	0.215	0.197	0.181	0.166	0.151	0.138	0.125	0.114	0.103	0.093	0.084	0.076	0.068	0.061	0.055	0.049	0.044
2.1	0.323	0.301	0.279	0.258	0.239	0.220	0.203	0.186	0.171	0.156	0.143	0.130	0.119	0.108	0.098	0.089	0.080	0.072	0.065	0.059	0.053
2.2	0.350	0.327	0.305	0.283	0.263	0.244	0.225	0.208	0.191	0.176	0.161	0.148	0.135	0.123	0.112	0.102	0.093	0.084	0.076	0.069	0.062
2.3	0.377	0.354	0.331	0.309	0.287	0.267	0.248	0.230	0.212	0.196	0.181	0.166	0.153	0.140	0.128	0.117	0.107	0.097	0.088	0.080	0.072
2.4	0.404	0.380	0.356	0.334	0.312	0.291	0.271	0.252	0.234	0.217	0.201	0.185	0.171	0.157	0.144	0.132	0.121	0.111	0.101	0.092	0.084
2.5	0.430	0.406	0.382	0.359	0.337	0.316	0.295	0.275	0.256	0.238	0.221	0.205	0.190	0.175	0.161	0.149	0.137	0.125	0.115	0.105	0.096
2.6	0.456	0.432	0.408	0.385	0.362	0.340	0.319	0.299	0.279	0.260	0.242	0.225	0.209	0.194	0.179	0.166	0.153	0.141	0.129	0.119	0.109
2.7	0.482	0.457	0.433	0.410	0.387	0.364	0.343	0.322	0.302	0.283	0.264	0.246	0.229	0.213	0.198	0.183	0.170	0.157	0.145	0.133	0.123
2.8	0.506	0.482	0.458	0.434	0.411	0.389	0.367	0.346	0.325	0.305	0.286	0.268	0.250	0.233	0.217	0.202	0.187	0.174	0.161	0.149	0.137
2.9	0.531	0.506	0.482	0.459	0.436	0.413	0.391	0.369	0.348	0.328	0.308	0.289	0.271	0.253	0.237	0.221	0.206	0.191	0.178	0.165	0.152
3.0	0.554	0.530	0.506	0.483	0.460	0.437	0.414	0.392	0.371	0.350	0.330	0.311	0.292	0.274	0.257	0.240	0.224	0.209	0.195	0.181	0.168
3.1	0.577	0.553	0.530	0.506	0.483	0.460	0.438	0.416	0.394	0.373	0.353	0.333	0.314	0.295	0.277	0.260	0.244	0.228	0.213	0.198	0.185
3.1	0.599	0.576	0.552	0.529	0.506	0.483	0.461	0.439	0.417	0.396	0.375	0.355	0.335	0.316	0.298	0.280	0.263	0.246	0.231	0.216	0.202
3.2	0.620	0.603	0.574	0.552	0.528	0.506	0.484	0.462	0.440	0.418	0.397	0.377	0.357	0.338	0.319	0.301	0.283	0.266	0.250	0.234	0.219

续表

n \ t/K	3.0	3.1	3.2	3.3	3.4	3.5	3.6	3.7	3.8	3.9	4.0	4.1	4.2	4.3	4.4	4.5	4.6	4.7	4.8	4.9	5.0
3.3	0.641	0.618	0.596	0.573	0.551	0.528	0.506	0.484	0.462	0.441	0.420	0.399	0.379	0.359	0.340	0.321	0.304	0.286	0.269	0.253	0.237
3.4	0.660	0.638	0.616	0.594	0.572	0.550	0.528	0.506	0.484	0.463	0.442	0.421	0.400	0.380	0.361	0.342	0.324	0.306	0.289	0.272	0.256
3.5	0.679	0.658	0.636	0.615	0.593	0.571	0.549	0.528	0.506	0.485	0.462	0.442	0.422	0.404	0.382	0.363	0.344	0.326	0.308	0.291	0.275
3.6	0.697	0.677	0.656	0.634	0.613	0.592	0.570	0.549	0.527	0.506	0.484	0.464	0.443	0.423	0.403	0.384	0.365	0.346	0.328	0.311	0.293
3.7	0.715	0.695	0.674	0.653	0.633	0.612	0.590	0.569	0.548	0.527	0.506	0.485	0.464	0.444	0.424	0.404	0.385	0.366	0.348	0.330	0.313
3.8	0.731	0.712	0.692	0.672	0.651	0.631	0.610	0.589	0.568	0.547	0.527	0.506	0.485	0.465	0.445	0.425	0.406	0.387	0.368	0.350	0.332
3.9	0.747	0.728	0.709	0.689	0.670	0.649	0.629	0.609	0.588	0.567	0.548	0.526	0.506	0.485	0.465	0.446	0.426	0.407	0.388	0.370	0.352
4.0	0.762	0.744	0.725	0.706	0.687	0.667	0.647	0.627	0.607	0.587	0.567	0.546	0.526	0.506	0.486	0.466	0.446	0.427	0.403	0.389	0.371
4.2	0.790	0.773	0.756	0.738	0.720	0.701	0.682	0.663	0.644	0.624	0.605	0.585	0.565	0.545	0.525	0.506	0.486	0.467	0.448	0.429	0.410
4.4	0.815	0.799	0.783	0.767	0.750	0.733	0.715	0.697	0.678	0.660	0.641	0.621	0.602	0.582	0.563	0.544	0.525	0.506	0.486	0.468	0.449
4.6	0.837	0.823	0.809	0.793	0.778	0.761	0.745	0.728	0.710	0.692	0.674	0.656	0.637	0.619	0.600	0.581	0.562	0.543	0.524	0.505	0.487
4.8	0.857	0.845	0.831	0.817	0.803	0.788	0.772	0.756	0.740	0.723	0.706	0.688	0.671	0.653	0.634	0.616	0.598	0.579	0.560	0.542	0.524
5.0	0.875	0.864	0.851	0.838	0.825	0.811	0.797	0.782	0.767	0.751	0.735	0.718	0.702	0.683	0.667	0.650	0.632	0.614	0.596	0.578	0.560
5.2	0.891	0.881	0.870	0.858	0.846	0.833	0.820	0.806	0.792	0.777	0.762	0.746	0.731	0.714	0.698	0.681	0.664	0.647	0.629	0.612	0.594
5.4	0.905	0.896	0.886	0.875	0.864	0.852	0.840	0.828	0.814	0.801	0.787	0.772	0.757	0.742	0.726	0.710	0.694	0.678	0.661	0.644	0.627
5.6	0.918	0.909	0.900	0.891	0.880	0.870	0.859	0.847	0.835	0.822	0.809	0.796	0.782	0.768	0.753	0.738	0.722	0.707	0.691	0.671	0.658
5.8	0.928	0.921	0.913	0.904	0.895	0.885	0.875	0.865	0.854	0.842	0.830	0.818	0.805	0.791	0.777	0.763	0.749	0.734	0.719	0.703	0.687
6.0	0.938	0.930	0.924	0.916	0.908	0.899	0.890	0.881	0.870	0.860	0.849	0.837	0.825	0.813	0.800	0.787	0.773	0.759	0.745	0.730	0.715
6.5	0.957	0.952	0.947	0.941	0.935	0.927	0.921	0.913	0.905	0.897	0.888	0.879	0.869	0.859	0.848	0.837	0.826	0.814	0.802	0.789	0.776
7.0	0.970	0.967	0.963	0.958	0.954	0.949	0.943	0.938	0.932	0.925	0.918	0.911	0.903	0.895	0.887	0.878	0.868	0.859	0.848	0.838	0.827
7.5	0.980	0.977	0.974	0.971	0.968	0.964	0.960	0.956	0.951	0.946	0.941	0.935	0.929	0.923	0.916	0.911	0.602	0.894	0.886	0.877	0.868
8.0	0.986	0.984	0.982	0.980	0.978	0.975	0.972	0.969	0.965	0.962	0.958	0.953	0.949	0.944	0.939	0.933	0.927	0.921	0.915	0.908	0.900
9.0	0.994	0.993	0.991	0.990	0.989	0.988	0.986	0.985	0.983	0.981	0.979	0.976	0.974	0.971	0.968	0.965	0.961	0.958	0.954	0.950	0.945
10.0	0.997	0.997	0.996	0.996	0.995	0.994	0.994	0.993	0.992	0.991	0.990	0.988	0.987	0.985	0.984	0.982	0.980	0.978	0.976	0.973	0.971
11.0	0.999	0.999	0.998	0.998	0.998	0.997	0.997	0.997	0.996	0.996	0.995	0.994	0.994	0.993	0.992	0.991	0.990	0.989	0.988	0.986	0.985
12.0			0.999	0.999	0.999	0.999	0.999	0.998	0.998	0.998	0.998	0.997	0.997	0.997	0.996	0.996	0.995	0.994	0.994	0.993	0.992

续表

t/K \ n	5.0	5.1	5.2	5.3	5.4	5.5	5.6	5.7	5.8	5.9	6.0	6.1	6.2	6.3	6.4	6.5	6.6	6.7	6.8	6.9	7.0
0	0	0	0	0	0	0	0	0	0	0	0	0	0	0	0	0	0	0	0	0	0
0.5	0	0	0	0	0	0	0	0	0	0	0	0	0	0	0	0	0	0	0	0	0
1.0	0.004	0.003	0.003	0.002	0.002	0.002	0.001	0.001	0.001	0.001	0.001	0.001	0.001	0.001	0.001	0.001	0.001	0.001	0.001	0.001	0.001
1.5	0.019	0.016	0.014	0.012	0.011	0.009	0.008	0.007	0.006	0.005	0.004	0.004	0.003	0.003	0.002	0.002	0.002	0.001	0.001	0.001	0.001
2.0	0.053	0.047	0.042	0.038	0.034	0.030	0.027	0.024	0.021	0.019	0.017	0.015	0.013	0.011	0.010	0.009	0.008	0.007	0.006	0.005	0.004
2.5	0.109	0.100	0.091	0.083	0.076	0.069	0.063	0.057	0.051	0.047	0.042	0.038	0.034	0.031	0.028	0.025	0.022	0.020	0.018	0.016	0.014
3.0	0.185	0.172	0.160	0.148	0.137	0.127	0.117	0.108	0.099	0.091	0.084	0.077	0.071	0.065	0.059	0.054	0.049	0.045	0.041	0.037	0.034
3.2	0.219	0.205	0.192	0.179	0.166	0.155	0.144	0.133	0.123	0.114	0.105	0.098	0.090	0.083	0.076	0.070	0.064	0.059	0.053	0.049	0.045
3.4	0.256	0.240	0.226	0.211	0.198	0.185	0.173	0.161	0.150	0.139	0.129	0.120	0.111	0.103	0.095	0.088	0.081	0.075	0.069	0.063	0.058
3.6	0.294	0.217	0.261	0.246	0.231	0.217	0.204	0.191	0.179	0.167	0.156	0.146	0.135	0.126	0.117	0.109	0.100	0.093	0.086	0.080	0.073
3.8	0.332	0.315	0.298	0.282	0.266	0.251	0.237	0.223	0.210	0.197	0.184	0.173	0.162	0.151	0.141	0.132	0.122	0.114	0.106	0.098	0.091
4.0	0.371	0.353	0.336	0.319	0.303	0.287	0.271	0.256	0.242	0.228	0.215	0.202	0.190	0.178	0.167	0.157	0.146	0.137	0.128	0.119	0.111
4.1	0.391	0.373	0.355	0.338	0.321	0.305	0.289	0.274	0.259	0.244	0.231	0.218	0.205	0.193	0.181	0.170	0.159	0.149	0.139	0.130	0.121
4.2	0.410	0.392	0.374	0.357	0.340	0.323	0.307	0.291	0.276	0.261	0.247	0.233	0.220	0.208	0.195	0.184	0.172	0.162	0.151	0.142	0.133
4.3	0.430	0.411	0.393	0.375	0.358	0.341	0.325	0.309	0.293	0.278	0.263	0.249	0.236	0.223	0.210	0.198	0.186	0.175	0.164	0.154	0.144
4.4	0.449	0.430	0.412	0.394	0.377	0.360	0.343	0.327	0.311	0.295	0.280	0.266	0.251	0.238	0.225	0.212	0.200	0.189	0.177	0.167	0.156
4.5	0.468	0.449	0.431	0.413	0.395	0.378	0.361	0.345	0.328	0.312	0.297	0.282	0.268	0.254	0.240	0.227	0.214	0.203	0.191	0.180	0.169
4.6	0.487	0.469	0.450	0.432	0.414	0.397	0.379	0.363	0.346	0.330	0.314	0.299	0.284	0.270	0.256	0.243	0.229	0.217	0.205	0.193	0.182
4.7	0.505	0.487	0.469	0.451	0.433	0.415	0.398	0.381	0.364	0.348	0.332	0.316	0.301	0.286	0.272	0.258	0.244	0.232	0.219	0.207	0.195
4.8	0.524	0.505	0.487	0.469	0.451	0.433	0.416	0.399	0.382	0.365	0.349	0.333	0.318	0.303	0.288	0.274	0.260	0.247	0.234	0.221	0.209
4.9	0.542	0.524	0.505	0.487	0.469	0.452	0.434	0.417	0.400	0.383	0.366	0.350	0.335	0.320	0.304	0.290	0.276	0.262	0.249	0.236	0.223
5.0	0.560	0.541	0.523	0.505	0.487	0.470	0.452	0.435	0.418	0.401	0.384	0.368	0.352	0.336	0.321	0.306	0.292	0.278	0.264	0.251	0.238
5.1	0.577	0.559	0.541	0.523	0.505	0.488	0.470	0.453	0.435	0.418	0.402	0.385	0.369	0.353	0.338	0.323	0.308	0.294	0.279	0.266	0.253
5.2	0.594	0.576	0.558	0.541	0.523	0.505	0.488	0.470	0.453	0.436	0.419	0.403	0.386	0.370	0.354	0.339	0.324	0.310	0.295	0.281	0.268
5.3	0.610	0.593	0.575	0.558	0.540	0.523	0.505	0.488	0.471	0.453	0.437	0.420	0.403	0.387	0.371	0.356	0.340	0.326	0.311	0.297	0.283

续表

t/K \ n	5.0	5.1	5.2	5.3	5.4	5.5	5.6	5.7	5.8	5.9	6.0	6.1	6.2	6.3	6.4	6.5	6.6	6.7	6.8	6.9	7.0
5.4	0.627	0.609	0.592	0.575	0.557	0.540	0.522	0.505	0.488	0.471	0.454	0.437	0.421	0.404	0.388	0.373	0.357	0.342	0.327	0.313	0.298
5.5	0.642	0.626	0.608	0.591	0.574	0.557	0.539	0.522	0.505	0.488	0.471	0.454	0.438	0.421	0.405	0.389	0.374	0.358	0.343	0.328	0.314
5.6	0.658	0.641	0.624	0.607	0.590	0.573	0.556	0.539	0.522	0.505	0.488	0.471	0.455	0.438	0.422	0.406	0.390	0.375	0.359	0.345	0.330
5.7	0.673	0.656	0.640	0.623	0.606	0.590	0.573	0.556	0.539	0.522	0.505	0.488	0.472	0.455	0.439	0.423	0.407	0.391	0.376	0.361	0.346
5.8	0.687	0.671	0.655	0.639	0.622	0.606	0.589	0.572	0.555	0.538	0.522	0.505	0.488	0.472	0.456	0.439	0.423	0.408	0.392	0.377	0.362
5.9	0.701	0.686	0.670	0.654	0.638	0.621	0.605	0.588	0.571	0.555	0.538	0.522	0.505	0.489	0.472	0.456	0.440	0.424	0.408	0.393	0.378
6.0	0.715	0.700	0.684	0.668	0.652	0.636	0.620	0.604	0.587	0.571	0.554	0.538	0.521	0.505	0.489	0.472	0.456	0.440	0.425	0.409	0.394
6.2	0.741	0.726	0.712	0.696	0.681	0.666	0.650	0.634	0.618	0.602	0.586	0.570	0.553	0.537	0.521	0.505	0.489	0.473	0.457	0.441	0.426
6.4	0.765	0.751	0.737	0.723	0.708	0.693	0.678	0.663	0.648	0.632	0.616	0.600	0.585	0.568	0.553	0.537	0.521	0.505	0.489	0.473	0.458
6.6	0.787	0.774	0.761	0.748	0.734	0.720	0.705	0.690	0.676	0.661	0.645	0.630	0.614	0.597	0.583	0.568	0.552	0.536	0.520	0.505	0.489
6.8	0.808	0.796	0.783	0.771	0.758	0.744	0.730	0.716	0.702	0.688	0.673	0.658	0.643	0.628	0.613	0.597	0.582	0.566	0.551	0.536	0.520
7.0	0.827	0.816	0.804	0.792	0.780	0.767	0.754	0.741	0.727	0.713	0.699	0.685	0.671	0.656	0.641	0.626	0.611	0.596	0.581	0.566	0.550
7.2	0.844	0.834	0.823	0.812	0.800	0.788	0.776	0.764	0.751	0.738	0.724	0.710	0.697	0.682	0.668	0.654	0.639	0.624	0.610	0.595	0.580
7.4	0.860	0.851	0.841	0.830	0.819	0.808	0.797	0.785	0.773	0.760	0.747	0.734	0.721	0.708	0.694	0.680	0.666	0.652	0.637	0.623	0.608
7.6	0.875	0.866	0.857	0.845	0.837	0.826	0.816	0.805	0.793	0.781	0.769	0.757	0.744	0.732	0.718	0.705	0.691	0.678	0.664	0.650	0.635
7.8	0.888	0.880	0.871	0.862	0.853	0.843	0.833	0.823	0.812	0.801	0.790	0.778	0.766	0.754	0.741	0.729	0.716	0.702	0.689	0.675	0.662
8.0	0.900	0.893	0.885	0.877	0.868	0.859	0.850	0.840	0.830	0.819	0.809	0.798	0.786	0.775	0.763	0.751	0.738	0.725	0.713	0.700	0.687
8.5	0.926	0.920	0.913	0.907	0.899	0.892	0.884	0.876	0.868	0.859	0.850	0.841	0.831	0.821	0.811	0.800	0.790	0.778	0.767	0.755	0.744
9.0	0.945	0.940	0.935	0.930	0.924	0.918	0.912	0.906	0.899	0.892	0.884	0.876	0.869	0.860	0.851	0.842	0.833	0.823	0.814	0.804	0.793
9.5	0.960	0.956	0.952	0.948	0.943	0.938	0.933	0.928	0.923	0.917	0.911	0.905	0.898	0.891	0.884	0.877	0.869	0.861	0.853	0.844	0.835
10.0	0.971	0.968	0.965	0.932	0.958	0.955	0.951	0.946	0.942	0.938	0.933	0.928	0.922	0.917	0.911	0.905	0.898	0.892	0.885	0.877	0.870
11.0	0.985	0.983	0.982	0.979	0.978	0.975	0.973	0.971	0.968	0.965	0.962	0.959	0.956	0.952	0.949	0.945	0.940	0.936	0.931	0.926	0.921
12.0	0.992	0.992	0.991	0.990	0.988	0.981	0.986	0.985	0.983	0.981	0.980	0.978	0.976	0.974	0.971	0.969	0.966	0.963	0.961	0.957	0.954
13.0	0.996	0.995	0.995	0.995	0.994	0.993	0.993	0.992	0.991	0.990	0.989	0.988	0.987	0.986	0.984	0.983	0.981	0.980	0.978	0.976	0.974
14.0	0.998	0.998	0.998	0.997	0.997	0.997	0.996	0.996	0.996	0.995	0.994	0.994	0.993	0.993	0.992	0.991	0.990	0.989	0.988	0.987	0.986
15.0	0.999	0.999	0.999	0.999	0.999	0.998	0.998	0.998	0.998	0.997	0.997	0.997	0.997	0.996	0.996	0.995	0.995	0.994	0.994	0.993	0.992

参 考 文 献

[1] 梁忠民，钟平安，华家鹏．水文水利计算［M］．北京：中国水利水电出版社，2008．
[2] 黄振平，陈元芳．水文统计学［M］．北京：中国水利电力出版社，2011．
[3] 叶守泽．水文水利计算［M］．北京：水利电力出版社，1992．
[4] 宋星原．工程水文学题库及题解［M］．北京：中国水利水电出版社，2003．
[5] 崔振才．工程水文及水资源［M］．北京：中国水利水电出版社，2008．
[6] 刘光文．水文分析与计算［M］．北京：水利电力出版社，1989．
[7] 詹道江，叶守泽．工程水文学［M］．北京：中国水利水电出版社，2000．
[8] 朱元甡，金光炎．城市水文学［M］．北京：中国科学技术出版社，1991．
[9] 陈家琦，张恭肃．小流域暴雨洪水计算［M］．北京：水利电力出版社，1985．
[10] 中华人民共和国水利部．水利水电工程设计洪水计算规范（SL 44—2006）［S］．北京：中国水利水电出版社，2006．
[11] 中华人民共和国水利部．水利水电工程水文计算规范（SL 278—2002）［S］．北京：中国水利水电出版社，2002．
[12] 金光炎．水文水资源应用统计计算［M］．南京：东南大学出版社，2011．
[13] 中华人民共和国水利部．洪水影响评价报告编制导则（SL 520—2014）［S］．北京：中国水利水电出版社，2017．
[14] 鲁子林．水利计算［M］．南京：河海大学出版社，2003．
[15] 叶秉如．水利计算及水资源规划［M］．北京：中国水利水电出版社，1995．
[16] 施成熙，粟宗嵩．农业水文学［M］．北京：农业出版社，1984．
[17] 林祚顶，朱春龙，余达征．水文现代化与水文新技术［M］．北京：中国水利水电出版社，2008．
[18] 中华人民共和国水利部．水资源评价导则（SL/T 238—1999）［S］．北京：中国水利水电出版社，1999．
[19] 束龙仓，陶月赞．地下水水文学［M］．北京：中国水利水电出版社，2009．
[20] 黄永基，马滇珍．区域水资源供需分析方法［M］．南京：河海大学出版社，1990．
[21] 雒文生、宋星原．水环境分析及预测［M］．武汉：武汉大学出版社，2000．
[22] 中华人民共和国国家质量监督检验检疫总局．建设项目水资源论证导则（GB/T 35580—2017）［S］．北京：中国标准出版社，2017．
[23] 中华人民共和国水利部．入河排污口管理技术导则（SL 532—2011）［S］．北京：中国水利水电出版社，2011．